DIE KRISE DES GELDES UND WIE SIE MIT
DIVIDENDEN EIN VERMÖGEN AUFBAUEN

# DIVIDENDEN INVESTOR

Mit Warren Buffett und
André Kostolany
zur eigenen Geldmaschine

Patrick Schubert

Copyright © 2014, 2015 Patrick Schubert.

Dieses Werk ist urheberrechtlich geschützt. Alle Rechte, auch die der Übersetzung, des Nachdrucks und der Vervielfältigung des Buches, oder Teilen daraus, sind vorbehalten. Kein Teil des Werkes darf ohne schriftliche Genehmigung des Autors in irgendeiner Form (Fotokopie, Mikrofilm oder ein anderes Verfahren), auch nicht für Zwecke der Unterrichtsgestaltung, reproduziert oder unter Verwendung elektronischer Systeme verarbeitet, vervielfältigt oder verbreitet werden.
Die Informationen in diesem Buch wurden mit größter Sorgfalt zusammengestellt. Dennoch erfolgen alle Angaben ohne Gewähr. Der Autor übernimmt keine Haftung für eventuelle Personen-, Sach- und Vermögensschäden.

Patrick Schubert
www.derinvestor.net

Book Layout ©2013 BookDesignTemplates.com
Cover Foto – Wallstreet 1999, Reinhard Jahn

DIVIDENDEN INVESTOR – Die Krise des Geldes und wie Sie mit Dividenden ein Vermögen aufbauen, Patrick Schubert.
1. überarbeitete Auflage, 2015
ISBN-13: 978-1500751234
ISBN-10: 1500751235

# Inhaltsverzeichnis

**Vorwort** .................................................................. 5
**Teil I – Die Krise des Geldes**

1. **Wie entsteht Geld?** .......................................... 15
   Gedecktes und ungedecktes Geld | Wie entsteht Geld? | Exponentielles Wachstum und Zinsen | Inflation | Deflation | Exponentielles Guthaben- und Schuldenwachstum | Die Schuldenblase und das Sozialprodukt | Der Zusammenbruch des Bretton-Woods-Systems | Der Zinsdruck und die Geldausweitung

2. **Die Umverteilung durch den Zins** ................... 39
   Das Paretoprinzip | Die Vermögensverteilung in Deutschland | Zusammenfassung

3. **Die Finanzkrise von 2008** ................................ 51
   Wie alles begann | Hypothekenanleihen | Ratingagenturen und deutsche Landesbanken | Eine kurze Geschichte der Spekulationsblasen | Die Immobilienblase | Der Bank Run in Deutschland

4. **Die Euro- und Bankkrise** ................................. 69
   EZB übernehmen Sie! | Die Notenpresse und Target-Forderungen | Der Rettungsschirm | Die Folgen | Die Lateinische Münzunion | Niedrige Zinsen und freie Mittagessen | Der Kampf zwischen Banken und Steuerzahlern | Die Auswirkungen der „Euro"-Krise

5. **Die Inflationspolitik** ........................................ 93
   Explizite und implizite Schulden des Staates | Eine kurze Geschichte der Inflation | Das Problem der privaten Geldschöpfung | Die Geschichte der FED | Die Zentralbank und Inflation

6. **Die Ressourcen werden knapp** ...................... 117
   Energie ist die Basisressource | Erdöl als Schmierstoff der Welt | Rohöl und der konjunkturelle Zyklus | Peak Oil

7. **Die Konsequenzen der Krise** .......................... 137
   Dieses Mal ist alles anders? | Mehr soziale Marktwirtschaft wagen! | Wir brauchen eine Investorenkultur!

**Teil II – Vermögensaufbau mit Dividenden**

8. **Der Investor und der Zinseszinseffekt** ........... 159
   Zinsen und Rendite | Eine Geldmaschine ist ein Schneeball | Rendite und Risiko

**9. Anlageklassen im Überblick** ............................................................... **175**
Anlagen und Liquidität | Die Aktie | Festverzinsliche Wertpapiere | Immobilien | Geldmarkt | Rohstoffmarkt | Alternative Investments | Produkte, die Ihnen Ihre Bank empfiehlt

**10. Gold – Fluch oder Segen** ..................................................................... **205**
Papiergold und Preismanipulation | Wer besitzt Gold? | Der Wert von Gold

**11. Qualitätsunternehmen** ........................................................................ **219**
Mauerblümchen und Sexikonen | Was zeichnet Qualitätsunternehmen aus?

**12. Dividenden – der Schlüssel zum Erfolg** ......................................... **231**
Dividendenwachstum ist das Salz in der Suppe | Dividendenaristokraten | Die Macht der Dividenden | Investieren für Faule

**13. Der Wert eines Unternehmens** .......................................................... **249**
Was ist ein Unternehmen wert? | Der Barwert bei ewiger Laufzeit | Der innere Wert der Coca-Cola-Aktie | Probleme des Value-Investing | Die Börse ist eine irrationale Wahlurne | Einfluss der Zinsen auf die Bewertung | Traditionelle Bewertungskriterien | Die magische Formel für hohe Renditen | Ein paar Worte zum Verkauf von Aktien

**14. Die Psychologie des Investierens** ..................................................... **273**
Menschen agieren irrational | Die Luftschloss-Theorie | Das Asperger-Syndrom und Erfolg | Tennis- oder Charttechnik | Der Herdentrieb und Erfolg an der Börse | Fakten, Fakten und nochmal Fakten

**15. Das Portfolio von derinvestor.net** ..................................................... **291**
Das Dividenden-Portfolio

**16. Die eigene Geldmaschine** ................................................................... **303**
Der Privatier | Der Aufbau des Kapitalstocks | Risiko und Diversifikation | Verlustrisiko und schwarze Schwäne | Aller Anfang ist schwer

**Literaturverzeichnis** ..................................................................................... **329**
**Index** ................................................................................................................. **335**

*Für Nicole und meine Eltern.*

# Vorwort

**M**oney, money, money...der Klassiker von Abba beschreibt die Welt, in der wir leben. Nichts treibt uns mehr um als Geld. Wir verbringen einen Großteil unserer Zeit damit, Geld zu verdienen, um es dann wieder für nützliche und unnützliche Dinge auszugeben. Schon die deutsche Bezeichnung *Geld verdienen* lässt auf unser kulturelles Verhältnis zum Geld schließen. Geld muss man sich in Deutschland verdienen! Da haben es die Franzosen leichter, sie gewinnen Geld (gagner l'argent). Sie stehen, zumindest sprachlich, nicht in dem Zwang, durch Arbeit eine Vorleistung zu erbringen. Auch die Amerikaner haben sprachlich ein unkompliziertes Verhältnis zu Geld, sie machen es einfach (to make money).

Unsere kulturelle Prägung verbindet Geld verdienen mit der Erbringung einer Leistung. Vielleicht ergibt sich aus der gedanklichen Verbindung von Geld und Leistung die Skepsis gegenüber großen Vermögen. Kann ein Einzelner wirklich so viel leisten? Der französische Schriftsteller Balzac antwortete darauf folgendermaßen.

> Hinter jedem großen Vermögen steckt ein Verbrechen. - Honoré de Balzac

Während der Amerikaner Geld macht und es quasi aus dem Nichts entstehen lässt, hat der Deutsche sprachlich ein Problem, denn er muss es sich *verdienen*.

Die kulturelle Prägung der Deutschen ist eindeutig - Leistung gegen Geld. Kein Wunder, dass Deutschland sich als Land der Tüftler weltweit einen Ruf gemacht hat.

Denn anders als in vielen anderen Ländern, steht in Deutschland nicht das Geld machen im Vordergrund, sondern die industrielle Perfektion, die dann mit Geld belohnt wird. Erst müssen wir tüfteln und schwitzen, erst dann können wir die Früchte unserer Arbeit genießen. Eigentlich eine sehr vernünftige Einstellung. Leider ist diese Stärke auch unsere größte Schwäche. Denn anders als zum Beispiel in den USA oder Singapur wird finanzielle Bildung in Deutschland nicht vermittelt. In Deutschland ist der Ausbildungsweg auf die Aneignung von professioneller Kompetenz im industriellen und bürokratischen Umfeld ausgerichtet, Themen wie Geld, Zinsen und Investieren kommen darin kaum bis gar nicht vor. Aus Unwissenheit entsteht Misstrauen und gerade die letzten Ausflüge der Deutschen in Telekomaktien, amerikanische Immobilienkredite, Riesterrenten, Schifffonds etc. führten nicht zu einem Abbau der Ressentiments, sondern eher zu einer generellen Ablehnung gegenüber allem, was mit privater Vorsorge zu tun hat. Die Mehrheit der Bundesbürger vertraut daher der staatlichen Rente mehr, als dem eigenverantwortlichen Kapitalaufbau.

Als Arbeitnehmer zahlt man in das Rentensystem ein, man erbringt eine Leistung und erhält im Gegenzug eine Rente, die einen würdigen Ruhestand ermöglicht, so zumindest die Theorie. Bis zum Ende der Regierung Kohl 1998 schien es auch keine Anzeichen für einen Vertrauensverlust in dieses System zu geben. *Die Rente ist (war) sicher* - so der damalige Arbeitsminister Norbert Blüm. Altersarmut, Minijobs, Hartz 4 und kalte Enteignung der Sparvermögen durch niedrige Zinsen lagen noch nicht im Bereich des Denkbaren.

Mit Anbeginn des neuen Jahrtausends wurden die Probleme, die die Politik seit Jahrzehnten vor sich herschiebt, jedoch immer offensichtlicher, die Löcher in der gesetzlichen Kranken- und Rentenversicherung immer größer. Die Debatten zum Jahrtausendwechsel waren geprägt von Reformen und der Kürzung staatlicher Leistungen. Für jeden Einzelnen bedeutet eine Kürzung staatlicher Leistungen mehr Eigenverantwortung und mehr persönliches Risiko. Gerade mit dem Thema Risiko, also Variabilität und Veränderung, tun wir uns sehr schwer und sehen oft nur die negativen Konsequenzen. In der Variabilität liegt aber immer auch eine Chance begründet. Als Individuum müssen wir diese Chance erkennen und zu unserem Vorteil nutzen. Als Gesellschaft versuchen wir, jegliches Risiko auszuschließen, und regulieren dabei meist nur die sichtbaren Risiken. Wir wiegen uns in einer Scheinsicherheit, dessen höchste Weihung das TÜV-Siegel darstellt.

Nichts ist für den Bundesbürger so wichtig wie Sicherheit, keine Risiken und langfristige Verlässlichkeit. Die eigene Altersvorsorge am Aktienmarkt ist für viele unvorstellbar. Dabei müsste gerade der eigenverantwortliche Kapitalaufbau in einer Gesellschaft, in der immer weniger Nachkommen geboren werden, an erster Stelle stehen. Denn ein umlagebasiertes Rentensystem, das immer mehr Lasten auf immer weniger Lastenträger verteilt, ist kaum zukunftsfähig. Wer keine oder zu wenig Kinder hat, muss über seine Lebensarbeitszeit einen Kapitalstock aufbauen, von dem er auch im Alter leben kann.

Der Aktienmarkt bietet die Möglichkeit, eine eigene Vorsorge zu betreiben, und er ist mit weniger Risiken behaftet als man gemeinhin annimmt. Man muss nur wissen wie! Im Unterschied zur staatlichen Rentenversicherung sieht man am Aktienmarkt durch das tägliche Auf und Ab der Börsenkurse die Risiken jeden Tag.

Die staatliche Rente verschleiert das Risiko und verschiebt es auf den Tag des Renteneintritts. Ist dann der Zahltag gekommen, wird es für viele, die auf die staatliche Rente vertraut haben, ein böses Erwachen geben.

Die Generation der nach 1970 Geborenen wird mit hoher Wahrscheinlichkeit weniger an Rente beziehen, als sie über ihr Erwerbsleben eingezahlt hat. Die demographische Situation in Deutschland ist eine tickende Zeitbombe für das staatliche Rentensystem und die Rentenempfänger der Nach-Babyboomer-Generation. Keine neue Erkenntnis, aber leider versäumte es die Politik, eine grundlegende Reform des Rentensystems durchzuführen. Das heutige Rentensystem gleicht daher einem Flickenteppich, der hier und dort angepasst wurde, aber das grundlegende Problem ist nicht gelöst. Mit dem Renteneintritt der geburtenstarken Jahrgänge der 1950er und 1960er Jahre wird die Diskrepanz zwischen Rentenversprechen und Rentenwirklichkeit offensichtlich werden. Der Staat ist in Sachen Vorsorge für das Alter nicht mehr der verlässliche Partner, der er in der Vergangenheit war. Das Rentensystem verkommt zum Selbstbedienungsladen der Politik, die durch immer neue Geschenke das gesamte System gefährdet. Welchen Ausweg gibt es? Entweder Sie vertrauen darauf, dass es nicht so schlimm wird, oder Sie bereiten sich darauf vor.

Heutzutage verfügt fast jedes Auto über einen Airbag, der im schlimmsten Fall den Aufprall abfedert und das Überleben sichert. Ein ausreichend hoher Kapitalstock stellt genau diesen Airbag dar. Im Ernstfall kann er das Überleben sichern. Warum setzen wir bei der Altersvorsorge nicht die gleichen Sicherheitsmaßstäbe an wie beim Autokauf? Wer nur auf die staatliche Rente baut, der fährt ein Auto ohne Airbag, das zusehends auf eine Mauer zufährt.

Was müssen Sie tun, um einen Kapitalstock aufzubauen? Sie müssen einen langfristen Plan haben, sowie auch die Zeit diesen umzusetzen. Und Sie müssen sich mit dem Thema der Altersvorsorge auseinandersetzen. Es bedarf der Eigenverantwortung, man muss sich selbst informieren und handeln.

Man kann die Verantwortung nicht abschieben und darauf vertrauen, dass die Produkte vom TÜV oder vom Staat abgestempelt werden. Auch die Finanzwirtschaft, von ein paar Ausnahmen abgesehen, ist nicht Ihr Partner für die Altersvorsorge. Das Geschäftsmodell von Banken und Versicherungen gründet auf dem Umstand, dass Sie weniger über Investieren und Finanzen wissen und man Ihnen dadurch überteuerte Produkte mit hohen Risiken verkaufen kann.

Das Knowhow, wie Geld entsteht und wie man Geld investiert um damit ein gutes Auskommen zu erreichen, muss man sich eigenverantwortlich aneignen. *Geld* und *Investieren* sind keine Schulfächer, man bekommt dieses Wissen auch nicht an einer Universität, sondern nur in der Praxis. Die Finanzwirtschaft, und auch der Staat, haben kein Interesse daran, dass Sie finanziell gebildet sind, da dies die bestehenden Macht- und Einkommensstrukturen erodieren würde. Je weniger Sie über das Thema Geld wissen, desto einfacher ist es, Sie über den Tisch zu ziehen und den Machtstatus zu erhalten! Henry Ford, Gründer des Automobilherstellers Ford, drückte es so aus:

> Würden die Menschen verstehen, wie unser Bank- und Geldsystem funktioniert, hätten wir eine Revolution – und zwar schon morgen früh. – Henry Ford

Zu dem Problem der eigenen Altersvorsorge gesellt sich leider noch ein fundamentales Problem hinzu, das die heutige Zeit prägt und die private Altersvorsorge schwierig gestaltet: das Geldsystem.

Unser derzeitiges Geldsystem entstand durch einen Unfall im Jahr 1971, als der damalige amerikanische Präsident Nixon die Golddeckung des US Dollar aufkündigte und damit den Weg für eine massive Ausweitung der Geldmenge ebnete. Seit diesem Tag sind alle Währungen der Welt reine Papierwährungen, die künstlich aus dem Nichts erzeugt werden. In der Folge ist die Menge an US Dollar, die um die Welt kreist, seit 1971 um das 18-fache gestiegen. Geld, das immer wieder den Grundstein für Spekulationsblasen legt. Die jüngste Spekulationsblase platzte im Jahr 2008, als amerikanische Immobilien und die damit verbundenen Hypothekenkredite fast wertlos wurden. Die Ereignisse vom Herbst 2008, als das Geldsystem und mit ihm die Weltwirtschaft kurz vor der Kernschmelze standen, wirken bis heute nach. Die Lage war so ernst, dass man befürchtete die große Depression von 1929 könnte sich wiederholen. Tatsächlich kam es zum größten Einbruch der Weltkonjunktur seit 1929 und nur durch gewaltige Stützungsmaßnahmen konnte Schlimmeres verhindert werden. Weltweit sprangen Regierungen und Notenbanken ein - die Staaten legten gewaltige Konjunkturpakete auf und die Notenbanken öffneten die Geldschleusen. Der große Crash konnte verhindert werden.

Aber zu welchem Preis? Die Staaten in der westlichen Welt sind überschuldet und Staatsbankrotte werden immer wahrscheinlicher. Mit einem Staatsbankrott lösen sich alle Ansprüche an den Staat, so auch Rentenansprüche, in Nichts auf. Die Notenbanken haben den Leitzins auf nahezu Null gesenkt und schaffen damit die Grundlage für die nächsten Spekulationsblasen.

Die Sparer in der Mittelschicht werden durch Kaufkraftverluste zusehends enteignet. Die Guthabenzinsen liegen weit unter der Inflationsrate. Derzeit findet eine gewaltige unsichtbare Vermögensumverteilung statt.

Finanzinstitute und Staaten werden durch den niedrigen Zins mit billigem Geld versorgt, während der Spargroschen und Renten- und Lebensversicherungsansprüche entwertet werden. In diesem spannungsgeladenen Umfeld gibt es keine Patentrezepte, niemand hat eine Glaskugel. Was Sie jedoch tun können, ist, sich ein Bild der Ereignisse zu machen und daraus für sich die richtigen Schlüsse zu ziehen.

Dieses Buch ist in zwei Teile gegliedert. Im ersten Teil möchte ich Ihnen die Ursachen der Krise des Geldes, die damit zusammenhängenden Probleme und die wichtigsten aktuellen Entwicklungen aufzeigen. In Kapitel 1 werden die Grundlagen zum Verständnis von Geld und Zinsen gelegt, Kapitel 2 geht auf den durch Zinseszinsen entstehenden Umverteilungseffekt ein. In Kapitel 3 und 4 werden die Ursachen und Folgen der Finanzkrise von 2008 näher beleuchtet. In Kapitel 5 wird die Inflationspolitik der Notenbanken diskutiert und warum jede Regierung ein Interesse an einer Untertreibung der Inflationsrate hat. Kapitel 6 geht auf die immer angespanntere Lage der Ressourcen, insbesondere Rohöl, ein. Kapitel 7 schließt den ersten Teil und thematisiert verschiedene Szenarien der Schuldenreduzierung.

Im zweiten Teil des Buches zeige ich einen Weg für die Altersvorsorge und den Vermögensaufbau auf, der ohne große Anstrengungen von jedem erfolgreich beschritten werden kann. Die Grundlagen für erfolgreiches Investieren werden in Kapitel 8 und Kapitel 9 gelegt. In Kapitel 10 mache ich einen kurzen Ausflug in die Welt des Goldes. Kapitel 11 beschreibt das Konzept von Qualitätsunternehmen und Kapitel 12 verdeutlicht anhand des Qualitätsunternehmens Coca-Cola, wie man mit Hilfe von Dividenden eine Geldmaschine aufbauen kann.

Kapitel 13 beschäftigt sich mit dem Aspekt der Unternehmensbewertung, und wie man günstige Unternehmen findet. In Kapitel 14 diskutiere ich die Psychologie des Investierens und die psychologischen Hemmnisse, derer sich jeder Investor bewusst sein sollte. Kapitel 15 stellt einige Qualitätsunternehmen im Detail vor und Kapitel 16 gibt Ihnen Tipps zum Aufbau einer eigenen Geldmaschine. Leser, die sich ausschließlich für das Investieren mit Dividenden interessieren, können ohne Probleme direkt mit dem zweiten Teil *Vermögensaufbau mit Dividenden* beginnen.

Im Vergleich zur ersten Auflage aus dem Jahr 2014 habe ich in dieser überarbeiteten Auflage Fehler bzw. Unstimmigkeiten, soweit bekannt, korrigiert und Daten aktualisiert. Der jeweilige Datenstand ist entsprechend gekennzeichnet.

Patrick Schubert
Sommer 2015

# Teil I – Die Krise des Geldes

## Kapitel 1

# Wie entsteht Geld?

Wir haben täglich damit zu tun, aber wir wissen so gut wie nichts darüber. Woher denn auch? Wenn Sie in der Schule das Thema Geld behandelt haben, dann hatten Sie Glück und weitsichtige Lehrer. Normalerweise lernen wir in der Schule so gut wie nichts über Geld. Stattdessen werden uns Sinusfunktionen und Photosynthese bis ins kleinste Detail erläutert und wir besprechen Kafka und nehmen jedes Wort in seinen Büchern auseinander. Nicht, dass das nicht wichtig wäre, aber seien wir mal ehrlich - wann haben Sie den Stoff, den Sie in der Schule gelernt haben, später in Ihrem Leben wieder gebraucht, außer vielleicht bei Günter Jauch? Was ist also Geld? Geld ist zuallererst ein Zahlungsmittel. Bevor es Geld gab, wurde eine Ware gegen eine andere getauscht. Stellen Sie sich vor, Sie sind in prähistorischer Zeit und haben seit zwei Wochen nichts anderes als Äpfel gegessen und sehnen sich nach einem Brot. Sie möchten nun fünf Äpfel gegen ein Brot tauschen. Ihr Tauschpartner ist einverstanden und gibt Ihnen sein Brot für die fünf Äpfel. Sie sind zufrieden und haben sich auf einen Preis geeinigt. Fünf Äpfel gleich ein Brot. Sie brauchen also kein Geld. Was passiert aber, wenn es mehr Produkte gibt als diese zwei und auch mehr Tauschpartner? Nehmen wir einen Dritten hinzu, der Erdbeeren besitzt und Sie möchten anstatt des Brotes nun diese Erdbeeren. Der Erdbeerenbesitzer ist aber nicht an Ihren Äpfeln interessiert, sondern möchte ein Brot. Sie müssen also erst Ihre Äpfel gegen das Brot tauschen, um es dann gegen die Erdbeeren einzutauschen. Sie sehen, es wird immer komplizierter, je mehr Tauschpartner und Waren hinzukommen. In modernen und komplexen Volkswirtschaften ist ein direkter Warentausch fast unmöglich.

Geld ist daher ein nützliches Mittel um Eigentumsrechte an realem Vermögen wie Äpfeln, Immobilien oder Gold zu übertragen. Geld stellt in unserem modernen Geldsystem kein Vermögen an sich dar, sondern es ist ein Anspruch auf Vermögen. Geld besitzt einen Wert, weil wir alle kollektiv zustimmen, dass man es für etwas eintauschen kann. Geld hilft uns unsere Bedürfnisse nach Essen, Kleidung, Unterkunft etc. zu sichern. Es ist daher wichtig, dass Geld als stabil und vertrauenswürdig angesehen wird, wird es das nicht, beginnen Menschen seine Funktion als Zahlungsmittel zur Befriedung der eigenen Bedürfnisse zu hinterfragen und der gesamte kollektive Vertrag gerät ins Wanken. Solange Geld im Gleichgewicht mit den realen Vermögen steht, solange kann es seine Funktion als Zahlungsmittel, als Wertmaßstab und zur Wertaufbewahrung erfüllen.

## Gedecktes und ungedecktes Geld

Grundsätzlich kann man Geld in gedecktes und ungedecktes Geld unterteilen. Gedecktes Geld ist mit einem realen Wert, wie zum Beispiel Gold, unterlegt. Gold ist eines der ältesten Zahlungsmittel auf der Welt. Warum? Weil es nur eine begrenzte Menge an Gold auf der Welt gibt und es einen gewissen Aufwand erfordert es herzustellen. Gold kann nicht künstlich erschaffen werden, es ist ein knappes Gut, dass seinen Wert immer behält. In früheren Zeiten bezahlten die Leute in Gold und Silber. Später, als das Tragen von großen Mengen Gold gefährlich wurde, deponierte man das Gold in Sammelstellen der Goldschmiede, wo es vor dem Zugriff von Räubern sicher lagerte. Im Gegenzug erhielt man eine Quittung über die eingelagerte Goldmenge.

Anstatt nun jedes Mal zu diesen Verwahrstellen zu laufen und seine Quittung gegen Gold einzutauschen, war es viel einfacher nur die Quittungen gegen Ware auszutauschen. Somit etablierten sich Quittungen für Gold als Zahlungsmittel.

Aus den Sammelstellen wurden später Banken und die Quittungen für Gold waren die Vorgänger der modernen Banknoten. Die Goldschmiede waren die Vorläufer der Banker und erkannten schon damals das Potenzial dieses Systems, denn weil nur wenige Leute ihre Quittung wieder gegen Gold zurücktauschten, blieb immer eine große Menge an Gold in den Tresoren. Warum also nicht einen Teil des Goldes, das eh nicht eingelöst wird, einfach verleihen? Eine Bank konnte dadurch mehr Quittungen für Gold ausstellen als Goldbarren in ihren Tresoren lagerten. Solange nicht alle Leute auf einmal ihre Quittungen gegen Gold zurücktauschten, war dieses System genial. Die Bank verlieh einen Teil des Goldes in Form von Quittungen an Andere, die dafür eine Gebühr wieder an die Bank abführen mussten. Das moderne Bankgeschäft war geboren! In diesem auch als Mindestreserve-System bekannten Banksystem muss eine Bank nur einen geringen Teil des Guthabens oder der physischen Deckung zur Auszahlung vorhalten.

Wie gesagt, solange nicht alle Leute gleichzeitig ihre Quittungen in Gold ausgezahlt haben möchten, funktioniert alles wie geschmiert. Tritt aber dieser Fall ein, dann haben Sie als Quittungsinhaber ein Problem, weil ein Teil Ihres Goldes von der Bank an Andere verliehen wurde!

Später ging man dann voll zu ungedecktem Geld über. Anstatt Geldscheine durch einen physischen Stoff zu unterlegen, konnte man viel mehr Kredite vergeben, wenn anstatt eines realen Wertes den Leuten einfach ein Versprechen gegeben wird, dass sie für ihr Papiergeld Waren erhalten. Papierwährungen sind mit keinem realen Wert unterlegt und können daher unbegrenzt erzeugt werden. Papiergeld kann daher praktisch aus dem Nichts geschaffen werden. Diese Eigenschaft des Papiergeldes untergräbt die Wertaufbewahrungsfunktion, denn Geld das künstlich, ohne großen Aufwand erzeugt werden kann, verliert seinen Wert bzw. Kaufkraft wenn zu viel gedruckt wird.

Das Gleichgewicht zwischen Geldmenge und Waren verändert sich, und wenn mehr Geld einer gleichen Menge an Waren hinterherjagt, steigen die Preise der Waren. Die Organisation, die über die Geldmenge bestimmt, bekommt in einem Papiergeldsystem eine enorme Verantwortung zugesprochen, da sie über den Wert des Geldes und damit über die Kaufkraft der Bevölkerung bestimmt.

Oft wird für Papiergeld auch der Begriff *Fiat-Geld*, abgeleitet vom lateinischen Begriff Fiat *„es geschehe"*, verwendet. Der Euro oder auch der US Dollar sind Fiat-Geld, die auf einem Versprechen des Staates basieren, der ihnen garantiert, dass die bedruckten Bildchen gegen Waren eingetauscht werden können. Papiergeld besitzt daher keinen inneren Wert, sondern es ist eine Forderung auf reale Produkte und Dienstleistungen.

## Wie entsteht Geld?

Die Frage, die sich zwangsläufig ergibt ist, wie entsteht das Geld, das Sie auf Ihrem Kontoauszug oder in Form einer Banknote in Ihrem Portemonnaie sehen.

Stellen Sie sich einen deutschen Bundestagswahlkampf vor. Die herausfordernde Partei verspricht Ihnen die Rente mit 50 und die 30 Stundenwoche. Ich überspitze natürlich, aber die Gemeinsamkeit zwischen diesen überzogenen Wahlversprechen und denen in der Realität ist, dass sie in den meisten Fällen nicht ohne die Erhöhung von Steuern finanzierbar sind. Natürlich wird die herausfordernde Partei nicht die Steuern erhöhen, denn das ist unter dem Wahlvolk sehr unpopulär, also werden die Wahlkampfgeschenke durch Kredite finanziert. Das Wahlprogramm wird in ein Gesetz gegossen und umgesetzt. Bleibt die Frage woher erhält die Bundesregierung das Geld? Sie gibt dafür eine Staatsanleihe aus, auch Bundesschatzbrief genannt. Eine Staatsanleihe ist ein anderer Begriff für ein Kreditgeschäft.

Der Staat borgt sich mit einer Staatsanleihe Geld um es heute auszugeben und gleichzeitig verspricht er, in Zukunft den geborgten Betrag plus Zinsen zurückzuzahlen. Wie kann der Staat die Zinsen bezahlen? Indem er in Zukunft die Steuern erhöht oder einen neuen Kredit aufnimmt um damit den alten Kredit zu bezahlen. Aber auch dieser Kredit wird irgendwann fällig. Egal wie, der Staat muss (theoretisch) irgendwann seine Schuld begleichen.

Einen Kredit aufnehmen bedeutet immer, dass man sich in der Gegenwart mehr leisten kann, dafür aber in Zukunft auf einen Teil seines Wohlstands verzichtet. Wenn der Staat einen Kredit aufnimmt, dann kann er in der Gegenwart Sozialprogramme bezahlen, dafür muss er aber in der Zukunft die Steuern erhöhen. Nun hat der Staat die Staatsanleihe beschlossen und hält eine Auktion über deren Versteigerung ab. An dieser Versteigerung nehmen die privaten Banken teil und setzen durch ihre Gebote den Zinssatz fest, den der Staat an die Banken zahlen muss. Hat man sich geeinigt, erhält eine Bank den Zuschlag und schreibt den Geldbetrag auf dem Konto des Finanzministeriums gut. Woher stammt das Geld, das die Bank dem Finanzministerium auf dem Konto gutschreibt? Dieses Geld ist bei der Bank durch einen Buchungssatz im Computer entstanden und wird daher auch Buchgeld oder Giralgeld genannt. Die Bank hat den Betrag quasi aus dem Nichts erzeugt und erhält im Gegenzug die Staatsanleihe als Vermögenswert.

Eine wichtige Erkenntnis dieses Vorgangs ist, dass eine Bank Buchgeld / Giralgeld dadurch schöpft, dass sie einem Kunden (dem Staat) einen Vermögenswert abkauft (die Staatsanleihe) und den Geldbetrag auf dessen Konto gutschreibt. Mit diesem Guthaben kann der Staat nun seine Ausgaben finanzieren und überweist dieses Geld an seine Rentner, Lehrer, Polizisten oder nutzt es zur Rettung von Banken. Angenommen Sie sind ein pensionierter Beamter, dann ist es sehr wahrscheinlich, dass zumindest ein Teil Ihrer monatlichen Pensionszahlungen über einen Kredit des Staates finanziert wurden. (Siehe Kapitel 5: Die Inflationspolitik)

Die Pensionszahlung auf Ihrem Konto nehmen Sie nun und heben einen Teil des Guthabens in Form von Banknoten, also Euroscheinen, an einem Geldautomaten ab. Woher kommen die Euroscheine? Hier kommt die Zentralbank bzw. Notenbank ins Spiel. Für den Euro ist es die europäische Zentralbank (EZB) in Frankfurt/Main. Die EZB ist eine Bank, die als einzige Bank das Recht hat gesetzliche Zahlungsmittel herzustellen. Jede Geschäftsbank hat ein Konto bei der Zentralbank. Das Guthaben auf diesem Konto, auch Zentralbankgeld genannt, kann sich die Geschäftsbank in Euro – Scheinen und Münzen auszahlen lassen. Das Guthaben einer Geschäftsbank bei der EZB entsteht dadurch, dass die Geschäftsbank Staatsanleihen als Sicherheit bei der Zentralbank hinterlegt und sich dafür einen Zentralbankkredit gewähren lässt. Die Zentralbank schafft nun ihrerseits Geld aus dem Nichts und bucht es auf das Konto der Geschäftsbank. Der Weg der Geldschöpfung ist also folgender. Ein Staat begibt eine Anleihe, durch den Kauf dieser Anleihe durch eine Geschäftsbank entsteht Geld. Die Geschäftsbank wiederum reicht die Anleihe bei der Zentralbank ein und erhält im Gegenzug ein Guthaben, welches sie sich in Banknoten auszahlen lassen kann. Hier entsteht wiederum Geld.

Hebt nun ein Kunde einer Bank einen Teil seines Guthabens ab, wandelt die Bank Buchgeld in Bargeld um und zahlt den Betrag in Euroscheinen aus. Zu kompliziert? Vielleicht hilft die Erklärung der Bundesbank, wie Bargeld in Umlauf kommt.

> Wenn eine Geschäftsbank Bedarf an Bargeld hat, nimmt sie bei der Zentralbank einen Kredit auf. [...] Ist dies der Fall, schreibt die Zentralbank der Geschäftsbank den aufgenommenen Betrag auf dem Konto der Geschäftsbank als Sichteinlage gut. [...] Ganz allgemein handelt es sich bei solch einem Vorgang – Kreditgewährung und entsprechende Gutschrift als Sichteinlage auf einem Konto - um die Schöpfung von Buch- oder Giralgeld. In diesem Fall handelt es sich um die Schöpfung von Zentralbankgeld. Denn die Sichteinlagen, die Geschäftsbanken auf ihren Konten bei der Zentralbank halten, sind Zentralbankgeld. (Deutsche Bundesbank, 2012)

Lassen Sie uns zusammenfassen, Zentralbankgeld entsteht ausschließlich durch eine Kreditvergabe, also von der Zentralbank an eine Geschäftsbank. Jeder von der Zentralbank gedruckte Euroschein ist erst durch einen Kredit in Umlauf gekommen. Damit ist jeder Euroschein ein Schuldschein! Denn um ihn zu drucken, musste eine Geschäftsbank einen Kredit bei der Zentralbank aufnehmen. Außerdem entsteht Geld, genauer Buchgeld, *wenn eine Geschäftsbank einer Nichtbank einen Kredit gewährt oder ihr einen Vermögenswert abkauft und der Nichtbank im Gegenzug den entsprechenden Betrag als Sichteinlage gutschreibt. (Deutsche Bundesbank, 2012)*

Angenommen Sie möchten einen Kredit für die Finanzierung Ihrer Traumimmobilie, der Einfachheit halber nehmen wir einen Kreditbetrag von 100 Euro an. Sie gehen zu Ihrer Hausbank und nach eingehender Prüfung Ihrer Vermögensverhältnisse, sowie unzähligen weiteren Terminen bekommen Sie tatsächlich die Zusage und die Bank bucht Ihnen das Geld auf Ihr Konto. Woher nimmt die Bank dieses Geld?

Die Bank hat diesen Betrag in dem Moment geschaffen, als die Bankberaterin die Kredithöhe in den Computer eingegeben hat. Technisch ist es im Computerzeitalter sehr einfach Buchgeld zu schaffen, denn nur ein paar Mausklicks sind erforderlich um den Kredit als Datensatz zu erzeugen, denn mehr ist er auch nicht. Buchgeld sind nur ein paar Bits und Byte in einer Datenbank.

Sie nehmen nun die 100 Euro und lassen Sie sich in bar auszahlen und bezahlen anschließend Ihren Handwerker. Der Handwerker geht zu seiner Hausbank und zahlt diese 100 Euro auf sein Konto ein. Ihr Guthaben ist um 100 Euro geschrumpft und das Guthaben des Handwerkers ist um 100 Euro gestiegen. Bitte bedenken Sie, dass die 100 Euro durch einen Kredit, den Sie ursprünglich aufgenommen haben, erst entstanden sind. Sie haben immer noch eine Schuld von 100 Euro plus Zinsen gegenüber Ihrer Hausbank und der Handwerker hat ein Guthaben über 100 Euro. Was macht nun die Bank des Handwerkers mit den neuen, frisch eingezahlten 100 Euro. Sie vergibt dieses Geld wiederum als Kredit, denn das ist ihre Aufgabe - die Kreditvergabe.

An diesem Punkt kommt es zu einem Aufpumpen des Kreditbetrages durch das sogenannte Mindestreserve-System. Denn eine Geschäftsbank muss nur einen Teil der von ihr vergebenen Kredite als Reserve bei der Zentralbank hinterlegen. Aktuell (Stand: Sommer 2015) sind das gerade einmal 1 Prozent des Gesamtbetrages. Von den ursprünglich eingezahlten 100 Euro nimmt die Bank einen Euro und hinterlegt ihn bei der Zentralbank als Reserve, die restlichen 99 Euro vergibt sie als Kredit. Nun wiederholt sich das Spiel und ein neuer Kreditnehmer muss gefunden werden. Dieser neue Kreditnehmer bezahlt nun wiederum Rechnungen und das neu geschaffene Geld landet als Guthaben auf dem Konto. Ich denke, den Rest kann man sich ausmalen. Wird ein Betrag von 100 Euro in das Banksystem gegeben, sei es durch Kreditvergabe an Endkunden oder durch Kreditvergabe der Zentralbank, führt das bei einem Mindestreserve-Satz von einem Prozent zu einer theoretischen Geldmenge von 10.000 Euro. Aus 100 Euro werden 10.000 Euro, eine Geldschöpfung aus dem Nichts.

In der Praxis wird die Buchgeld-Schöpfung einer Bank dadurch begrenzt, dass auch immer ein Kreditnehmer vorhanden sein muss um den Kredit nachzufragen, wo kein Kreditnehmer, da auch keine Geldschöpfung. Außerdem muss eine Bank auch immer damit rechnen, dass Bankkunden einen Teil ihrer Einlagen auf ein Konto bei einer anderen Bank überweisen oder es in Form von Geldscheinen abheben. Für diesen Fall muss die Bank entsprechend hohe Zentralbankrücklagen und Geldscheine vorhalten um Überweisungen und Abhebungen bedienen zu können. Daher beträgt das Verhältnis von Zentralbankgeld, Bargeld und Einlagen bei der Zentralbank zu Giralgeld ungefähr 1:12. Als Faustformel kann man sagen, für jeden von der Zentralbank geschaffenen Euro schöpfen Geschäftsbanken 12 Euro. Damit wird der überwiegende Teil der Geldschöpfung von den privaten Geldinstituten vorgenommen und nur ein Teil des Geldschöpfungsprozesses wird durch die Zentralbank direkt gesteuert.

Lassen Sie uns zusammenfassen: Geld wird zum einen von der Zentralbank in Form von Zentralbankkrediten und zum anderen von den privaten Banken in Form von Bankkrediten geschaffen, wobei der weitaus größere Teil auf die privaten Banken entfällt. Eine Bank vergibt dabei nicht eins zu eins die Einlagen ihrer Kunden, sondern sie schöpft ein Vielfaches an Geld durch die Vergabe von Krediten. Geld, das vorher noch nicht existiert hat und somit bei der Schöpfung auch keinen Wert besitzt, sondern erst durch die Kreditsicherheiten des Kreditnehmers bzw. die Bereitschaft des Kreditnehmers diesen Kredit zu bedienen, mit einem Wert hinterlegt wird.

Jedes Mal, wenn Sie einen Kredit aufnehmen, entsteht neues Geld. Jedes Mal, wenn der Staat, Privatpersonen oder Unternehmen Kredite aufnehmen, entsteht neues Geld. Wobei jedes Mal ein Guthaben und eine Schuld in gleicher Höhe entstehen. Sie erhalten als Kredit 100 Euro, das ist Ihre Schuld gegenüber der Bank. Der Handwerker erhält ein Guthaben über genau diesen Betrag. Guthaben und Schulden stehen sich also spiegelbildlich gegenüber.

Jede Banknote ist daher ein Schuldschein, denn um sie zu drucken hat ein Anderer einen Kredit aufgenommen. Zahlen Sie nun einen Kredit zurück, dann wird dieser Schuldschein vernichtet. Die Geldmenge sinkt. Eine Tilgung, also Rückzahlung von Krediten, führt zu einer Vernichtung von Geld.

## Exponentielles Wachstum und Zinsen

Bei einem Kredit ist der Zins die Gebühr, die Sie jährlich an die Bank zahlen, damit Sie sich Geld von ihr leihen dürfen. Bei einem Guthabenzins zahlt Ihnen die Bank einen Betrag dafür, dass sie mit Ihrem Geld Kredite vergeben oder - noch besser - am Kapitalmarkt spekulieren darf. Bleiben wir einmal bei dem bereits geschilderten Beispiel, Sie haben 100 Euro als Kredit erhalten und da es sich um einen Baukredit handelt, müssen Sie vier Prozent Zinsen pro Jahr an die Bank zahlen, das sind 4 Euro.

Angenommen es gibt nur Sie und Ihre Bank, woher kommen diese 4 Euro, die Sie für die Zinszahlung aufbringen müssen? Die Bank hat Ihnen nur einen Kredit in Höhe von 100 Euro zur Verfügung gestellt und somit nur die Tilgungssumme als Geld geschaffen, aber die Zinsen, die Sie wieder an die Bank zurückzahlen müssen, wurden durch den Kredit nicht mitgeschaffen! Anders ausgedrückt, die Zinsen sind nicht Teil der geschaffenen Geldmenge und müssen durch neue Kredite erst geschaffen werden. Damit Sie Ihre 4 Euro Zinsen zahlen können, muss Ihnen die Bank im nächsten Jahr einen neuen Kredit über diesen Betrag gewähren. Darauf werden aber wieder neue Zinsen fällig, diese müssen Sie im darauffolgendem Jahr wiederum als Kredit aufnehmen. Auf die ausstehenden Zinsen werden wiederum Zinsen fällig und so weiter. Ein Teufelskreis aus steigenden Zinsen, die wiederum noch mehr Zinsen nach sich ziehen, entsteht. Mathematisch spricht man hier von einem exponentiellen Wachstum der Schulden. Um exponentielles Wachstum besser zu verstehen, betrachten wir zunächst lineares Wachstum. Bei einem linearen Wachstum wird immer ein konstanter Betrag zu etwas hinzugefügt. Zum Bespiel ist die Sequenz 1,2,3,4,5,6,... linear. Denn bei jedem Schritt wird immer der gleiche Betrag (Eins) hinzuaddiert. Im Gegenzug wird bei exponentiellem Wachstum ein Betrag hinzuaddiert, der auf einem vorangegangenen Wert basiert. Die Sequenz 1,2,4,8,16,32 wächst exponentiell, denn mit jedem Schritt verdoppelt sie sich (2=1+1, 4=2+2, usw.). Aber exponentielles Wachstum setzt keine Verdopplung, also 100 Prozent Wachstum, bei jedem Schritt voraus, jede andere Wachstumsrate kann angenommen werden und das Ergebnis bleibt ein exponentielles Wachstum. Aus 4 Euro Zinsen im Jahr 1 werden bei einem Zinssatz von 4 Prozent, 4,16 Euro im darauffolgenden Jahr (4 * 1,04 = 4,16). Nach 10 Jahren sind es 5,92 Euro und nach 50 Jahren haben sich die ursprünglichen 4 Euro bereits auf 28 Euro versiebenfacht. Je weiter das System zeitlich fortschreitet, desto schneller wächst der Schuldenberg an. Denn die Wachstumsrate bezieht sich immer auf den letzten Betrag. Je größer dieser wird, desto größer wird bei jedem Schritt der hinzuaddierte Wachstumsbetrag.

Exponentielles Wachstum ist für das menschliche Gehirn schwer zu verstehen, wir besitzen kein intuitives Verständnis für exponentielles Wachstum. In der Natur gibt es nur sehr wenige Prozesse, die exponentiell wachsen, und dort auch nur über einen sehr begrenzten Zeitraum. Ein Beispiel ist die Vermehrung von Bakterien. Durch Zellteilung wird aus einer Bakterie zwei, aus zwei vier, aus vier acht, aus acht sechzehn und so weiter. Bakterien vermehren sich anfangs exponentiell, aber nach einer kurzen Zeit, wenn alle Nahrung verbraucht ist, stirbt die gesamte Population. Früher oder später gelangt exponentielles Wachstum immer an eine physische Grenze.

In einem Papiergeldsystem wachsen die Geldmenge und damit die Schulden und Zinsen exponentiell. Die Kreditmenge muss jedes Jahr mindestens um die Menge an Zinsen wachsen, nur um allein die Zinsen zahlen zu können.

Anfangs bemerkt man dieses Wachstum noch nicht, da der Ausgangsbetrag der Schulden gering ist, aber mit der Zeit wird die Schuldenlast immer schwerer. Bis ein Punkt erreicht ist, ab dem die Schuldner ihren Verpflichtungen nicht mehr nachkommen können. Das System kollabiert, bestehende Kredite werden nicht zurückgezahlt und neue Kredite nicht aufgenommen.

## Inflation

Da Papiergeld einen Anspruch auf Vermögen darstellt, muss das reale Vermögen, also Waren und Dienstleistungen, in gleicher Menge mitwachsen, andernfalls gibt es ein Ungleichgewicht. Dieses Ungleichgewicht wird auch als Inflation bzw. Deflation bezeichnet.

Kann das Güterwachstum nicht mit dem Geldmengenwachstum schritthalten, ist Inflation die Folge. Immer mehr Euro jagen einer begrenzten Menge an Gütern hinterher. Jeder zusätzlich geschaffene Euro entwertet die bereits existierenden Euro.

Die Kaufkraft jedes einzelnen Euro schwindet. Nehmen wir zum Beispiel an, in unserer Volkswirtschaft werden nur Äpfel „hergestellt". Im Jahr 2011 wurden 100 Äpfel gepflückt, die für den Handel bereitstehen. Jeder Apfel kostet (es handelt sich hier um Premiumbioäpfel) einen Euro. Insgesamt beträgt die Geldmenge im Umlauf also 1 Euro mal 100 Äpfel gleich 100 Euro. Im Jahr 2012 hatte unsere kleine Volkswirtschaft ein Wirtschaftswachstum von drei Prozent, das bedeutet es sind drei Äpfel mehr produziert wurden als 2011. Die Notenbank prägt nun drei 1-Euromünzen, um dem gestiegenen Warenangebot gerecht zu werden. Die Preise bleiben gleich, da die zusätzliche Geldmenge exakt dem gestiegenen Warenangebot entspricht. Was würde passieren, wenn nun anstatt drei 1-Euromünzen ein Fünfeuroschein in den Kreislauf gegeben würde? Da der Anstieg der Geldmenge den Anstieg des Warenangebots übersteigt, erhöhen sich die Preise für unsere Bio-Äpfel auf rund 1,02 Euro (105 Euro Geldmenge geteilt durch 103 Äpfel gleich 1,0194 Euro pro Apfel). Das bedeutet eine Inflation von rund zwei Prozent. Oder, anders ausgedrückt, der Euro, den Sie in Ihrem Portemonnaie haben, hat zwei Prozent an Kaufkraft verloren.

In einen Papiergeldsystem ist der nominale Betrag der auf einem Geldschein steht uninteressant, entscheidend ist, was man für ihn kaufen kann. Bei einer jährlichen Inflationsrate von 4 Prozent halbiert sich die Kaufkraft eines Euro innerhalb von ca. 17 Jahren. Für denselben Betrag können weniger Waren gekauft werden. Gleichzeitig führt Inflation zu einem Abbau der realen Schuldenlast. Denn Schuldner müssen real weniger für die Rückzahlung der Schulden leisten. Schuldner profitieren von einer Inflation.

# Deflation

Das Gegenteil von Inflation ist die Deflation. Hier sinkt die Geldmenge im Verhältnis zur Gütermenge. Eine Deflation ist daher durch ein Absinken der Preise gekennzeichnet.

Das jüngste große deflationäre Ereignis war das Platzen der amerikanischen Immobilienblase 2007/2008. Die Schuldenlast war für den Durchschnittsamerikaner zu groß geworden. Die amerikanischen Immobilienbesitzer waren nicht mehr in der Lage ihre Kredite zu bedienen. Bestehende Immobilienkredite fielen aus und neue wurden nicht mehr nachgefragt. Die Kreditvergabe der Banken kam zum Erliegen und damit sank die Geldmenge. Denn neues Geld entsteht in unserem System ausschließlich durch eine Kreditvergabe.

Die Preise für Immobilien sanken in den Keller und damit auch der Wert, der bei der Bank hinterlegten Sicherheiten. Eine Abwärtsspirale aus fallenden Preisen und restriktiver Kreditvergabe war im Begriff zu entstehen. Das Kredit bzw. Geldsystem stand kurz vor dem Kollaps. Schon einmal hatte das Platzen einer Kreditblase die Welt in eine turbulente Phase gestürzt. Die Weltwirtschaftskrise von 1929, in dessen Verlauf die Preise und Löhne weltweit sanken, führte zu einer enormen Arbeitslosigkeit und gesellschaftlichen Spannungen in den betroffenen Ländern. Deutschland stand in den 1930er Jahren, bedingt durch hohe Arbeitslosigkeit und Radikalisierung der Massen, am Rande des Bürgerkrieges. Mit den bekannten Folgen für die Welt.

Aufgrund dieser Erfahrungen versucht man von politischer Seite und von Seiten der Notenbanken, Deflation schon im Ansatz zu verhindern. Der Staat springt ein und versucht über Konjunkturprogramme eine wegbrechende Nachfrage zu ersetzen und die Notenbanken öffnen die Geldschleusen. Die Folge ist eine noch stärker steigende Verschuldung, weil aber diesmal die privaten Haushalte und Firmen keine Kredite nachfragen und damit kein Geld geschöpft werden kann, muss der Staat einspringen und als Kreditnachfrager fungieren.

## Exponentielles Guthaben- und Schuldenwachstum

Kommen wir zu den Geldvermögen. Unter diesem Begriff werden alle Formen von Vermögen zusammengefasst, die man recht zügig in Bargeld umwandeln könnte, dazu zählen Bargeld selbst, Bankeinlagen, Girokonten, Aktien, festverzinsliche Wertpapiere und Ansprüche gegenüber Versicherungen. Da wir wissen, dass Geld nur durch Kredit entsteht, müssen allen Geldvermögen auch entsprechend hohe Schulden gegenüber stehen. Und tatsächlich stehen sich Geldvermögen und Schulden spiegelbildlich gegenüber.

Grafik 1.1 veranschaulicht die Entwicklung von Geldvermögen und Schulden in Deutschland über die letzten 60 Jahre. Kurz nach Einführung einer Währung sind die Geldvermögen und Schulden in einem Land noch niedrig. Weder der Staat noch die Unternehmen oder die privaten Haushalte verfügen über nennenswerte Geldvermögen bzw. Schulden. Aufgrund des Zinseszinseffekts kommt es zu einer Ausweitung von Geldvermögen und Schulden je weiter das System fortschreitet.

Grafik 1.1: Geldvermögen und Schulden

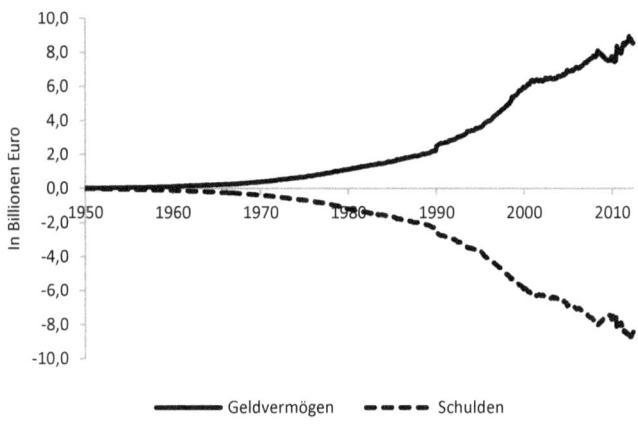

Geldvermögen und Schulden wachsen exponentiell. Ab 2008 ist ein Knick im Geldvermögen zu sehen. Dieser Knick zeigt die Finanzkrise, die zu einem konjunkturellen Einbruch führte und in dessen Verlauf die Geldvermögen schrumpften.
Quelle: Deutsche Bundesbank Zeitreihen

Wie zu erwarten ist, sind Geldvermögen ein exaktes Spiegelbild der Schulden. Wenn Sie sich Grafik 1.1 anschauen, dann werden Sie feststellen, wie anfangs, als die DM eingeführt wurde, Geldvermögen und Schulden sehr gering waren. Das System war sozusagen in der Stunde Null. Um 1970, also 20 Jahre später, lagen die Schulden und die Geldmenge bei ungefähr 0,5 Billionen Euro. 1980 hatten sich die Schulden auf eine Billion verdoppelt. 1988 die nächste Verdopplung auf 2 Billionen Euro. Nur 8 Jahre später, 1996, verdoppelten sich die Schulden auf 4 Billionen Euro. Die nächste Verdopplung auf 8 Billionen Euro fand im Jahr 2008 statt. Alle 8 Jahre verdoppeln sich Guthaben und Schulden. Die Geldvermögen und die Schulden entwickeln sich exponentiell. Damit steigen auch die Zinsen exponentiell an.

Je höher die Schulden sind, desto mehr Zinsen werden fällig. Anfangs merkt man nicht viel, erst nach ein paar Jahrzehnten wird die Dynamik des Schuldenwachstums spürbar.

Jetzt werden Sie vielleicht einwenden, dass Sie persönlich keine Schulden haben. Das mag vielleicht auch zutreffen, aber indirekt bezahlen Sie die Schulden der Anderen.

Unternehmen kaufen Maschinen auf Kredit, um damit Produkte herzustellen. Auf die Kredite werden Zinsen fällig. Diese Kapitalkosten bzw. Zinslasten, werden natürlich in den Preis des Endproduktes einkalkuliert. Stellen Sie sich ein alltägliches Produkt wie ein Brot vor. Bevor Sie das Brot bei Ihrem Bäcker kaufen können, hat es schon mehrere Produktionsstufen durchlaufen. Um dieses Brot zu backen, musste ein Bauer Weizen säen und ernten, die Maschinen und Betriebsstoffe, die er dafür benötigt, werden in der Regel durch einen Kredit finanziert. Die Kreditkosten kalkuliert der Bauer in den Verkaufspreis des Weizens. Der Weizen wird dann von einer Mühle gekauft und zu Weizenmehl verarbeitet, auch hier schlägt die Mühle ihre Kapitalkosten auf den Verkaufspreis auf.

Der Handel kauft nun das Weizenmehl und verkauft es in seinen Filialen. Auch hier werden die Kapitalkosten, die dem Handel entstehen, also Miete der Handelsräume, Kosten für den Transport usw. auf den Endpreis aufgeschlagen. Es kommt somit bei jeder Stufe zu einem Aufschlag der Kapitalkosten auf den Endpreis, dadurch summieren sich die Kapitalkosten, genauso wie die Lohnkosten, denn auch die Kosten der Arbeitskraft fließen in den Endpreis mit hinein und werden bei jeder Stufe aufgeschlagen. (Der Einfachheit halber unterschlage ich hier die Akkumulation der Steuern, die auch bei jeder Stufe fällig werden.) Bis der Bäcker dann das Brot backt und in seinem Laden an Sie verkauft, hat das fertige Produkt unzählige Vorstufen durchlaufen und jedes Mal wurden Kapitalkosten bzw. Zinslasten, die bei jeder Stufe anfallen, aufgeschlagen.

Laut Schätzungen lag die Zinslast in den 1970er Jahren noch bei durchschnittlich 20 Prozent. (Creutz, Humane Wirtschaft, 2005) Das bedeutet, in jedem Produkt, das man kaufen konnte, waren im Durchschnitt 20 Prozent an Zinslasten einkalkuliert.

Je weiter das System fortschreitet, desto größer werden die Schuldenberge auf Seiten der Industrie, des Staates und auch bei den Verbrauchern. Jeder Teil der Gesellschaft muss nun im Durchschnitt mehr für die Erfüllung der Zinslasten ausgeben.

Laut Schätzungen machen Zinslasten heutzutage im Durchschnitt rund 40 bis 50 Prozent des Preises eines Produktes aus. (Creutz, Humane Wirtschaft, 2005) Bei sehr kapitalintensiven Produkten ist dieser Anteil noch höher. So machen die Zinslasten bei den Mietzahlungen für Wohnraum ungefähr 80 Prozent der Gesamtkosten aus.

Jeder Bundesbürger, egal ob privat verschuldet oder nicht, zahlt über seine täglichen Konsumausgaben Zinsen. Auch die Schulden des Staates sind Zinslasten, die Sie als Steuerzahler über die vielen direkten und indirekten Steuern bezahlen müssen. Der zweitgrößte Posten im Bundeshaushalt, nach Ausgaben für Arbeit und Soziales, ist der Schuldendienst, noch vor den Verteidigungsausgaben.

Damit muss jeder Bundesbürger die Hälfte seiner Arbeitszeit aufbringen um die Zinslasten im gesamten Wirtschaftskreislauf begleich zu können. Salopp gesagt, von 40 Wochenarbeitsstunden arbeiten Sie 20 Stunden nur für die Begleichung von Schulden!

## Die Schuldenblase und das Sozialprodukt

In Grafik 1.2 sehen Sie die Entwicklung der Schulden und des Sozialproduktes in Deutschland von 1950 bis 2012. Das Sozialprodukt entspricht dabei dem Wert aller Waren und Dienstleistungen, die in einem Jahr in Deutschland produziert werden.

Das Sozialprodukt entspricht allem, was erarbeitet wird, vom Auto bis zum Haarschnitt. Wenn Sie in den Nachrichten den Begriff „Wirtschaftswachstum" hören, dann bezieht sich das auf das Wachstum des Sozialproduktes.

Grafik 1.2: Schulden und Sozialprodukt

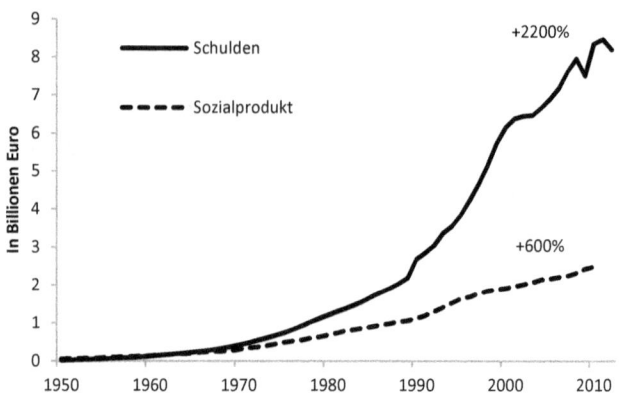

Quelle: Destatis, Deutsche Bundesbank Zeitreihen

Es ist gut zu sehen, dass das Sozialprodukt seit 1950 kontinuierlich angestiegen ist. Jedes Jahr ist die Wirtschaft um einen festen Betrag gewachsen. Mathematisch spricht man auch von einem linearen Wachstum. Betrachten wir nun die Entwicklung der Schulden im Vergleich zum Sozialprodukt. Wenn das Sozialprodukt die Menge aller Waren und Dienstleistungen ist, die in einem Jahr produziert werden, dann ist das etwas, was real an Vermögen geschaffen wird. Das Sozialprodukt misst damit das vorhandene Vermögen das verteilt werden kann. Bedenken Sie, dass Geld in unserem heutigen System keinen Eigenwert besitzt, Geld ist eine Forderung auf reales Vermögen, also ein Schuldschein.

Bis in die 1970er wuchsen Schulden und Sozialprodukt im Gleichklang. Ab den 1970ern sieht man ein Auseinanderdriften von Sozialprodukt und Schulden. Die Schulden wachsen exponentiell und damit schneller als das Sozialprodukt. Damit wachsen auch die Ansprüche auf das Sozialprodukt exponentiell.

Ein Graben entsteht zwischen dem, was erarbeitet wird, und dem, was beansprucht werden kann. Der Verteilungsspielraum wird immer enger, denn Schulden und deren Bedienung stehen in der Erfüllungspriorität immer an erster Stelle.

Erst wenn die Zinslasten bedient sind, kann der Rest als Löhne oder Sozialleistungen verteilt werden. Mit steigenden Zinslasten fordern die Gläubiger einen immer größeren Teil des Kuchens.

Da der Kuchen aber nicht so schnell wächst wie der Anspruch darauf, bleiben nur zwei mögliche Szenarien. Erstens, die Ansprüche auf den Kuchen werden für nichtig erklärt, neudeutsch ein Haircut, oder die Ansprüche werden entwertet indem man Inflation produziert, die die nominellen Ansprüche auf den Kuchen wegschmelzen lassen.

## Der Zusammenbruch des Bretton-Woods-Systems

Noch während in Europa der 2. Weltkrieg tobte, trafen sich 1944 im amerikanischen Ostküstenkurort Bretton-Woods, die Finanzminister und Vertreter der Notenbanken aus 44 Ländern, um über die Währungsarchitektur der nächsten Jahre zu beraten. Das daraus entstandene Bretton-Woods-Abkommen, dem die Bundesrepublik 1949 beitrat, sollte durch die Einführung von festen Wechselkursen für mehr Stabilität im internationalen Handel sorgen. Der US Dollar diente als Leitwährung und wurde mit Feingold gedeckt, dabei wurde festgelegt, dass 35 US Dollar genau einer Unze (ca. 31 Gramm) Feingold entsprach. Die US-Notenbank *Federal Reserve*, kurz FED, verpflichtete sich, jederzeit Gold zum offiziellen Kurs von 35 US Dollar zu kaufen oder zu verkaufen. Damit bestand eine de facto Golddeckung aller an den US Dollar angelehnten Währungen, denn man konnte jederzeit eine DM zu einem festen Wechselkurs in US Dollar umtauschen und diesen wiederum in Gold einlösen. Bereits in den 1950er Jahren traten aber die ersten Spannungen im System zu Tage.

Die USA begannen den Koreakrieg durch das Anwerfen der Druckerpresse zu finanzieren und es kam zu einer Geldmengenausweitung. Im Laufe der Jahre wurde es für die FED immer schwieriger den festen Preis von 35 US Dollar je Feinunze Gold zu halten, da ihre Goldreserven nicht mit dem Anstieg der Geldmenge mithalten konnten. Im Gegenteil, die Goldreserven der FED schwanden schneller als gedacht. Mit dem Vietnamkrieg und der zunehmenden US Dollarschwemme, die sich durch das vermehrte Gelddrucken der Amerikaner über die Welt ergoss, wurde das Bretton-Woods-System und die Golddeckung des US Dollars immer mehr in Zweifel gezogen. Im Jahr 1966 stellte der damalige französische Präsident de Gaulle das System auf die Probe, als er darauf bestand, die durch Frankreich angehäuften US Dollar in Gold einzutauschen und die Goldbarren von ihrem Lagerort in den Tresoren der FED nach Paris zu verschiffen. Die Amerikaner reagierten zutiefst beunruhigt, denn der Schwindel war im Begriff aufzufliegen. Es dauerte noch ein paar Jahre bis dann der amerikanische Präsident Nixon eine Bankrotterklärung abgab. 1971 kündigte er an, dass die amerikanische FED künftig keine US Dollar mehr in Gold eintauschen werde.

Diese Ankündigung markierte den Zusammenbruch des Bretton-Woods-Systems. Der US Dollar wertete gegenüber anderen Währungen ab und der Goldpreis unterlag nun den freien Marktkräften von Angebot und Nachfrage. De facto sind alle Währungen seit 1971 reine Papiergeldwährungen, da sie nicht mehr durch Gold gedeckt sind. Das Jahr 1971 stellt somit eine Zäsur im internationalen Geldwesen dar, denn das bestehende System fester Wechselkurse und Golddeckung war zusammengebrochen und es gab keinen Plan B. Das bis heute bestehende Geldsystem ist aus diesem Unfall heraus entstanden und wurde nicht per Abkommen oder Masterplan implementiert. 1971 war der Beginn eines Experiments mit ungewissem Ausgang.

Hatte die Golddeckung zumindest teilweise die Geldschöpfung aus dem Nichts im Zaune gehalten, so gibt es seit dem 15. August 1971, als US Präsident Nixon die Golddeckung des US Dollar aufkündigte, keine Beschränkung der Geldschöpfung.

Geld kann per Mausklick von Seiten der Noten- und Geschäftsbanken erzeugt werden, ohne dass es mit Gold oder sonst einem anderen physischen Wert hinterlegt werden muss. Geld wird seitdem ausschließlich durch Kredit und mit den damit verbundenen Zinszahlungen erzeugt und besitzt keine Deckung.

## Der Zinsdruck und die Geldausweitung

Das System erzeugt durch die Zinszahlungen, die ein Schuldner im Laufe der Kreditlaufzeit zahlen muss, einen hohen Druck auf den Kreditnehmer. Er muss, um die Zinsen begleichen zu können, im marktwirtschaftlichen Konkurrenzkampf bestehen und anderen einen Teil ihres Geldes wegnehmen, man spricht auch von erwirtschaften, um damit seine eigenen Zinsen begleichen zu können. Denn bei der Kreditvergabe wird nur die Tilgungssumme durch die Bank als Geld geschöpft. Das Geld, das für die Zinszahlungen nötig ist, wird bei der Kreditvergabe nicht geschaffen. Woher kommt dieses Geld? Es kann systembedingt nur durch einen neuen Kredit entstehen. Ein anderer nimmt einen Kredit auf und schafft damit neues Geld. Sie müssen nun im marktwirtschaftlichen Konkurrenzkampf versuchen dieses Geld wegzunehmen, um damit die eigenen Zinszahlungen bedienen zu können. Wie zahlt der, dem Sie das Geld weggenommen haben dann wiederum seine Zinsen ab? Nun entweder er nimmt es von jemand anderem oder wenn er nicht konkurrenzfähig ist, d.h. er nicht in der Lage ist es jemanden anderen abzunehmen, muss er Insolvenz anmelden und die Kreditsicherheiten werden zwangsgepfändet.

Alleine die zu leistenden Zinszahlungen erfordern eine kontinuierliche Ausweitung der Geldmenge, sprich es müssen immer wieder neue Kreditnehmer gefunden werden. Im Laufe der Jahre wird es für die Banken aber immer schwieriger Kreditnehmer mit ausreichend guten Kreditsicherheiten aufzutreiben. Also lockert man die Anforderungen für die Kreditsicherheiten und vergibt beispielsweise Kredite an amerikanische Immobilienkäufer die über kein regelmäßiges Einkommen verfügen, oder man versucht Verbrauchern einzureden Autos, Urlaube, Küchen und sonstige Konsumgüter über einen Kredit zu finanzieren.

Nur um die Zinszahlungen bedienen zu können müssen im gesamten System neue Schulden aufgenommen werden. Eine Verschuldungsspirale setzt ein. Dabei ist es egal, wer in der Gesellschaft die Schulden aufnimmt, Hauptsache, neue Kredite können vergeben werden.

Wenn die Verbraucher überschuldet sind und nicht mehr Kredite nachfragen können, dann versucht man die Industrie zu verschulden, ist diese auch nicht mehr in der Lage zusätzliche Kredite aufzunehmen, so bleibt als letzte Instanz immer der Staat.

Ein exponentiell wachsendes Geldsystem impliziert auch eine exponentiell wachsende Wirtschaft, weil aber das reale Vermögen, das Sozialprodukt, nicht in der Höhe mitwächst wie die Forderungen darauf, entsteht ein Problem.

Die reale Produktion und Arbeitskraft kann daher nicht Schritthalten mit der sich immer mehr beschleunigenden Geldmengenausweitung. Somit jagen immer mehr Euro einer begrenzten Menge an Produkten und Dienstleistungen hinterher. Die Folge ist eine beschleunigende, exponentiell wachsende Inflation. Die Kaufkraft des Euro schwindet immer stärker. Nur bemerken wir die Inflation nicht, da sie sich erst gegen Ende eines Währungszyklus zeigt. Es liegt in der Natur von exponentiellen Prozessen, dass sie anfangs nicht bemerkt werden und erst gegen Ende in Erscheinung treten, dazu folgendes Gedankenexperiment.

Stellen Sie sich das Olympiastadion in Berlin vor. In ihm finden ca. 74 tausend Zuschauer Platz und es ist eines der größten Stadien in Deutschland. Angenommen, Sie würden in der obersten Sitzreihe, ca. 16 Meter über dem Spielfeldboden platznehmen und ich lasse aus einer handelsüblichen Pipette, wie sie zur Verabreichung von Nasentropfen genutzt wird, in der Mitte der Spielfläche einen Tropfen Wasser auf den Boden tropfen. Alle 5 Sekunden wird die Menge an Tropfen verdoppelt, also nach 5 Sekunden 2 Tropfen, nach 10 Sekunden 4 Tropfen und so weiter. Wieviel Zeit würde Ihnen bleiben um sich von der obersten Tribünenreihe in Sicherheit zu bringen?

Genau 3 Minuten und 30 Sekunden! Nach 4 Minuten wäre das komplette Stadion überflutet. Aber es wird noch interessanter, nach 2 Minuten würden Sie nur eine Pfütze auf dem Spielfeld sehen. Selbst nach 3 Minuten würde das Wasser nur knietief auf der Spielfläche stehen. Erst in den letzten 30 Sekunden würden Sie die Gefahr erkennen und versuchen zu flüchten. Leider wäre es dann schon zu spät.

Die historische Entwicklung ist bei exponentiellen Prozessen kein guter Anhaltspunkt für die Zukunft. Das menschliche Gehirn kann exponentielle Prozesse nicht von Natur aus erfassen. Wir haben keine intuitive Vorstellung, wie schnell ein exponentielles Wachstum sein kann und können es uns nur analytisch erschließen.

Ein Schuldgeldsystem, das auf Zinsen und Zinseszinsen basiert, wächst exponentiell. Dabei folgt das System einem Zyklus, der mit einer Währungsreform beginnt. Schulden und Guthaben sind bei der Einführung einer Währung niedrig, die Zinslasten können ohne Probleme durch die Arbeitskraft der Bevölkerung gedeckt werden. Das Sozialprodukt wächst im Einklang mit der Geldmenge. Je nach Beschleunigung des Wachstums des Geldes und des Anstiegs des Sozialproduktes, kommt es zu einem Punkt, an dem die Schulden und die Zinslasten so hoch sind, dass sie nicht mehr oder nur unter großen Opfern bedient werden können. Die Verteilungskämpfe werden immer stärker, die Vermögen in der Bevölkerung werden immer ungleicher. Der Druck auf jeden Einzelnen wird immer größer, bis es zu einer Neuverteilung der Vermögen durch Inflation oder Schuldenschnitte (Deflation) kommt.

Der Euro als simple Weiterführung der DM ist mit einer Lebensdauer von über 64 Jahren im historischen Maßstab eine Ausnahmeerscheinung. Die durchschnittliche Lebensdauer von Papiergeldwährungen liegt laut Studien bei gerade einmal 27 Jahren. (Pento, 2013) Auch wenn eine Papiergeldwährung lange fortbestehen kann, so wird ihre Kaufkraft durch eine kontinuierliche Inflation ständig sinken. Seit der DM-Einführung 1948, sank die Kaufkraft beständig, so sind 100 Euro des Jahres 1948 heute gerade noch 21 Euro wert.

Historisch hat jede ungedeckte Währung im Laufe der Zeit ihren inneren Wert angenommen, bei Papier ist es der Wert des Papiers. Bei Giralgeld in der Datenbank, welches nur aus Bits und Byte besteht, ist der innere Wert nahezu Null. Zurzeit befinden wir uns wieder einmal in der Endphase eines Währungszyklus. Das Geldsystem in seiner jetzigen Form ist spätestens 2008 mit dem Beginn der Finanzkrise an seine Grenzen geraten.

Seitdem wird versucht, ein in sich kollabierendes System, das durch ein Ereignis im Jahre 1971 zufällig entstanden ist, aufrecht zu erhalten. Wir wissen aber, dass exponentielle Prozesse endlich sind und nicht ewig bestehen können. Die Diskussionen über Staatsverschuldung, Bankenkrise und Finanzkrise sind Symptome der Endphase eines Papiergeldsystems, das auf eine ewige Expansion setzt, die es nicht geben kann. Aber genau wie bei unserem Wassertropfenbeispiel tritt diese Erkenntnis erst gegen Ende zu Tage. Zurzeit sehen wir, wie das Wasser noch knietief steht und vertrauen auf die Politik und die Notenbanken, aber schon im nächsten Moment können wir sprichwörtlich untergehen!

KAPITEL 2

# Die Umverteilung durch den Zins

Ein Problem, das mit dem exponentiellen Wachstum der Schulden verknüpft ist, ist die Umverteilung durch die Zinslasten. Je höher die Schulden, desto höher sind auch die Zinszahlungen, die erbracht werden müssen.

Wir wissen, dass bei einer Kreditaufnahme und der damit verbundenen Schaffung von neuem Geld, kein Geld für die Zinsen geschaffen wird. Die Bank erzeugt die Tilgungssumme, aber sie erzeugt nicht die Zinsen, die Sie an die Bank wieder zurückzahlen müssen. Das bedeutet, jeder Kreditnehmer konkurriert mit jedem anderen Schuldner um Zinsen. Wenn Sie einen Kredit zum Kauf einer Immobilie aufnehmen, dann müssen Sie einen Weg finden, um die Zinsen bezahlen zu können. Da dieses Zinsgeld bei der Kreditaufnahme nicht geschöpft wurde, fehlt es im Gesamtsystem und es muss im Konkurrenzkampf der Markwirtschaft erarbeitet werden. Es ist also systembedingt, dass die Akteure, egal ob Privatpersonen, Firmen oder Staaten, Pleite gehen, denn aufgrund der begrenzten Geldmenge können nicht alle Akteure die Zinsen begleichen.

Eine Insolvenz ist damit systembedingt und nicht nur auf das Versagen eines Einzelnen zurückzuführen! In der aktuellen Phase spüren wir wie der Konkurrenzkampf immer härter wird. Der Leistungsdruck steigt! Die Arbeitsbelastung steigt, immer mehr Aufgaben müssen in immer kürzerer Zeit von immer weniger Mitarbeitern bearbeitet werden. Ein Unternehmer jagt von einem Auftrag zum Nächsten. Der Staat, der auch mit seinen Bürgern um die Zinszahlungen konkurriert, erhöht die Steuern bzw. kürzt Leistungen. Der Einzelne muss im Hamsterrad immer schneller laufen, um dem Druck, der durch das Zinseszinssystem entsteht, standhalten zu können. Dass dabei viele Menschen auf der Strecke bleiben und die Zahl der psychischen Erkrankungen von Jahr zu Jahr steigt, ist nur eine traurige Konsequenz. Das exponentiell wachsende Geldsystem zwingt uns jedes Jahr, einen Gang zuzulegen, damit die Forderungen, die der Finanzsektor an uns stellt, auch bedient werden können. Von Jahr zu Jahr erhöht sich die Geldmenge und parallel dazu auch die Schulden. Mit wachsenden Schulden steigen die Zinslasten und damit wird ein immer größerer Teil des Sozialproduktes, also dessen, was real produziert wird, zum Schuldendienst herangezogen. Da Schulden als erstes bedient werden müssen, bleibt nach Abzug der Zinszahlungen weniger zur Verteilung übrig. Die Lohnabschlüsse sind niedrig, Sozialleistungen werden gekürzt, der Verteilungsspielraum wird immer enger. Diejenigen, die im Olympiastadion in den untersten Reihen sitzen, sind schon untergegangen, und auch die in den mittleren Sitzreihen bekommen zunehmend nasse Füße. Bleibt noch die Frage, wer die Zinszahlungen erhält, die an die Bank gezahlt werden. Entgegen der allgemeinen Annahme verbleibt das Geld nicht bei der Bank. Die Bank ist nur eine zwischengeschaltete Institution, die die Geldströme ermöglicht und für diese Funktion bezahlt wird.

Die Profiteure sind die Inhaber von zinsbringenden Vermögenswerten wie Aktien, Immobilien oder auch Staatsanleihen (zumindest bis 2008).

Es findet somit eine Umverteilung von dem Teil der Bevölkerung, der sein Einkommen aus Arbeitseinkommen bezieht, hinzu jenen, die ihr Einkommen aus Kapitaleinkünften beziehen, statt. Jemand, der bereits über einen Kapitalstock verfügt, welcher so viel Zinsen abwirft, dass diese die privaten Ausgaben übersteigen, wird allein aufgrund des Umstandes, dass sein Kapitalstock Zinsen erbringt, automatisch mehr Geld anhäufen. Der Teil der Bevölkerung, dessen Einkommen nicht aus Kapitaleinkünften generiert wird, hat das Nachsehen. Es findet eine Umverteilung von fleißig zu reich statt. Menschen, die arbeiten, und damit Produkte herstellen, ermöglichen es Menschen, die keine Produkte herstellen, dass diese die Produkte konsumieren können.

Ab welchem Einkommen bzw. welchem Vermögen gehört man zu den Gewinnern des Zinssystems? Sie gehören dann zu den Gewinnern, wenn die in Ihren Ausgaben enthaltenen Zinslasten niedriger sind, als die Zinserträge, die Sie generieren. Ein durchschnittlicher Haushalt in Deutschland gibt etwa 32.000 Euro pro Jahr für den Lebensunterhalt aus. Bei einer Zinslast von 50 Prozent beträgt der Zinsanteil 16.000 Euro. Bei einem Guthabenzins von 2,5 Prozent auf einem Tagesgeldkonto benötigen Sie ein Guthaben von 640.000 Euro, um pro Jahr 16.000 Euro an Zinserträgen zu generieren. Bei einem Vermögen von 640.000 Euro haben sich Ihre Zinsausgaben und Zinseinnahmen somit nivelliert. Verfügen Sie über mehr Vermögen, so gehören Sie rechnerisch zu den Gewinnern. Ist Ihr Vermögen kleiner als 640.000 Euro, gehören Sie zu den Verlierern, da Sie die Zinslasten in Ihren täglichen Ausgaben nicht durch Ihre Zinseinnahmen kompensieren können.

Die Zinsausgaben der Verlierer sammeln sich nach ein paar Durchläufen im Wirtschaftskreislauf auf den Konten der Gewinner an. Diese Umverteilung findet täglich statt! Ob Sie zu den Gewinnern des Zinssystems gehören, hängt folglich davon ab, wie hoch die Ersparnisse sind, die Sie zinsbringend anlegen können. Je geringer Ihre Ersparnisse sind, desto weniger Zinserträge erhalten Sie. Folglich zahlen Sie mehr Zinsen über Ihre Konsumausgaben und Steuern, als Sie an Zinserträgen „verdienen".

Neben der Höhe der Ersparnisse bestimmt auch die Rendite, ob Sie Gewinner oder Verlierer des Systems sind. Je höher die Rendite ist, die Ihr Vermögen generieren kann, desto höher sind die Zinserträge, die Sie erhalten.

Die Gewinner des Systems sind meist Inhaber von renditeträchtigen Vermögenswerten, wie Firmen und Aktien. Die Verlierer des Zinssystems verfügen über keine oder nur geringe Ersparnisse und besitzen keine Vermögenswerte, die entsprechend hohe Renditen abwerfen können. Die Verlierer des Systems erhalten ihr Einkommen durch den Verkauf Ihrer Arbeitskraft. Die Gewinner des Systems erhalten ihr Einkommen, weil Sie ein hohes Vermögen renditebringend investieren. Das Ganze erinnert stark an ein Monopoly-Spiel.

Derjenige, der sich als erstes die Schlossallee, die teuerste Straße im Spiel, sichern kann, hat gute Aussichten, das Spiel zu gewinnen. Alle anderen, die später zum Zuge kommen und sich mit der Badstraße, der billigsten Straße im Spiel, begnügen müssen, werden das Spiel kaum noch gewinnen können. Im Laufe des Spiels werden die Spieler, die über die teuersten Straßen verfügen, auch die höchsten Einkommen erzielen. Geld, und damit Vermögen, werden von der breiten Masse zu den wenigen Glücklichen umverteilt. Dieser Umverteilungseffekt ist die treibende Kraft hinter dem Auseinanderdriften der Gesellschaft.

Die Gesellschaft spaltet sich auf in jene, die immer vermögender werden, und jene, die nichts mehr haben und aufgeben müssen.

Natürlich spielen auch Faktoren wie die Globalisierung, und die damit verbundene Verlagerung von Industriearbeitsplätzen aus den alten Industriestaaten in die aufstrebenden Länder wie China, Polen und Brasilien, eine Rolle. Im Endeffekt führen die Verlagerung und der Konkurrenzkampf mit den aufstrebenden Staaten zu weniger Beschäftigungs- und Verdienstmöglichkeiten für die Mittelschicht in Westeuropa und den USA. Am oberen Ende der Einkommensskala profitieren diejenigen, die über das Know-how und die Vernetzung verfügen, um die Globalisierung zu ihren Gunsten nutzen zu können.

Dieses Thema wird in vielen Publikationen ausgiebig diskutiert, jedoch wird dem Faktor der Vermögensumverteilung durch den Zins so gut wie keine Beachtung geschenkt.[*] Letztendlich kann man nicht eindeutig bestimmen, welcher Faktor die größeren Auswirkungen auf die Vermögenverteilung hat, man kann aber davon ausgehen, dass sowohl die Globalisierung als auch die Umverteilung durch den Zins die Einkommen und Vermögenssituation der Mittelschicht in den alten Industriestaaten negativ beeinflussen.

---

[*] Als Bücher zum Thema Globalisierung und wachsende Einkommensunterschiede sind zu empfehlen - *Die Superreichen: Aufstieg und Herrschaft einer neuen globalen Geldelite* von Chrystia Freeland und *Superkapitalismus: Wie die Wirtschaft unsere Demokratie untergräbt* von Robert Reich.

## Das Paretoprinzip

Der italienische Ökonom und Soziologe Vilfredo Pareto stieß 1897 bei der Untersuchung von englischen Einkommens- und Vermögensstatistiken des 19. Jahrhunderts auf das nach ihm benannte Prinzip, welches auch als 80/20 Regel bekannt ist. Dabei stellte er fest, dass das Vermögen sehr ungleich unter der Bevölkerung des damaligen Königreiches verteilt war. (Koch, 2008) Zur damaligen Zeit verfügten 20 Prozent der Bevölkerung über 80 Prozent aller Vermögenswerte. Dieses Phänomen bestätigte sich nach weiteren Untersuchungen über andere Epochen und Länder immer wieder. Egal, welches Land man betrachtete und welche Gesellschaftsform vorherrschte, immer wieder zeigte sich eine massive Ungleichheit in der Verteilung der Vermögen unter der Bevölkerung. Diese Beobachtung ließ ihn mutmaßen, dass ein fundamentales Ungleichgewicht zwischen Ursache und Wirkung besteht.

Unsere mechanische durch Newton geprägte Denkweise geht davon aus, dass eine Kraft, die auf einen Körper wirkt, von Reibungsverlusten abgesehen, eins zu eins in Bewegung umgewandelt wird. Je stärker wir ein Auto anschieben, desto schneller rollt es. Wir sehen einen linearen Zusammenhang zwischen Ursache und Wirkung und versuchen, dieses Denkmuster auch auf andere Phänomene anzuwenden. Ein lineares Denkmuster liegt in unserer Natur, unser Gehirn kann nicht anders, als linear zu denken. Leider unterliegen gerade viele sozioökonomische Sachverhalte, wie auch die Verteilung von Vermögen, nicht den Naturgesetzen, sondern zeigen aus mechanischer Sichtweise eher chaotische Muster.

Das Paretoprinzip ist ein solches chaotisches Muster, dem eine Ungleichheit und damit Nichtlinearität von Ursache und Wirkung zu Grunde liegt. Oder plastisch ausgedrückt, Sie tippen Ihr Auto leicht an und es beschleunigt aus dem Stand auf 100 km/h. Ein anderes Mal stemmen Sie sich mit aller Macht gegen das Auto und es rührt sich nicht vom Fleck. Eine mechanische Sichtweise würde das Gegenteil vermuten lassen, aber nach dem Paretoprinzip kann eine kleine Ursache eine große Wirkung erzielen und eine große Ursache keine oder nur eine geringe Wirkung haben.

So sind in vielen Fällen 20 Prozent der Produkte, die ein Unternehmen verkauft, für 80 Prozent des Umsatzes oder Gewinns verantwortlich. Die restlichen 80 Prozent der Produkte machen nur einen kleinen Teil der Gewinne aus.

Grafik 2.1: Paretoprinzip – Ursache und Wirkung

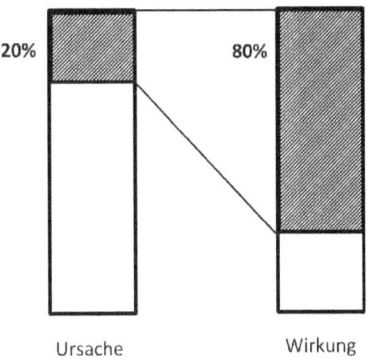

Quelle: Eigene Darstellung

Angenommen, Sie haben 100 Aktien in Ihrem Portfolio, dann werden Sie feststellen, dass 20 dieser Aktien für 80 Prozent der Rendite des Portfolios verantwortlich sind.

Das Paretoprinzip ist allgegenwärtig und bei vielen sozioökonomischen Sachverhalten anzutreffen. Wobei anzumerken ist, dass das Paretoprinzip nicht vorschreibt, dass die Verteilung genau 80/20 sein muss, auch 90/20 oder 70/30 sind möglich. Entscheidend ist die Tatsache der Ungleichheit, also dass eine kleine Menge an Ursachen für einen Großteil der Konsequenzen verantwortlich ist.

Die Konsequenzen, die sich aus dem Paretoprinzip ergeben, sind tiefgreifend und nicht zu unterschätzen. Wenn wir für einen Großteil der Ergebnisse, die wir in unserem Leben erzielen, nur einen Bruchteil des Aufwands benötigen, dann bedeutet das im Umkehrschluss, dass ein Großteil unserer Leistungen Verschwendung ist, da er nur zu einem kleinen Teil des Ergebnisses beiträgt. Aber wollen wir nicht alle 100 Prozent haben? Ja, aber genau da liegt der Fehler, denn die restlichen 20 Prozent des Ergebnisses müssen mit einem ungeheuren Aufwand erarbeitet werden und das ist ineffizient. Die Kunst des Erfolgs besteht darin, herauszufinden, welche 20 Prozent für das Ergebnis verantwortlich sind und diese zu kultivieren.

## Die Vermögensverteilung in Deutschland

Nachdem wir das Paretoprinzip kennengelernt haben, lohnt es sich, einen Blick auf die Vermögensverteilung in Deutschland zu werfen (Grafik 2.2). Wie nicht anders zu erwarten, folgt auch die Vermögensverteilung in Deutschland dem Paretoprinzip.

Im Jahr 2007 verfügten 20 Prozent der privaten Haushalte über rund 80 Prozent des gesamten deutschen Nettovermögens. Wir haben es also mit einer klassischen Pareto Verteilung zu tun.

Grafik 2.2: Vermögensverteilung in Deutschland

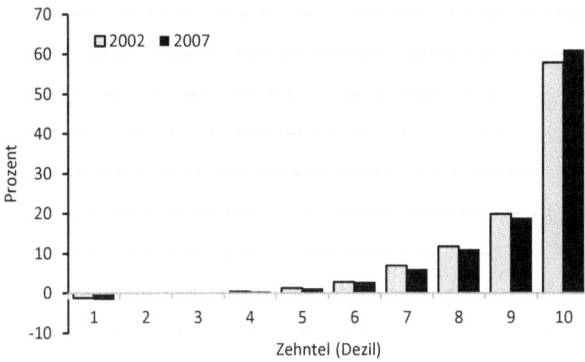

Die Vermögensverteilung ordnet alle Erwachsenen nach Vermögen, d.h. die Ärmsten sind am linken Ende und die Reichsten am rechten Ende der horizontalen Achse. Der Prozentsatz auf der vertikalen Achse beschreibt, wieviel vom gesamten Nettovermögen die jeweiligen Gruppen ihr Eigen nennen dürfen. Die grauen Balken geben den Prozentsatz des Vermögens für das Jahr 2002 und die schwarzen Balken für das Jahr 2007 an.

Quelle: DIW und Bundeszentrale für politische Bildung

Im Jahr 2007 besaß die Hälfte der Bevölkerung kein nennenswertes Vermögen, weitere 40 Prozent besaßen ein bescheidenes Vermögen, welches sich im Zeitraum von 2002 zu 2007 jedoch noch verringerte. Nur die reichsten 10 Prozent konnten ihr Vermögen steigern.

An dieser Grafik sehen Sie die gewaltige stattfindende Umverteilung. Dabei wird Geld von den ärmsten 90 Prozent der Bevölkerung hin zu den reichsten 10 Prozent verschoben. Es ist eine unsichtbare, täglich stattfindende Umverteilung, die Vermögen von den Leistungsträgern der Gesellschaft, also jenen, die arbeiten, hinzu jenen, die ein weitgehend leistungsloses Einkommen aus Kapitalerträgen beziehen, umverteilt.

Ihre Einkommen generieren die obersten 10 Prozent aus Zinserträgen von Staats- und Unternehmensanleihen, Dividendenzahlungen von Unternehmen, Mieteinkünften von Immobilien und anderen Finanzgeschäften. Innerhalb dieser kleinen Gruppe sind die Einkommensunterschiede sogar noch gewaltiger. Betrachtet man nur die reichsten 10 Prozent in Deutschland, so ergibt sich folgendes Bild.

Grafik 2.3: Die reichsten 10 Prozent

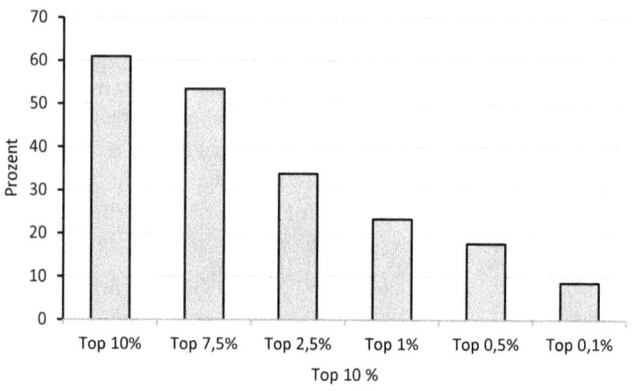

Quelle: DIW und Bundeszentrale für politische Bildung

So besitzen die Top 10 Prozent der Bevölkerung rund 61 Prozent des Gesamtvermögens und die Top 1 Prozent der Bevölkerung verfügen immerhin über 23 Prozent des deutschen Gesamtvermögens. Die Top 1 Prozent gehören zu den Gewinnern der Umverteilung durch den Zins und sie profitieren durch die Gewinnmöglichkeiten, die ihnen eine vernetzte Welt bietet.

## Zusammenfassung

Wir haben gelernt, dass in unserem Geldsystem Geldvermögen nur durch Schulden entsteht, womit eine Verminderung der Schulden automatisch zu weniger Guthaben auf der Gegenseite führt. Wenn ich Ihnen einen Kredit erlasse, für den Sie sich ein Haus gekauft haben, dann sind Sie Ihre Schulden los und ich mein Geld, das ich Ihnen geliehen habe. Damit habe ich auch einen Teil meines Wohlstands eingebüßt, denn ich hätte dieses Geld gegen Waren eintauschen können.

Geldvermögen und Schulden wachsen exponentiell. Anfangs unbemerkt, nach einer gewissen Zeit aber umso spürbarer. Dabei ist es unerheblich, wer diese Schulden hat, der Staat, die privaten Haushalte oder die Unternehmen. Es kommt auf die Gesamtverschuldung im System an. Die Schulden steigen so lange an, bis die Schuldenlast irgendwann so groß wird, dass die arbeitende Bevölkerung diese Last real nicht mehr erwirtschaften kann. Dieser Zyklus hat sich über die letzten Jahrhunderte immer wiederholt. Große Wirtschaftskrisen sind unter anderem eine Folge des Zinseszinseffekts in unserem Geldsystem, welcher über die Jahre zu einer Konzentration der Vermögen bei einer kleinen Gruppe führt. Das geschieht solange, bis die Mehrheit der Bevölkerung rebelliert und es zu einer Umverteilung und damit zu einem Neustart des Systems kommen kann.

Das Phänomen der hohen Schulden betrifft alle westlichen Länder, die Verschuldungsprobleme sind in Frankreich, Deutschland, Großbritannien, Spanien, Japan und den USA zu groß, als dass sie mit Kosmetik zu vertuschen sind. Dabei ist es egal, ob der Privatsektor zu viele Schulden hat oder der Staat, letztendlich sind wir alle Teile eines großen Ganzen.

Da Geld kein Vermögen an sich ist, sondern nur einen Anspruch auf reales Vermögen darstellt, klafft bei einem exponentiell wachsenden Geldvermögen und einem linear wachsenden realen Vermögen nach ein paar Jahrzehnten eine Lücke zwischen beiden. Die daraus resultierenden Spannungen müssen abgebaut werden, entweder durch Inflation oder durch Schuldenschnitt, beides führt im Ergebnis zu einem niedrigeren Wohlstand!

Im nächsten Kapitel werden wir uns mit der Finanzkrise von 2008 und deren Nachwirkungen bis heute beschäftigen. Was waren die Ursachen für den Beinahe-Zusammenbruch des Finanzsystems 2008? Wie reagierten die politisch Verantwortlichen und mit welchen Folgen haben wir nun zu leben? All das erfahren Sie im nächsten Kapitel!

KAPITEL 3

# Die Finanzkrise von 2008

Seit dem September 2008, als die amerikanische Investmentbank Lehman Brothers Insolvenz anmelden musste, werden wir im Wochentakt mit neuen Hiobsbotschaften und Rettungspaketen bombardiert. Die Finanzkrise ist ein Dauerthema und aus den abendlichen Nachrichten nicht mehr wegzudenken. Griechenland, Staatsschulden, Eurokrise, Bankenkrise, Rettungsschirm, Ratingagenturen - alles Begriffe, die mittlerweile auch an den Stammtischen angekommen sind. Die Politik versucht, Handlungsfähigkeit zu demonstrieren und wird nur als Getriebene wahrgenommen.

In diesem Kapitel versuche ich, die wichtigsten Zusammenhänge zu beleuchten. Das Thema an sich ist so komplex, dass es Stoff bietet für etliche Abhandlungen. Für eine ausführlichere Betrachtung sei auf das Buch *Kasino-Kapitalismus* von Hans-Werner Sinn und auf *The Big Short* von Michael Lewis verwiesen. Nichtsdestotrotz sind die Probleme, die im Zuge der Finanzkrise von 2008 auftraten, noch nicht ausgestanden, denn die Auswirkungen der Krise und die politischen Entscheidungen wirken bis heute nach.

## Wie alles begann

Die derzeitige Finanzkrise hat ihren Ursprung in den USA und ist auf eine Kombination von mehreren Faktoren zurückzuführen. Mitte der 1990er Jahre beschloss die Regierung Clinton, den Immobilienkauf durch ein ganzes Bündel von Maßnahmen zu fördern. Die Idee dahinter war, jedem Amerikaner, insbesondere Einkommensschwachen, den Traum vom eigenen Haus zu ermöglichen. In diesem Kontext ist es wichtig zu verstehen, dass in den USA die Anzahl der Industriearbeitsplätze im Verhältnis zu allen anderen Jobs seit den 1960er Jahren kontinuierlich fällt. Die USA haben sich in den letzten 40 Jahren deindustrialisiert, d. h. gut bezahlte Industriearbeitsplätze wurden ins Ausland verlagert oder wegrationalisiert und durch schlechter bezahlte Jobs im Dienstleistungssektor ersetzt. Zwei wesentliche Faktoren sind die Ursache für diese Entwicklung. Auf der einen Seite steht der technologische Fortschritt, der es erlaubt, immer mehr einfache Routineaufgaben durch Technologie zu automatisieren. Das führt dazu, dass gutbezahlte Jobs, welche geringe Anforderungen an die Fähigkeiten der Mitarbeiter stellen, wie wir sie meist vom Fließband her kennen, wegfallen. Auf der anderen Seite ermöglicht es die Globalisierung, besonders arbeitsintensive Jobs, die früher in den Industriestaaten angesiedelt waren, billiger und zu gleicher Qualität nach Asien auszulagern, ein Beispiel ist hier die Textilindustrie. Beides führt zu einem Wegbrechen der Industriearbeitsplätze in den westlichen Ländern, wobei die Entwicklung in den USA am dramatischsten ist. War bis in die neunziger Jahre hinein der Autokonzern General Motors (GM) das größte US Unternehmen mit weit über 800.000 Mitarbeitern und somit auch größter privater Arbeitgeber in den USA, so änderte sich dies zum Anfang der Jahrtausendwende.

Der Einzelhandelsriese Wal-Mart ist mit über einer Million Beschäftigten heute der größte private Arbeitgeber in den USA. De facto wurden gut bezahlte Jobs an den Fließbändern von GM durch schlecht bezahlte Jobs an der Kasse von Wal-Mart ersetzt. Schon in den neunziger Jahren war diese Entwicklung in den USA spürbar, die Einkommen der arbeitenden Bevölkerung sanken. Dabei traf es vornehmlich Menschen mit geringer Ausbildung und schlechten Aussichten auf dem Arbeitsmarkt. Konnte man in den 1980ern als High-School Absolvent (vergleichbar mit der mittleren Reife) an das Band von GM gehen und dort gutes Geld verdienen, so war dies in den 1990ern schon schwieriger. Die Jobs fielen weg, entweder durch Automatisierung oder durch Verlagerung ins Ausland. Demjenigen, der nur seine Arbeitskraft verkaufen kann, bleiben dann nicht viele Alternativen, er kann zu Wal-Mart an die Kasse gehen, bei McDonalds Hamburger braten, oder aber auf dem Bau arbeiten.

Die Clinton-Administration initiierte die *National Homeownership Strategy* und konnte mit der staatlichen Förderung von Immobilien gleich mehrere Fliegen mit einer Klappe schlagen. Zunächst einmal wurden durch den Häuserbau viele Jobs in der Bauwirtschaft geschaffen. Der Bausektor ist in den USA ein wichtiger Einkommensgeber, der auch den vielen Einwanderern eine Möglichkeit auf Arbeit bietet. Die Arbeitnehmer konnten im Baugewerbe einigermaßen gutes Geld verdienen und mussten nicht bei McDonalds an der Grillstation stehen. Für Banken, Makler und Versicherungen tat sich zudem ein lukrativer Markt auf. Kredite konnten vergeben und somit das Geldsystem am Laufen gehalten werden.

Ende der 1990er stiegen die Häuserpreise dann beträchtlich an und konnten dadurch die Einkommensverluste, die die Masse der Amerikaner durch den Wegfall gutbezahlter Jobs erlitten hatte, zum Teil wieder ausgleichen. Kostete ein Haus im Jahr 2000 noch 200.000 US Dollar, so wurde dasselbe Haus ein Jahr später schon für 220.000 US Dollar gehandelt.

Da die Banken die Häuser zu den aktuellen Marktwerten beliehen, lösten die Hausbesitzer den alten Kredit mit einem neuen Kredit ab, und finanzierten mit dem Restbetrag ihren Lebensunterhalt. Begleitet wurde dieses Spiel durch eine Politik des billigen Geldes der US-Notenbank FED. Alan Greenspan, der bis 2006 Vorsitzender der FED war, war unter Ronald Reagan ins Amt gekommen und galt als Verfechter einer Niedrigzins-Politik. Obwohl Greenspan zwischenzeitlich auch Zinserhöhungen durchsetzte, sank der amerikanische Leitzins im Trend kontinuierlich und ermöglichte es Banken, sich günstig zu finanzieren und ebenso günstige Kredite an Häuslebauer zu vergeben.

Die Kombination aus billigem Geld und staatlicher Unterstützung für Immobilienkäufer gerade aus den unteren Einkommensschichten führte zu einem einzigartigen Immobilienboom in den USA. Die Immobilienpreise, und damit auch die Kreditsummen, die sich die Eigentümer von der Bank leihen konnten, stiegen von Jahr zu Jahr. Das Geld wurde entweder genutzt, um es zu verkonsumieren, oder es floss in den Aktienmarkt, oder es wurden noch mehr Häuser gekauft. Kurz, es herrschte Party.

## Hypothekenanleihen

Ein wichtiges Instrument der Finanzwelt, welches im Zuge der Finanzkrise in den Fokus rückte, sind die sogenannten Hypothekenanleihen. Dabei wird ein Vermögensgegenstand genommen, der regelmäßige Einnahmen generiert, beispielsweise durch Zins- und Tilgungszahlungen eines Hypothekendarlehens, und dann in die Form einer Anleihe „gegossen". Dieser Prozess wird auch Verbriefung genannt. Sie fragen sich sicherlich, was man davon hat?

Hypothekenanleihen erlauben es Banken, die Hypotheken an Immobilienkäufer vergeben haben, diese Hypotheken an andere Interessenten standardisiert zu verkaufen. Das bedeutet, dass eine Bank, die einen Immobilienkredit vergibt, nicht bis zum Ende der Laufzeit auf der Forderung gegenüber dem Kreditnehmer sitzen bleiben muss. Sie kann diesen Kredit in Form einer Anleihe an Andere weiter verkaufen und sich somit Liquidität verschaffen. Der Käufer einer solchen Hypothekenanleihe erhält im Gegenzug die Kapitalströme aus den Zins- und Tilgungszahlungen der Hypothek.

Hypothekenanleihen bestehen jedoch nicht nur aus einer einzigen Hypothek, sondern aus ganzen Bündeln davon. Diese Bündel sind in unterschiedliche Tranchen unterteilt, je nachdem, wie hoch das Risiko ist, dass die Hypothek vorzeitig, zum Beispiel durch eine Sondertilgung, zurückgezahlt wird. Kreditnehmer tilgen nämlich gerne dann ihre Kredite, wenn die Zinsen gefallen sind und sie einen neuen Kredit günstiger bekommen, um damit den alten abzulösen.

Stellen Sie sich vor, Sie haben eine Hypothekenanleihe gekauft und alle darin befindlichen Kredite werden auf einmal zurückgezahlt. Sie sitzen nun auf einem Haufen Bargeld und müssen es zu niedrigen Zinsen reinvestieren.

Daher ersann man unterschiedliche Tranchen der Hypothekenanleihe, die dieses Risiko der vorzeitigen Rückzahlung entsprechend verzinsen. Die erste Tranche ist die, die als erstes getilgt wird, und wird daher mit einem höheren Zins versehen, um den Käufer für das höhere Rückzahlungsrisiko zu entlohnen. Je niedriger das frühzeitige Rückzahlungsrisiko der Kredite ist, desto niedriger ist auch der Zinssatz. So weit so gut, anstatt jedoch nur Hypothekenkredite von Kreditnehmern mit sehr guter Bonität zu verbriefen, wurden mit der Zeit auch immer mehr sogenannte Subprime-Hypotheken zu Hypothekenanleihen gebündelt. Die Banken erschlossen den Markt der unteren Einkommensschichten für die Kreditvergabe, wo selbst Kredite an Schuldner vergeben wurden, die über keine Sicherheiten und kein regelmäßiges Einkommen verfügten, sogenannte Ninja (**N**o **I**ncome, **N**o **J**ob, **N**o **A**ssets) Kredite.

Von der Politik war dies auch gewollt, denn es erlaubte den unteren Einkommensschichten, welche sonst nicht in den Genuss eines Eigenheims gekommen wären, Immobilien zu erwerben. Letztendlich bedeutete das aber für den Käufer einer Hypothekenanleihe, dass er neben dem frühzeitigen Rückzahlungsrisiko der Kredite auch noch ein Ausfallrisiko tragen musste. Denn das Risiko, dass Subprime-Hypotheken ausfallen, ist hoch. Kreditnehmer ohne nennenswerte Sicherheiten oder regelmäßiges Einkommen gerieten sehr schnell in Rückzahlungsschwierigkeiten, da außer der Immobilie, auf der die Hypothek basiert, keine weiteren Vermögensgegenstände zur Tilgung herangezogen werden können. Wenn dann die Immobilienpreise fallen, kann der Kredit nicht zu 100% durch den Verkaufspreis gedeckt werden und der Inhaber der Hypothekenanleihe muss den Verlust tragen. Verschärft wurde diese Melange noch durch den Umstand, dass Subprime-Kredite meist mit einem variablen Zinssatz vergeben wurden. Stieg dieser auch nur geringfügig an, waren viele Kreditnehmer nicht mehr in der Lage, ihre Kredite zu bedienen.

## Ratingagenturen und deutsche Landesbanken

Da Hypothekenanleihen in unterschiedlichen Tranchen gehandelt werden, mit unterschiedlichen frühzeitigen Rückzahlungs- und Ausfallrisiken, werden sie auch von den Ratingagenturen mit unterschiedlichen Ratings versehen. Dabei besteht bei Ratingagenturen ein eklatanter Interessenkonflikt.

Einerseits sollen Ratingagenturen unabhängig ein Finanzprodukt prüfen und bewerten, auf der anderen Seite werden Ratingagenturen jedoch von den Schöpfern des Finanzprodukts, welches zu begutachten ist, bezahlt. Kurz, eine Bank, die eine Hypothekenanleihe verkaufen möchte, bezahlt eine Ratingagentur, damit diese die Anleihe bewertet. Die Ratingagentur möchte die Bank natürlich nicht verprellen, um auch in Zukunft Aufträge zu erhalten, und wird daher eher ein Auge zudrücken.

Außerdem sind die meisten Finanzprodukte so verkompliziert, dass die Ratingagentur auf die Mithilfe der Produkterschaffer aus der Bank angewiesen ist, um die Mechanismen zu verstehen. Die Bank liefert Berechnungsmodelle, auf deren Grundlage die Ratingagentur dann ein Urteil abgibt. Eine typische Hypothekenanleihe bestand zum überwiegenden Teil aus schlechten Hypothekenkrediten, die mit ein paar wenigen soliden Hypothekenkrediten gebündelt wurden. Man bewertete nach dem Motto; solide Kredite verpackt mit vielen schlechten Krediten ergibt im Endeffekt ein solides Investment. Es klingt zwar irrsinnig, aber im Investmentbanking war das gängige Praxis. Die Ratingagenturen zogen die solidesten Kredite im Paket zur Bewertung der gesamten Hypothekenanleihe heran und bewerteten das komplette Paket mit dem AAA-Rating, das beste Rating überhaupt. Das Risiko, das von den schlechten Krediten ausging, wurde mit mathematischem Hokuspokus auf nahezu Null herunter gerechnet. Auch hier ist der Anreiz klar, je besser das Rating einer Hypothekenanleihe, desto leichter kann ich sie am Markt verkaufen. Denn wer möchte schon ein Produkt kaufen, bei dem von vornherein klar ist, dass es hoch toxisch ist? So wurden viele Hypothekenanleihen mit Bestnoten versehen, obwohl sie im Grunde Schrott waren.

Die Banken, die dahinter standen, und teilweise wussten, welche Risiken ihre Hypothekenanleihen wirklich bargen, hatten kein Interesse, dies auch offen zu legen.

Denn sie verdienten einmal an der Verbriefung selbst, dann am Verkauf der Papiere, und teilweise auch daran, dass sie gegen Ende der Jahre 2006 und 2007 Wetten gegen ihre eigenen Produkte abschlossen und somit vom Verlust der Hypothekenanleihen-Inhaber auch noch profitierten. Es stellt sich die Frage: "Wer waren die Käufer dieser Hypothekenanleihen?" Im Prinzip konnte jeder institutionelle Investor auf der Welt amerikanische Hypothekenanleihen kaufen. Besonders angetan waren jedoch deutsche staatliche Banken, denn sie investieren besonders gerne in AAA bewertete, vermeintlich sichere Anlagen, die zudem auch noch mehr Rendite abwerfen als ein langweiliger und verwaltungsintensiver Mittelstandskredit. Besonders hervorzuheben sind hier die IKB Deutsche Industriebank AG und die Sachsen LB. Beide hatten direkt, oder im Falle der Sachsen LB über eine Tochter in Irland, mit Hypothekenanleihen im großen Stil gehandelt. Die IKB hatte ca. 10 Mrd. Euro an toxischen Subprime-Hypothekenanleihen und anderen Papieren in ihrer Bilanz und musste durch die staatliche Kreditanstalt für Wiederaufbau (KfW), und so gesehen durch den Steuerzahler, gerettet werden. Die Sachsen LB wurde mit der Landesbank Baden-Württemberg (LBBW) verschmolzen, nachdem das Land Sachsen eine Bürgschaft von 2,75 Mrd. Euro abgab. Bis zum Januar 2013 beliefen sich die tatsächlichen Zahlungen des Landes Sachsen für die toxischen Papiere die die LBBW übernommen hat, auf 800 Mio. Euro. (Freie Presse, 2013)

Laut eines Berichtes des Nachrichtenmagazins "Der Spiegel", der sich auf eine Umfrage der Bundesanstalt für Finanzdienstleistungsaufsicht aus dem Jahre 2009 stützte, schlummerten bei den deutschen Landesbanken allein 180 Mrd. an toxischen Papieren. Die Hypo Real Estate (HRE), ein Immobilienfinanzierer und großer Emittent von Pfandbriefen, musste verstaatlicht werden.

Die Bundesregierung übernahm Bürgschaften von rund 80 Mrd. Euro, wobei durch die Regierung Merkel immer beteuert wurde, es handele sich nur um Bürgschaften und keine Zahlungen.

Im Geschäftsjahr 2011 fuhr die FMS Wertmanagement, die Gesellschaft, die mit der Abwicklung der toxischen Papiere der HRE betraut ist (auch „Bad Bank" genannt), einen Fehlbetrag von 10 Mrd. Euro ein. Das bedeutet, allein für 2011 musste der deutsche Finanzminister 10 Mrd. Euro an die FMS Wertmanagement überweisen. Dieses Geld fehlt dann im Haushalt bzw. muss durch neue Kredite aufgenommen werden. Zum Vergleich, für Bildung und Forschung gab der Bund 2011 rund 11,6 Mrd. aus.

## Eine kurze Geschichte der Spekulationsblasen

Spekulationsblasen sind ein elementarer Bestandteil unserer Wirtschaft und Gesellschaft. Spekulationsblasen sind dadurch gekennzeichnet, dass Preise von Vermögenswerten stärker steigen als Einkommen. Als Spekulationsobjekt kann alles Mögliche dienen, Tulpenzwiebeln im 17. Jahrhundert, Eisenbahnen im 19. Jahrhundert, Internetaktien und Immobilien im 21. Jahrhundert.

Das Platzen einer Spekulationsblase stellt ein einschneidendes gesellschaftliches Ereignis dar. Die Folge ist meist ein Absinken des Lebensstandards, verbunden mit sozialen und politischen Verwerfungen, daher kamen Spekulationsblasen in der Vergangenheit häufig nur im Abstand von mindestens einer Generation vor. Es braucht Zeit, um die Erfahrungen, die beim Platzen einer Spekulationsblase gemacht werden, zu vergessen. Wer einmal sein komplettes Vermögen in einer Spekulationsblase verloren hat, der agiert in Zukunft vorsichtiger.

Seit dem Jahr 2000 sind innerhalb von nur 8 Jahren zwei Spekulationsblasen geplatzt, die Dotcom-Blase 2001 und die Immobilienblase 2008. Dies war die bis dato kürzeste Zeitspanne zwischen zwei Spekulationsblasen. Man könnte vermuten, dass es sich nicht um zwei, sondern eher um eine einzige Spekulationsblase handelte.

Spekulationsblasen bzw. Preisblasen sind kein neues Phänomen, die erste bekannte Spekulationsblase war die Tulpenzwiebel-Blase in Holland in den 1630ern. Damals waren Tulpenzwiebeln ein wichtiges Handelsprodukt. Auf dem Höhepunkt der Tulpenzwiebel-Blase erzielte eine einzige Tulpenzwiebel einen Preis, der ausgereicht hätte, um ein Haus an einer Gracht in Amsterdam zu kaufen. Als dann die ersten Spekulanten Panik bekamen und ihre Tulpenzwiebeln verkauften, rauschten die Preise in den Keller und Holland stürzte in eine schwere Wirtschaftskrise.

Damit eine Spekulationsblase entstehen kann, müssen mehrere Dinge zusammenkommen: eine gute Story, die meistens schnellen Reichtum verspricht und sehr oft mit dem Aufkommen einer neuen Technologie oder eines neuen Trends verbunden ist, eine leichtgläubige Menschenmasse und ausreichend billiges Geld. Nur wenn alle Konditionen zusammen kommen, kann eine Spekulationsblase entstehen. Dabei ähneln sich Spekulationsblasen sehr oft und durchlaufen mehrere Phasen.

In Phase 1 tritt zum Beispiel eine neue Technologie wie das Internet in Erscheinung. Die Technologie verbreitet sich anfangs nur unter Insidern, also Leuten, die durch direkte Forschung oder Anwendung damit in Kontakt kommen. (Noch bis ins Jahr 1993 war das Internet ein Begriff, der nur von Spezialisten gebraucht wurde.) In dieser frühen Phase investieren meist nur Risikofinanzierer oder vermögende Privatinvestoren in eine neue Technologie, diese werden auch als „Smart Money" (Schlaues Geld) bezeichnet.

In Phase 2 gewinnt die Technologie an Fahrt und wird einem breiteren Publikum bekannt. In dieser Phase beginnen institutionelle Anleger, wie Fonds und Banken, zu investieren.

In Phase 3 passiert der Durchbruch, die neue Technologie ist nun in aller Munde. Die Medien springen auf den Zug auf und liefern fantastische Geschichten über die Gewinnaussichten dieser neuen Technik und wie sie die Geschäftswelt revolutionieren wird. Die Masse der Anleger drängt in den Markt und kauft die Aktien der Unternehmen. Eine positive Rückkopplung entsteht, positive Nachrichten führen zu steigenden Kursen, welche wiederum zu positiven Nachrichten führen. Immer mehr Anleger, die den Zug nicht verpassen wollen, springen auf. Der Kurs geht weiter in die Höhe. Das Spekulieren mit Aktien ist in aller Munde und bei gesellschaftlichen Anlässen Gesprächsthema Nummer 1. Immer mehr Anleger steigen ein und kaufen auf Kredit Aktien. Gleichzeitig steigt das Smart Money aus. Die Aktien wechseln von *den ruhigen Händen* in die *zittrigen Hände*. (Kostolany, 2001) Selbst kleine Nachrichten sorgen nun für große Kurssprünge.

In Phase 4 tritt dann der Tipping-Point (Umkehrpunkt) ein. In seinen Bestseller *Tipping Point: Wie kleine Dinge Großes bewirken können*, beschreibt Malcolm Gladwell einen Tipping Point als einen Punkt, an dem eine kritische Masse bzw. ein Siedepunkt erreicht ist. In Bezug auf Spekulationsblasen stellt der Tipping Point einen Umschwung in der Einschätzung der Zukunftsaussichten für das Spekulationsobjekt dar. Es kommt zu einem Umschwung der Einschätzung. War man vor dem Tipping Point noch optimistisch und glaubte an weiter steigende Preise, so dreht sich diese Einschätzung um 180 Grad. Ein Tipping Point ist nicht vorhersehbar, niemand weiß, wann und wodurch er entsteht. Historisch betrachtet können viele Erklärungen für das Auslösen eines Tipping Point herangezogen werden. So können schlechte Unternehmensnachrichten zu einem Umschwung in der Bewertung einer Aktie führen, oder ein Ereignis wie eine Zinserhöhung kann einen Tipping Point auslösen, oder ein Ereignis wie jüngst der Zusammenbruch der amerikanischen Investmentbank Lehman Brothers im Jahre 2008. Der Tipping Point ist die Nadel, die den Heißluftballon zum Platzen bringt, und ein Crash ist die Folge. Die Preise fallen und eine Verkaufskaskade entsteht.

Je mehr Anleger verkaufen, desto tiefer rauscht der Kurs nach unten. Die Stimmung der Masse verschlechtert sich, blanke Panik herrscht nun vor. Immer mehr Anleger verkaufen. Anleger, die Aktien auf Kredit gekauft haben, erhalten nun einen „Margin Call", d.h. sie müssen zusätzliche Sicherheiten bieten oder Aktien verkaufen, um die Verluste ihres Depots auszugleichen. Damit wird eine weitere Verkaufswelle ausgelöst. Der Preisverfall beschleunigt sich. Jeder will so schnell wie möglich durch die Drehtür zum Ausgang. Die Preise rauschen in die Tiefe, bis sie einen Boden erreichen und keiner mehr von Aktien etwas hören will. Am Ende liegt der Aktienmarkt am Boden, die Stimmung ist auf dem Tiefpunkt und große Vermögen haben sich innerhalb kürzester Zeit in nichts aufgelöst.

John Stuart Mill, ein englischer Philosoph und Ökonom, äußerte sich zu dem Platzen von Spekulationsblasen und der damit einhergehenden Panik folgendermaßen:

> Paniken zerstören kein Vermögen, sie zeigen lediglich das Ausmaß der vorangegangen Vernichtung auf, dass durch die Veruntreuung in hoffnungslos unproduktive Bereiche bereits entstanden ist.[*] - John Stuart Mill

---

[*] Englisches Original: "Panics do not destroy capital; they merely reveal the extent to which it has been previously destroyed by its betrayal into hopelessly unproductive works."

Ein Crash stellt immer eine Bereinigung dar, denn Kapital wird bei der Entstehung einer Spekulationsblase im Spekulationsobjekt gebunden und steht damit nicht für eine anderweitige Verwendung zur Verfügung. In einer Spekulationsblase kommt es wie Mill es ausdrückte, zu einer Veruntreuung von Kapital. Denn anstatt das Kapital in Projekte zu investieren, die sich dann im Nachgang als Luftnummer herausstellen, hätte man es besser in andere, sinnvolle Projekte investieren können.

Platzt die Spekulationsblase, wird das gebundene Kapital freigesetzt und steht nun wieder für Investitionsvorhaben zur Verfügung.

Das Platzen einer Spekulationsblase ist damit ein Bereinigungsmechanismus, der dem Spekulanten den Verlust, den seine Investition erlitten hat, vor Augen führt.

Spekulationsblasen sind ein Ausdruck menschlichen Verhaltens und Irrationalität, daher wird eine Spekulationsblase in den meisten Fällen nicht von den Akteuren erkannt. Weder Aufsichtsbehörden, noch Banken, Ökonomen, oder Politiker erkennen Spekulationsblasen. Es werden alle möglichen Begründungen angeführt, warum es diesmal anders ist und man sich nicht in einer Blase befindet! Es findet eine kollektive Selbsttäuschung statt, denn solange die Blase anhält, profieren alle. Die Preise der Vermögenswerte steigen und führen zu einer gefühlten Wohlstandsmehrung in der Bevölkerung, der Konsum steigt an, die Unternehmen machen mehr Gewinne, der Staat hat höhere Steuereinnahmen. Kurzum, es herrscht Party. Niemand will der Spielverderber sein.

## Die Immobilienblase

Nach dem Zusammenbruch der Dotcom-Blase 2001, die die Aktienmärkte und die Weltwirtschaft ins Trudeln brachte, reagierten die Notenbanken weltweit mit einer Ausweitung der Geldmenge. Eine Reaktion, die seit der Weltwirtschaftskrise von 1929 zum Standardrepertoire der Notenbanken gehört.

Auf jede Krise wird seitdem mit einer Ausweitung der Geldmenge reagiert. Folglich sanken die Leitzinsen in den USA und Europa auf historische Tiefststände. Die Kredite waren billig und begannen ab 2002 ihre Wirkung zu entfalten. Die Konjunktur in den USA nahm wieder Fahrt auf. Auch in Europa kam es zu einem Boom der südlichen Euroländer. Die kurzfristige Reaktion der Notenbanken verhinderte einen Zusammenbruch der Weltwirtschaft, unglücklicherweise wurde durch die Ausweitung der Geldmenge die Keimzelle für die nächste Spekulationsblase gelegt.

Das im Umlauf befindliche Geld suchte nach geeigneten Anlagemöglichkeiten. Weder Staatsanleihen noch Aktien konnten geeignete Renditen erbringen. Durch die niedrigen Zinsen waren die Renditen der Staatsanleihen gering. Und nach dem Zusammenbruch des Aktienmarktes hatten viele Anleger von Aktien erst einmal die Nase voll. Das viele vagabundierende Geld suchte nach Anlagen! Der amerikanische Immobilienmarkt kam da wie gerufen. Die Immobilienpreise in den USA stiegen seit Jahren. Auch der Zusammenbruch der Dotcom-Blase hatte die Preisentwicklung kaum beeinträchtigt. Das Geld der Anleger wanderte somit in den amerikanischen Immobilienmarkt und ließ die Preise richtig durch die Decke schießen. Kostete im Jahr 2002 ein Einfamilienhaus im Los Angeles County noch 200.000 US Dollar, so musste man fünf Jahre später schon 360.000 US Dollar auf den Tisch legen. Eine Steigerung um 80 Prozent!

Die Immobilienpreise stiegen schneller als das durchschnittliche Einkommen. Vielleicht erinnern Sie sich noch, eine Spekulationsblase ist dadurch gekennzeichnet, dass *Preise von Vermögenswerten stärker steigen als Einkommen.* Viele Amerikaner suchten im Immobilienmonopoly das schnelle Geld. „House Flipping", das spekulative Kaufen und Verkaufen von Immobilien, wurde Volkssport.

Als dann ab 2004 die amerikanische Notenbank FED die Leitzinsen wieder anhob, um die anziehende Inflationsgefahr wieder in den Griff zu bekommen, kamen viele Schuldner in finanzielle Bedrängnis. Ein Großteil der Amerikaner lebte auf Pump. Nirgendwo auf der Welt ist die Kreditkartenkultur so ausgeprägt wie in den USA. Als dann die Zinsen schrittweise von 1 Prozent im Jahr 2003 auf 5,25 Prozent im Juni 2006 erhöht wurden, brach für viele Amerikaner der Schuldenturm zusammen. Immer mehr Schuldner kamen in Bedrängnis und waren nicht mehr in der Lage, ihre Kredite zu bedienen. Die Ausfälle von Kreditkartenforderungen stiegen auf ein historisches Hoch. Die Zahlungsausfälle bei den Hypothekenanleihen häuften sich. Was anfangs nur ein Schneeball und auf bestimmte Regionen in den USA begrenzt war, entwickelte sich zu einer Ausfalllawine, die das ganze Land erfasste. Im Frühjahr 2007 erreichte die Lawine ihren Höhepunkt. Erst erwischte es die direkt am Immobilienmarkt tätigen Immobilienfonds. Kurz danach, im Sommer 2007, geriet die US Investmentbank Bear Stearns in Schieflage, nachdem einige ihrer aufgelegten Hedgefonds Verluste machten und Insolvenz anmelden mussten. Schon da zeichnete sich die Katastrophe ab, die über die Finanzwelt hereinbrechen würde. Der Höhepunkt der Krise war im September 2008 erreicht, als die US Investment Bank Lehman Brothers einen Rekordverlust verkünden musste. Zu diesem Zeitpunkt fror der Interbankenmarkt, auf dem sich die Kreditinstitute untereinander kurzfristig Geld leihen, immer mehr ein.

Die Banken vertrauten einander nicht mehr, weil keiner wusste, wie stark die andere Bank von den Auswirkungen der geplatzten Immobilienblase betroffen sein würde. Man wusste ja noch nicht einmal, wie hoch die Risiken in den eigenen Portfolios waren. Die Situation hatte sich so weit zugespitzt, dass eine Bank nicht bereit war, einer anderen Bank über Nacht Geld zu leihen, da sie nicht wusste, ob die Schuldnerbank dieses Geld am nächsten Tag wieder zurückzahlen konnte.

Mitte September 2008 spitzte sich die Lage dann dramatisch zu, als die amerikanische Regierung den letzten Funken Hoffnung auf Rettung von Lehman Brothers zerstreute, kam der Interbankenmarkt komplett zum Erliegen.

## Der Bank Run in Deutschland

Im Herbst 2008 überschlugen sich die Nachrichten, immer mehr Kreditinstitute kamen in Bedrängnis. Die Bevölkerung weltweit war alarmiert und fürchtete um ihre Ersparnisse bei ihren Banken. Die Schweizer Großbank UBS verzeichnete Mittelabflüsse von 25 Mrd. Schweizer Franken in wenigen Tagen. In kurzer Zeit wurden riesige Summen von Abhebungen und Überweisungen getätigt. Nur ein Intervenieren der Schweizer Zentralbank verhinderte Schlimmeres. Die Leute versuchten, ihr Geld in Sicherheit zu bringen, der sogenannte „Bank Run" war Wirklichkeit geworden. Bei einem Bank Run heben viele Kunden auf einmal ihre Gelder ab. Das Problem ist, dass die Bank nicht genug liquide Mittel hat, um alle Kunden gleichzeitig auszuzahlen, da ein Großteil der von den Kunden angelegten Gelder in langlaufende Kredite, zum Beispiel an Häuslebauer, gebunden sind.

Stürmen nun alle auf einmal in die Bank und wollen ihr Geld zurück, muss die Bank ihre Pforten schließen und die Kunden kommen nicht mehr an ihr Geld. Auch in Deutschland gab es Vorboten eines Bank Runs. Die Hypo Real Estate (HRE) war Ende September 2008 faktisch bankrott. Sie konnte nur durch enorme Staatsgarantien am Leben gehalten werden. Die Besonderheit der HRE liegt in ihrem Pfandbriefgeschäft. Die HRE war einer der größten Pfandbriefemittenten in Europa. Pfandbriefe galten bis dato als relativ sichere Anlage, da sie zum Beispiel durch Immobilien gesichert sind. Gerade bei Kleinanlegern sind Pfandbriefe wegen ihrer scheinbaren Sicherheit beliebt. Da aber die Immobilienpreise in den USA zu sinken begannen, kamen nun auch Zweifel bei den von der HRE emittierten Pfandbriefen auf. Die Bundesregierung stufte die HRE als systemrelevant ein, da ein Zusammenbruch der HRE den gesamten Pfandbriefmarkt ungeahnten Schocks ausgesetzt hätte. Eine Störung des Pfandbriefmarktes mit unabsehbaren Folgen wollte man den Anlegern nicht zumuten.

Trotz dieser Maßnahmen machte sich Misstrauen unter der Bevölkerung breit, ständig neue Hiobsbotschaften über die abendlichen Nachrichten sorgten für einen Vertrauensverlust der Bevölkerung gegenüber den Banken. Die Deutsche Bundesbank registrierte in dieser Zeit eine ungewöhnlich hohe Nachfrage nach 500 Euro Banknoten seitens der Geschäftsbanken. (Bartzsch, Rösl, & Seitz, 2012)

Die Leute gingen an die Automaten und hoben große Mengen Bargeld ab, um es sich unter die Matratze zu legen. Es ist davon auszugehen, dass die Ankündigung der Bundesregierung vom 5. Oktober 2008, als die Bundeskanzlerin und der Bundesfinanzminister öffentlich eine Erklärung abgaben, in der die Bundesregierung versicherte, dass die Spareinlagen sicher sind, eine direkte Folge der Warnmeldungen der Bundesbank war.

Der Bank Run war im Anfangsstadium und die Politik musste vertrauensbildende Maßnahmen ergreifen, um die Situation zu entschärfen. Tatsächlich beruhigte sich die Situation durch die Ankündigung der Bundesregierung und der Bank Run wurde vorerst abgewendet.

KAPITEL 4

# Die Euro- und Bankkrise

Der Zusammenbruch des amerikanischen Immobilienmarktes und das Misstrauen der Banken untereinander sensibilisierten die professionellen Anleger und veranlassten sie, ihre Investitionen erneut zu überprüfen. Ehemals als sicher eingestufte Anlagen wurden nun hinterfragt und neu bewertet. Dabei rückten Anlagen in der Peripherie der Eurozone immer stärker in den Fokus. Seit Einführung des Euro, bzw. schon seit der Ankündigung der Einführung auf dem Gipfel von Madrid 1995, erlebten diese Länder eine nie dagewesene Boom Phase. Irland war bis 2007, dem Ausbruch der Krise, um satte 125 Prozent gewachsen. Spanien und Griechenland um 55 Prozent, Portugal immerhin noch um 33 Prozent. Zum Vergleich, Deutschland wuchs zur gleichen Zeit nur um 21 Prozent und teilte sich mit Italien die rote Laterne. Spiegelte dieses hohe Wachstum der Peripherieländer nur einen natürlichen Aufholprozess gegenüber weiter entwickelten Volkswirtschaften wie zum Beispiel Deutschland wider oder gab es einen anderen Grund für dieses enorme Wachstum?

Die Grafik 4.1 zeigt die Zinsverlaufskurven für ausgewählte Euroländer. Wie man sieht, lagen die Kurven Anfang der 1990er sehr weit auseinander. Die Zinsverlaufskurve für Deutschland ist in der untersten Kurve dargestellt. Deutschland hatte somit immer die geringsten Zinsen.

Grafik 4.1: Zinsverlaufskurven

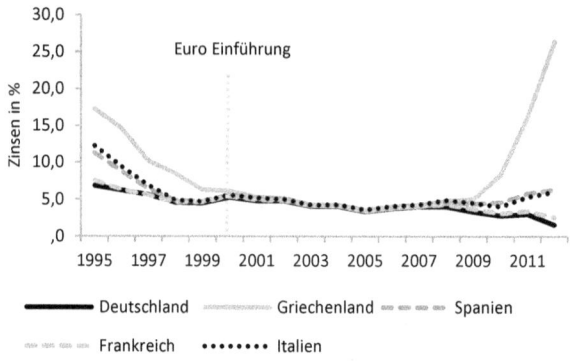

Die Zinsverlaufskurven für 10 jährige Staatsanleihen ausgewählter Euro-Länder von 1995 bis 2012.
Quelle: Eurostat, Bloomberg

Man sieht, wie nach Ankündigung der Einführung des Euro die Zinsen der Länder konvergierten. Zahlte der griechische Staat 1997 noch 10 Prozent Zinsen, und damit fast doppelt so viel wie die Bundesrepublik Deutschland, so war der Abstand nach Einführung des Euro im Jahr 2002 zusammengeschmolzen und der griechische Staat konnte Kredite zu Konditionen aufnehmen, die nur geringfügig schlechter waren als die Deutschlands. Was war passiert?

Vor Einführung des Euro konnte ein Land wie Griechenland durch Abwertung seiner Währung seine Wettbewerbsfähigkeit verbessern und Produkte günstiger exportieren. Aufgrund dieses Abwertungsrisikos verlangten potenzielle Kreditgeber einen Zinsaufschlag, um sie für eventuelle Abwertungen der Drachme zu kompensieren. Ein Kreditgeber wusste nicht, wie viel seine Kreditforderung später noch wert sein würde und dieses Risiko wollte er durch einen höheren Zins kompensiert haben. Mit Einführung des Euro war der Wechselkurs jedoch festgeschrieben und damit entfiel das Abwertungsrisiko. Eine Zeit des billigen Kredites für Länder wie Griechenland und Spanien war angebrochen.

In Griechenland verschuldete sich der Staat, neue Beamtenstellen wurden geschaffen, die Löhne erhöht usw. In Spanien flossen die billigen Kredite in die Immobilienwirtschaft. Ein riesiger Bauboom entfaltete sich. Die Wirtschaft wuchs, die Löhne und Einkommen stiegen. Der Konsum lief auf Hochtouren. Gleichzeitig flossen aus Deutschland die Spargelder ab und finanzierten nun die Bauprojekte in Spanien und die Staatausgaben in Griechenland. Dabei ist der Weg des Geldes in unserem komplexen Wirtschaftssystem nicht immer direkt, sondern auch über Umwege möglich. So verliehen zum Beispiel deutsche Banken Kredite an französische Banken, die diese wiederum an spanische Banken verliehen. Wenn Sie als deutsche Bank in Deutschland nur 5 Prozent Zinsen auf Kredite erhalten und in Spanien 7 Prozent bei vermeintlich gleichem Risiko, dann zögern Sie nicht lange und investieren Ihr Geld im Ausland. Während Länder wie Spanien und Griechenland florierten, kam Deutschland nach der Einführung des Euro in die Flaute, Massenarbeitslosigkeit und niedriges Wachstum kennzeichneten hier die erste Hälfte des neuen Jahrtausends.

Das Geld, das in die Peripherie floss, sorgte dort für einen inflationären Boom, in Spanien entstand eine Immobilienblase, in Griechenland eine Staats- und Immobilienblase.

Die Preise und Löhne stiegen, was gleichzeitig einen Verlust der Wettbewerbsfähigkeit zur Folge hatte, denn Griechenland wurde relativ zu Deutschland immer teurer. Die deutschen Touristen verbrachten ihren Urlaub bald nicht mehr auf Rhodos, sondern flogen weiter in die Türkei, wo die Preise niedriger waren. Gleichzeitig gönnten sich die Griechen, befeuert durch die billigen Kredite, einen Lebensstil, den sie selber nicht erwirtschaften konnten. Griechenland begann, mehr Güter zu importieren als zu exportieren. Solch ein Handelsdefizit muss jedoch wiederum über Kredite finanziert werden. Bis zum Jahr 2007 war dies auch ohne Probleme möglich, aber nach Ausbruch der Finanzkrise zogen sich die privaten Geldgeber schlagartig zurück und der Geldsegen versiegte. Die Zinskurven der Euroländer drifteten wieder auseinander. Die hohen Zinssätze spiegelten diesmal jedoch nicht eine drohende Abwertung der Währung, sondern das Konkursrisiko dieser Länder wider.

## EZB übernehmen Sie!

Die Europäische Zentralbank (EZB) sprang ein und kaufte Staatsanleihen der Krisenländer und gewährte Refinanzierungskredite noch bevor die Diskussionen um Rettungsschirme und Schuldenschnitte überhaupt begonnen hatten. Die EZB startete in einer Nacht- und Nebelaktion die Rettung der Krisenländer durch die Notenpresse. Die Kredite, die vorher durch private Banken gegeben wurden, wurden nun durch EZB-Kredite ersetzt. Damit ging auch eine Verlagerung des Ausfallrisikos auf die öffentlichen Haushalte, also die Steuerzahler, über. Wenn die EZB griechische Staatsanleihen kauft und damit den Griechen Geld zur Verfügung stellt, dann sind diese Staatspapiere auch in ihrer Bilanz.

Kommt es nun zu einem Ausfall dieser Papiere, so muss die EZB die Verluste realisieren und verringert ihr Eigenkapital in der Höhe des Verlustes. Die Eigentümer der EZB, also die einzelnen Notenbanken der Staaten, müssen dann folgerichtig Eigenkapital nachschießen.

Die Deutsche Bundesbank ist mit 27 Prozent an der EZB beteiligt, haftet also mit diesem Prozentsatz am Gesamtverlust. Gleichzeitig besitzt Deutschland jedoch nur eine einzige Stimme im EZB Rat, welcher über die Rettungspolitik entscheidet.

## Die Notenpresse und Target-Forderungen

Die Rettung der Krisenstaaten wurde mit der Notenpresse bewerkstelligt. Im Eurosystem ist es den einzelnen Notenbanken erlaubt, sich Kredite aus dem EZB System zu ziehen. Wie funktioniert das?

Angenommen, ein Grieche möchte bei einem deutschen Automobilhersteller ein Auto kaufen. Er tätigt über seine Hausbank eine Überweisung auf das Konto des Automobilherstellers. Der Geldfluss hinter den Kulissen sieht dann folgendermaßen aus.

Die griechische Hausbank überweist das Geld an die griechische Nationalbank. Diese meldet einen Zahlungsauftrag an die EZB, welche wiederum der deutschen Bundesbank den Auftrag erteilt, die Summe dem Konto des Automobilherstellers bei dessen Hausbank gutzuschreiben. Der Automobilhersteller sieht den Zahlungseingang auf seinem Konto und schickt das Auto nach Athen. Soweit alles gut, das Problem besteht nun darin, dass kein wirkliches Geld überwiesen wird, sondern dass die Bundesbank in dem Moment, wo sie den Überweisungsauftrag erhält, den Betrag aus dem Nichts schöpft und der Bank des Automobilherstellers gutschreibt.

Die griechische Zentralbank schuldet der deutschen Bundesbank somit den Saldo der Überweisung.

Da im EZB-System alle über die Ländergrenzen hinaus laufenden Überweisungen über die EZB abgewickelt werden, besitzt die Bundesbank keine Forderung gegen den Verursacher der Überweisung, die griechische Zentralbank, sondern gegen den Mittler, die EZB. Diese Forderungen werden durch die Target-2-Salden bei der Bundesbank gemessen.

Die Summe dieser Target-Forderungen lag im Mai 2012 bei rund 700 Mrd. Euro! Die Deutsche Bundesbank hat also Forderungen gegen andere Staaten des Euroraums, hauptsächlich gegen die Krisenstaaten, deren Höhe den gesamten Bundeshaushalt um mehr als das Doppelte übersteigt. Warum ist das ein Problem? Weil hinter diesen Forderungen nichts steckt, keine gängigen Anlagen wie Gold, Firmen oder Rohstoffe, nichts, was man einlösen könnte. Es sind Papierforderungen gegen die EZB, für die aber echte Produkte und Dienstleistungen geliefert wurden. Man könnte auch sagen, der deutsche Exportboom ist mit den eigenen Krediten finanziert worden. Echtes Vermögen, deutsche Autos und Industrieprodukte, wurden verschifft und per Kredit der Bundesbank finanziert. Da letzten Endes die Bundesrepublik Deutschland für die Bundesbank haftet, bezahlt der Steuerzahler den Exportboom.

Auch in den USA wird ein Target-System genutzt, jedoch lernten die Amerikaner im Laufe ihrer Geschichte, dass das Target-System von einzelnen Bundesstaaten bzw. den regionalen Zentralbank der USA (siehe Kapitel 5) benutzt wurde, um sich auf Kosten der anderen Mitglieder zu finanzieren. Daher begrenzte man die Kreditziehung sehr effektiv dadurch, dass die Forderungen einmal im Jahr durch Gold ausgeglichen werden müssen. Bei der Einführung des Euro wurde es jedoch versäumt, eine wirkungsvolle Sperre, wie beispielsweise den Ausgleich durch Gold einzubauen.

Die Menge der Kredite, die die Länder der Peripherie der Eurozone ziehen können, unterliegt kaum einer Begrenzung. Sollte es zu einem Austritt einzelner Euroländer kommen, dann werden die Forderungen der Bundesbank gegen diese Länder über die EZB wertlos (wahrscheinlich sind sie es schon jetzt)! Würde Griechenland aus der Eurozone ausscheiden, müsste der griechische Forderungsbetrag der Bundesbank gegen die EZB abgeschrieben werden. Was wiederum ein Loch in die Bilanz der Bundesbank reißen würde. Die Bundesbank würde den Finanzminister anrufen und um eine Kapitalspritze bitten. Der Finanzminister würde in seine Kasse schauen und feststellen, dass da ein Minus von 2 Billionen Euro ist. Also müsste er neue Kredite aufnehmen und die Steuern erhöhen. Der Wohlstandtransfer würde offensichtlich. Die Politik möchte diesen Wohlstandtransfer, der ja bereits stattgefunden hat, solange wie möglich verschleiern, um sich einer Debatte über die Sinnhaftigkeit eines exportgetragenen, durch die eigenen Kredite finanzierten Wachstums zu entziehen.

Die Alternative zur „Eurorettung" wäre das Eingeständnis des Bankrotts, und weil nicht sein kann, was nicht sein darf, ist die Eurorettung *alternativlos*.

## Der Rettungsschirm

Der Druck auf die Krisenstaaten durch die Finanzmärkte wurde im Frühjahr 2010 immer höher. Die Zinsen, die die Krisenstaaten am Kapitalmarkt für ihre Anleihen bieten mussten, stiegen unaufhörlich an.

Auf Druck der Krisenstaaten und der EZB gab die Regierung Merkel nach und stimmte der Schaffung eines Europäischen Rettungsschirms zur Finanzierung zahlungsunfähiger Mitgliedsstaaten zu. Dieser erst als EFSF, später als ESM bekannte Fonds mit Sitz in Luxemburg sollte über eine Feuerkraft von 700 Mrd. Euro verfügen und damit die direkte Finanzierung in Not geratener Eurostaaten übernehmen. Trotz der komplizierten Ausgestaltung des ESM ist die Funktionsweise sehr einfach. Wenn ein Mitgliedsstaat am Kapitalmarkt keine Abnehmer für seine Anleihen findet, weil diese die Anleihen aufgrund des Risikos nicht kaufen wollen oder nur gegen entsprechend hohe Zinsen, kann sich der Staat an den ESM wenden. Dieser gewährt ihm dann die entsprechenden Gelder. Der ESM wiederum erhält sein Kapital aus den Einzahlungen der anderen Mitgliedsstaaten (Deutschland wird bis 2014 ca. 22 Mrd. Euro einzahlen) und über Kreditaufnahme durch die Emission von Anleihen. Da hinter dem ESM unter anderem Staaten wie Deutschland, Frankreich und die Niederlande stehen, kann sich der ESM insgesamt zu niedrigeren Zinsen am Kapitalmarkt finanzieren als die Krisenstaaten. Der ESM funktioniert daher genauso wie ein, von der Bundesregierung immer abgelehnter, Eurobond. Der deutsche Haftungsanteil am ESM liegt bei 190 Mrd. Euro. Aber auch hier ist eine Diskussion aufgeflammt, ob das schon das Ende der Fahnenstange ist oder ob nicht noch höhere Haftungssummen auf Deutschland zukommen.

## Die Folgen

Im Zuge der Finanzkrise traten die Konstruktionsfehler des Euro zutage. Private Geldgeber waren nicht mehr gewillt, ihr Geld den Krisenstaaten zur Verfügung zu stellen. Hier sprang die EZB ein und rettete die Staaten durch die Notenpresse.

Die Politik versucht, über einen dauerhaften Rettungsschirm die Länder mit billigem Geld zu versorgen, was die Probleme in diesen Ländern jedoch nicht löst, sondern nur in die Zukunft verschiebt. Im Grunde wurde zur Finanzierung der Euro-Peripherie privates Geld durch öffentliches Geld ersetzt. Damit geht auch eine massive Umverteilung der Vermögen in Europa einher. Das Geld der Sparer in den Niederlanden und Deutschland wird durch niedrige Zinsen in die Peripherie gelenkt, obwohl es dort eigentlich nicht mehr hin will. Die Folge ist ein Fortbestehen der Fehlinvestitionen in der Peripherie, wo das Geld die inflationären Preis- und Lohnniveaus aufrechterhält. Gleichzeitig versucht man aber, diese Länder wieder konkurrenzfähig zu machen, indem man Sparmaßnahmen verhängt, die zu einer Absenkung des Lohn- und Preisniveaus führen sollen, da der Weg der Währungsabwertung im Euroraum nicht mehr möglich ist. Diese Situation ist paradox! Es ist, als ob man bei einem Auto Vollgas gibt und gleichzeitig die Handbremse anzieht. Irgendwann wird entweder die Handbremse versagen oder der Motor durchbrennen.

Laut einer Studie von Goldman Sachs, einer US Investmentbank, müsste das Lohn- und Preisniveau in Griechenland um ca. 30 Prozent sinken, damit das Land wieder konkurrenzfähig wäre. Griechenland ist im Vergleich zu der Türkei, einem Land mit ähnlicher Wirtschaftsstruktur, viel zu teuer. Auch Portugal, Spanien, Italien und, mit Einschränkungen, Frankreich sind nach jahrelangem Boom, befeuert durch billige Kredite, nun zu teuer.

Ihre Produkte sind im Vergleich zu Deutschland, das keinen Boom erlebte, sondern seine Preise und Löhne real abwertete, nicht mehr konkurrenzfähig.

Als Ausweg aus dieser heiklen Situation, welche den Kern der Eurokrise darstellt, sind vier Szenarien denkbar:

(i) Alles bleibt, wie es ist, und Deutschland finanziert jedes Jahr die Krisenländer, was die deutsche Zahlungsfähigkeit gefährdet und schlussendlich zum Bankrott der Geber- und Nehmerländer führt.

(ii) Einige Länder treten aus dem Euro aus und werten temporär ihre neuen Währungen ab, und werden so gegenüber Deutschland wieder konkurrenzfähig.

(iii) Die Krisenländer werden wieder konkurrenzfähig durch Lohn- und Preissenkungen.

(iv) Anstatt einer Abwertung in den Krisenländern, sei es durch einen Austritt aus dem Euro oder durch Preis- und Lohnsenkungen, wird eine Inflation in Deutschland herbeigeführt. Dadurch steigen die Preise und Löhne hierzulande an, und somit werden im Umkehrschluss die anderen Länder im Vergleich preiswerter.

Die favorisierte Variante der Krisenstaaten und starker Interessengruppen aus der Finanzwelt ist die Nummer (i). Daher der Druck auf Deutschland, den Rettungsschirmen, Eurobonds und Bankenunionen zuzustimmen. Um kein politisches Harakiri zu begehen, da eine Haftung Deutschlands für andere Eurostaaten unter der deutschen Bevölkerung sehr unpopulär ist, fordert die Regierung Merkel Sparmaßnahmen in den Krisenländern, was zu der unter Punkt (iii) dargestellten Situation führen soll.

Leider sind die Krisenstaaten so teuer, dass eine derartige Abwertung der Löhne und Preise nicht möglich ist.

Deutschland versuchte schon einmal Ähnliches unter Reichskanzler Brüning in den 1930ern und wertete seine Preise und Löhne um ca. 30 Prozent ab. Dies hatte damals zur Folge, dass Deutschland kurz vor dem Bürgerkrieg stand.

Im Ergebnis gab es eine Radikalisierung der Bevölkerung und die Machtergreifung durch Hitler. Eine Senkung der Löhne und Preise in diesem Maße ist kaum durchführbar und führt zu enormen gesellschaftlichen Spannungen. Wir sehen, wie die Sparmaßnahmen in Griechenland zu bürgerkriegsähnlichen Zuständen führen, radikale Gruppen von links und rechts finden immer mehr Zustimmung. Die Arbeitslosigkeit in Spanien, Griechenland, Portugal und Italien markiert neue Höchststände. Die Generation, die 1980 und später geboren wurde, hat keine Chance, in den Arbeitsmarkt zu kommen. Steigt die Wut der Jungen weiter an, dann werden in diesen Staaten mehr als nur die Straßen brennen.

Die unter Punkt (ii) dargestellte Variante, dass einige Länder aus dem Euro austreten und temporär ihre neuen Währungen abwerten, ist möglich, aber politisch nicht gewollt. Die politische Elite in der EU sieht das Schicksal des Euro untrennbar mit dem Schicksal Europas verbunden und will am Euro festhalten – koste es, was es wolle. Obwohl ein Fortbestehen Europas und der EU nicht zwingend auch ein Fortbestehen des Euro voraussetzt. Fragen Sie mal die Polen oder Dänen, die kommen sehr gut ohne Euro zurecht. Es ist geradezu absurd, eine Währung wie den Euro über alles zu stellen, und dafür den offenen Rechtsbruch in Kauf zu nehmen. Die sogenannte „Nichtbeistands-Klausel" ist ein wichtiger Bestandteil der europäischen Verträge und schließt eindeutig eine Haftung der Mitgliedsstaaten untereinander für Verbindlichkeiten aus. Anstatt die Möglichkeit in Betracht zu ziehen einzelne Staaten wieder aus dem Euro ausscheren zu lassen, versucht die Politik, ihre vermeintlichen Rettungspakete als alternativlos darzustellen. Inwieweit diese Position der politischen Elite in der EU das Ergebnis von Einflussnahme seitens der Finanzindustrie ist, lässt sich nur mutmaßen. Man kann aber davon ausgehen, dass bei Banken, Versicherungen und Investmentgesellschaften innerhalb und außerhalb der EU kein Interesse besteht, den Euroraum zerfallen zu lassen.

Die Abwertungen der Währungen wären so massiv, dass hohe Abschreibungen auf der Bilanzseite der Banken erforderlich wären, die das ohnehin schon geringe Eigenkapital vollends aufzehren würden.

Die Variante (iv), welche eine Inflation in Deutschland voraussetzt, um die Wettbewerbsfähigkeit hierzulande zu senken und somit im Umkehrschluss die Krisenstaaten wieder konkurrenzfähig zu machen, will die deutsche Bevölkerung nicht, da sie immer noch durch die Erfahrungen der Hyperinflation der 1930er Jahre geprägt ist, und Inflation scheut, wie der Teufel das Weihwasser.

## Die Lateinische Münzunion

Es ist erstaunlich, welche Parallelen sich auftun, wenn man einen Blick in die Geschichte wirft. Im Jahr 1865 gründeten Frankreich, Italien, Belgien und die Schweiz die Lateinische Münzunion. Drei Jahre später trat auch Griechenland dieser Währungsunion bei. Als Zahlungsmittel dienten Silber und später Goldmünzen, nachdem eine Silberinflation die Kaufkraft von Silber ins Bodenlose hat rutschen lassen.

Jedes Land prägt seine eigenen Münzen, aber innerhalb der Währungsunion waren alle Landeswährungen über feste Wechselkurse miteinander verbunden.

Letztendlich scheiterte die Währungsunion als einige Mitgliedsstaaten den Goldhalt ihrer Münzen verringerten und diese minderwertigen Münzen gegen Münzen mit vollem Goldgehalt eines anderen Unionsmitgliedes eintauschten. Auch führten neue Verfahren im Minensektor zu einer Ausweitung der Silbermenge, was den festen Wechselkurs zwischen Gold- und Silbermünzen unterminierte.

Um ihre Staatsdefizite zu finanzieren, druckten Frankreich und Italien zusätzlich Banknoten, die nicht durch Gold oder Silber gedeckt waren. Griechenland wurde im Jahr 1908 kurzzeitig von der Währungsunion ausgeschlossen, weil es seine chronisch defizitäre Lage durch Entwertung des Goldgehaltes seiner Münzen finanzierte. Mit Beginn des 1. Weltkrieges wurde die Lateinische Münzunion aufgrund der entstandenen Spannungen nach und nach aufgelöst. Immerhin hielt sie ganze 49 Jahre, brach aber durch Vertragsbrüche und Gelddrucken auf Kosten anderer Unionsmitglieder zusammen. Die Parallelen zur Eurokrise sind frappierend, auch unter dem Euro versuchen einige Staaten ihre Defizite durch die Notenpresse zu finanzieren und verteilen ihre Schuldenlast auf andere Mitglieder. Dort, wo die Notenpresse im EZB-System an ihre Grenzen stößt, versucht man, die Schulden zu vergemeinschaften. Die Hilfsmittel sind heute vielleicht schwerer zu durchschauen und verbergen sich hinter technischen Finessen wie Target-Forderungen, Euro-Bonds und ESM, aber letztendlich sind sie im Ergebnis nicht anders als eine Entwertung der Goldmünzen während der Zeit der Lateinischen Münzunion. Weniger Goldgehalt bedeutet mehr Münzen, womit mehr Waren gekauft werden können. Der eigene Lebensstandard kann dadurch auf Kosten eines Anderen künstlich erhöht werden. In einem ungedeckten Papiergeldsystem muss man sich nicht mehr die Mühe machen und die Münzen einschmelzen und wieder neu prägen, schon ein paar Mausklicks auf dem Computer reichen, um eine unbegrenzte Menge an Geld zu erzeugen.

Dieses Geld wird von Ländern wie Spanien, Portugal und Griechenland benutzt, um deutsche Waren zu kaufen und den eigenen Lebensstandard zu erhöhen. Im Gegenzug fließen aber nicht genug Waren als Ausgleich nach Deutschland zurück. Eine Unwucht entsteht, welche, wenn sie nicht behoben wird, zum Niedergang des Euro führt!

Schon der amerikanische Schriftsteller Samuel Langhorne Clemens, besser bekannt unter seinen Künstlernamen Mark Twain, erkannte die immer wiederkehrenden Muster individuellen und kollektiven Verhaltens in der Geschichte.

Geschichte wiederholt sich nicht, aber sie reimt sich. - Mark Twain

## Niedrige Zinsen und freie Mittagessen

Die Niedrigzinspolitik der EZB stellt ein Mittel zur billigen Finanzierung der Krisenstaaten dar und beschert den Banken einen Geldregen auf Kosten der Allgemeinheit.

Private Banken können sich unschlagbar günstig bei der EZB finanzieren, in der Hoffnung, dass diese dann wieder Staatsanleihen kaufen. In der Bankszene spricht man bei so etwas auch von einem *free lunch*, einem kostenlosen Mittagessen. Die Bank bezahlt 1 Prozent Zinsen für EZB-Geld und legt es sofort in Staatsanleihen von Italien an, die um die fünf Prozent Zinsen bringen. Die Differenz ist ein sicherer Gewinn, denn die Politik sichert über den Rettungsschirm das Verlustrisiko ab. Wenn alles schief geht, verkauft die Bank die Italienanleihe einfach an den Rettungsschirm und kommt dadurch ohne Verlust raus. Ein wunderbares Geschäftsmodell!

Die Folge ist eine direkte Entwertung der Sparvermögen. Denn die Inflation liegt derzeit weitaus höher als ein Prozent, die Realzinsen sind also negativ. Die niedrigen Zinsen, die Sie auf das Geld, welches Sie auf Ihrem Tagesgeldkonto angelegt haben, erhalten, reichen nicht aus, um die Inflation auch nur annähernd auszugleichen. Wenn heute jemand sein Geld auf einem Tagesgeldkonto anlegt, dann wird jeden Tag ein Teil davon durch die Inflation weggefressen.

Versicherungen, des Deutschen liebste Altersvorsoge neben dem eigenen Haus, sind vom Gesetz her verpflichtet, ihr Anlagegeld in „besonders sicheren" Anlagen zu investieren. Aber für eine Bundesanleihe erhalten sie aktuell kein Geld, im Gegenteil, sie zahlen sogar noch Geld, um es da parken zu dürfen. Es gibt zurzeit keine, nach Definition der Regulierung, „sicheren" Anlagen. Diejenigen, die als sicher gelten, werfen keine Rendite ab. Wenn nun einige Länder aus dem Euro austreten, werden wir Steuerzahler die Verluste tragen, entweder direkt über die Ausfälle des Rettungsschirms ESM oder indirekt über die Rettung einer Bank oder Versicherung.

Das Kapital ist so verängstigt, dass es sich aus Deutschland nicht mehr heraus traut. Deshalb sind wir zurzeit im Boom, weil die Gelder nach Deutschland, in den vermeintlich sicheren Hafen, fließen und hier den Immobilien- und Aktienmarkt beflügeln. Dort, wo das Kapital hinfließt, kann investiert werden. So gesehen hat sich die Situation in Deutschland gedreht. War Deutschland zuvor noch Euroverlierer, weil das Kapital lieber spanische Häuser finanzierte als den deutschen Mittelstand, ist es seit 2008 Krisengewinner. Noch kann man in Deutschland nicht von einer Blase sprechen, aber warum sollte sich die Geschichte nicht wiederholen? Deutschland erlebt zurzeit dasselbe Phänomen, wie Spanien nach der Euroeinführung, einen Bauboom und steigende Beschäftigung.

Die Risiken der Eurorettung sind nicht zu unterschätzen. Anfangs wird von den Regierungen immer suggeriert, dass es sich bei den Beträgen größtenteils nur um Garantien handelt, welche nicht abgefragt werden. Gerade die Verstaatlichung der HRE hat aber gezeigt, dass diese Mittel tatsächlich abgefragt werden. Wenn Verluste realisiert werden, muss jemand die Zeche zahlen! Die Frage ist bloß, wer, die privaten Eigentümer oder der Staat - und damit die Steuerzahler?

## Der Kampf zwischen Banken und Steuerzahlern

Es tobt zurzeit ein Kampf zwischen den Gläubigern der Schuldner, also den Banken, und den Steuerzahlern in der westlichen Welt. Die Steuerzahler sind vertreten durch die Politik, welche jedoch nicht immer die Interessen der Steuerzahler vertritt. Ein klassisches Prinzipal-Agent-Problem. Die Akteure in der Politik verfolgen Eigeninteressen, wie die Wiederwahl oder den Aufstieg in der Partei. Um diese Ziele zu erreichen, wird zusätzliches Geld benötigt. Geld, das unter den Wählern verteilt werden kann. Prinzipiell ergeben sich drei Finanzierungsmöglichkeiten für politische Projekte, durch Kredite, durch Steuern, oder durch Einsparungen in anderen Bereichen.

Da die letztgenannten Varianten, Steuern und Einsparungen, vom Wähler eher nicht mit der Wiederwahl quittiert werden, wählt die Politik sehr oft die Kreditaufnahme. Der Staat ist der größte Kreditnachfrager auf dem Kapitalmarkt und damit der wichtigste Kunde großer Banken und Versicherungen. Zwischen der Politik und den Banken hat sich über die letzten Dekaden eine symbiotische Beziehung entwickelt. Der Eine kann nicht ohne den Anderen.

Die Politik braucht Banken und Versicherungen, die ihnen die Gelder für die Finanzierung des Sozialstaates zur Verfügung stellen und die Banken brauchen den Staat als Einnahmequelle. Gerät die Bank in Schwierigkeiten, weil ein Land seine Schulden nicht mehr bedienen kann, muss der Staat einspringen, um die Bank zu retten, was wiederum die Staatsschulden nach oben treibt, ein Teufelskreislauf entsteht. Die Interessen der Politik und der Banken sind kaum noch auseinanderzudividieren.

Dabei muss man auch bei Banken unterscheiden, eine Sparkasse oder Volksbank hat wahrscheinlich nicht so einen großen Einfluss auf die Politik (auch sind ihre Geschäftsmodelle solider) wie die großen Investmentbanken, allen voran Goldman Sachs, die mächtigste Investmentbank der Welt und eine Ikone der Finanzindustrie. Goldman Sachs war seinerzeit federführend bei der Beratung des griechischen Staates und half Anfang der Jahrtausendwende durch mehrere geheime Bilanztricks, dass Griechenland die Kriterien für den Euro einhielt, und somit zu den Gründungsmitgliedern des Euro gehören konnte.

Einflussreiche Akteure aus der Finanzszene, seien es amerikanische Investmentbanken, französische Kreditbanken, deutsche Lebensversicherer oder große Staatsfonds, setzten alle ihnen zur Verfügung stehenden Hebel in Bewegung, um ihre toxischen Papiere möglichst ohne große Verluste an die Steuerzahler zu übergeben.

Die Finanzlobby ist die vermutlich größte und stärkste Lobby der Welt und beeinflusst die öffentliche Meinung und Politik in ungeahntem Ausmaß. Es ist geradezu bezeichnend, dass wichtige Spitzenpositionen in der Politik direkt mit ehemaligen Leuten von Goldman Sachs besetzt werden. So ist zum Beispiel der Chef der EZB, Mario Draghi, ehemaliger Vizepräsident von Goldman Sachs International, oder Mario Monti, ehemaliger italienischer Ministerpräsident, stand als Berater bei Goldman Sachs auf der Gehaltsliste. (Deutsche Mittelstands Nachrichten, 2011)

Aber die Interessen der Finanzszene werden noch viel subtiler vertreten und gelangen selten so stark in die öffentliche Wahrnehmung. So gab es im Zuge der großen Occupy-Wallstreet Demonstrationen 2011 in New York große Spenden von amerikanischen Investmentbanken an die New Yorker Polizei. (The Guardian, 2011) In Deutschland rückte 2009 das Bundeswirtschaftsministerium in den Fokus, weil es sich die Gesetzesvorlage zur Bankenrettung von einer externen Anwaltskanzlei hat schreiben lassen. (Der Spiegel, 2009) Damaliger Wirtschaftsminister war kein geringerer als Karl Theodor zu Guttenberg, der sich später auch als „Copy and Paste" Minister einen Namen machte. Ein Hilferuf der Europaparlamentarier machte 2010 die Einflussnahme der Finanzlobby auf die Politik deutlich, und warnte vor einer „Gefahr für die Demokratie", wenn kein kompetenter Gegenpol geschaffen werde. (Süddeutsche.de, 2010)

So ist es nicht verwunderlich, dass sich die Interessen der Finanzindustrie gegen die Interessen der Steuerzahler durchsetzen, und die Banken als Gläubiger die Oberhand behalten. Wobei auf der anderen Seite die Steuerzahler über ihre Lebensversicherungen und Sparguthaben auch Gläubiger der Banken sind. So gesehen ist die Trennlinie sehr unscharf, was dazu führt, dass die Politik die Steuerzahler zur Haftung heranziehen kann, nach dem Motto, wenn wir Griechenland, und damit die Gläubiger, nicht retten, dann sind auch unsere Gelder in Gefahr. Die Banken besitzen damit ein enormes Erpressungspotenzial, das sie geschickt nutzen, um ihre Verluste an den Steuerzahler zu übergeben.

Diese Argumentation führt dazu, dass man sich einer Rettung kaum verschließen kann. Man glaubt, man rettet den Griechen auf der Straße in Athen, in Wirklichkeit rettet man aber die griechische Oberschicht, die die großen griechischen Banken kontrolliert und deren Gläubiger, allen voran französische Großbanken, deutsche Landesbanken und amerikanische Investmentgesellschaften. Es werden mehrere Mrd. Euro in die Krisenländer überwiesen, wobei 90 bis 95 Prozent sofort an die Gläubiger gehen. Der einfache Grieche, Spanier oder Portugiese auf der Straße, der ums Überleben kämpfen muss, sieht davon nichts.

Im Gegenteil, die zusätzlich verhängten Sparmaßnahmen treiben die Menschen vor Ort dann vollends in die Verelendung.

Letztendlich stellt sich die Frage, warum der Steuerzahler, der keine Staatsanleihen gekauft hat, nun für die Verluste der privaten Gläubiger haften soll? Der private Gläubiger profitierte auch von den Gewinnchancen dieses Investments, sobald aber ein Verlustrisiko entsteht, möchte er dieses nicht mehr tragen. Das für eine funktionierende Marktwirtschaft wichtige Haftungsprinzip wird außer Kraft gesetzt. Nur wenn ein Investor auch für seine eventuellen Verluste geradestehen muss, wird er riskante Geschäfte nur dann eingehen, wenn er den Verlust auch verkraften kann. Wenn eine Bank wie die Deutsche Bank mit einer Eigenkapitalquote zwischen 2 und 3 Prozent, Abschreibungen in dieser Höhe vornehmen muss, dann ist sie insolvent. Wenn der Staat aber den potenziellen Verlust absichert, besteht für eine Bank kein Anreiz, ihr Risikoverhalten zu überdenken. Das bedeutet, hochriskante Geschäfte können gemacht werden, hohe Boni können ausgeschüttet werden, und wenn es dann doch knallt, trägt den Verlust der Steuerzahler. Diese Asymmetrie zwischen Gewinn und Risiko lässt sich nicht mit den Grundsätzen einer freien Marktwirtschaft vereinbaren und erinnert eher an eine Wirtschaftsführung im sowjetischen Stil.

Die Spieler im System, also große Banken und auch Großkonzerne, sind *too big to fail* (zu groß um zu scheitern), also so groß, dass eine Insolvenz zu einem Dominoeffekt führen kann, der nicht kontrollierbar ist.

Die internationalen Verflechtungen in der Finanzindustrie sind so komplex und undurchsichtig, dass niemand die Folgen abschätzen kann.

Es bleibt abzuwarten, ob sich die Politik gegenüber der Finanzindustrie emanzipieren kann und wieder die Interessen der Steuerzahler als die ihren vertritt, zur Zeit sieht es leider nicht danach aus!

## Die Auswirkungen der „Euro"-Krise

Das Kernproblem des Euro als Währung ist, dass verschiedene Volkswirtschaften mit unterschiedlicher Wirtschaftskraft in einem Verbund sind, ohne dass entsprechende Ausgleichsmechanismen, die für eine Angleichung der Unterschiede sorgen könnten, geschaffen wurden. Für die südlichen Länder wie Spanien, Portugal und Griechenland ist der Euro viel zu schwer für ihre Leistungsfähigkeit, wohingegen der Euro für Deutschland viel zu leicht ist. Vor Einführung des Euro konnten Ungleichgewichte zwischen den Staaten über die Wechselkurse ausgeglichen werden. Stiegen in einem Land die Löhne und Preise zu schnell und es verlor an Wettbewerbsfähigkeit gegenüber den anderen, konnte dieser Nachteil durch eine Abwertung der Währung beseitigt werden. Mit einer gemeinsamen Währung müssen diese Unterschiede über andere Wege entschärft werden. Auch in Deutschland bestehen große ökonomische Unterschiede zwischen den Regionen, die Wirtschaftskraft von München ist um ein Vielfaches höher als die des Saarlandes. Ausgleichsmechanismen wie der Länderfinanzausgleich, eine einheitliche Steuergesetzgebung und das Sozialsystem verhindern aber ein allzu starkes Auseinanderdriften. Auf EU-Ebene bestehen diese Mechanismen nicht. Die Hoffnung der Gründerväter des Euro, dass mit Einführung einer gemeinsamen Währung auch eine stärkere politische

Integration folgen würde, stellte sich rückblickend als naiv heraus. Die Nationalstaaten gaben nur so viel Kompetenz an Brüssel ab, wie sie für politisch opportun hielten.

Als die Finanzkrise 2008 durch das Platzen der amerikanischen Immobilienblase die privaten Kredite nach Südeuropa versickern ließ, traten die Spannungen im Eurosystem hervor. Die bis 2008 in die Peripherie-Länder fließenden billigen Kredite entfachten in diesen Ländern einen ungeahnten Boom, die Preise und Löhne stiegen. Die betroffenen Länder verloren immer mehr an Wettbewerbsfähigkeit gegenüber Deutschland, wo die Preise und Löhne nur geringfügige Steigerungen verzeichneten. (Real, also abzüglich der Inflation, sanken die Löhne!) Deutschland wurde immer wettbewerbsfähiger und profitierte nun von der Schwäche der Anderen. Wurde Deutschland 2005 noch als *kranker Mann Europas* mit einer Rekordarbeitslosigkeit von damals 11,7 Prozent tituliert, so ist es heute die vermeintliche *Lokomotive* Europas. Jedoch profitieren die Arbeitnehmer in Deutschland nicht vom Exportboom. Die Nettolohnsteigerungen sind moderat, ein Großteil der höheren Löhne wird sofort vom Staat durch eine höhere Besteuerung kassiert. Profiteure sind große exportorientierte Unternehmen und deren Eigentümer. Die Gewinne der 30 größten börsennotierten Unternehmen in Deutschland sind seit der Euroeinführung um 76 Prozent gestiegen, während die Bruttolöhne und -gehälter deutschlandweit um 18 Prozent und die Nettolöhne um gerade einmal 11 Prozent zulegten. (Hans Böckler Stiftung, 2012) Nach Abzug der offiziellen Inflationsrate, die die Preise um ca. 16 Prozent steigen ließ, bleiben unter dem Strich 5 Prozent Reallohneinbußen für die Arbeitnehmer!

Die seit 2008 zwischen den Volkswirtschaften entstandenen Gräben konnten vorerst nur durch Milliardenzusagen der Politik und durch das Anwerfen der Druckerpresse oberflächlich gekittet werden. Die Ursachen wurden dabei nur unzureichend thematisiert. Die Kreditblase in den Ländern der Peripherie durfte nicht platzen, es kam nicht zu einer großen Korrektur des allgemeinen Preisniveaus in den Ländern. Trotz aller verhängten Sparmaßnahmen ist das Preisniveau bis heute kaum gefallen. Der große Knall wurde durch das Eingreifen der Politik verhindert. Dabei hätte der Knall, trotz aller damit verbunden Auswirkungen, das System bereinigt und einen Neuanfang möglich gemacht.

Die versickernden privaten Kredite wurden durch öffentliche Kredite ersetzt. Der Heißluftballon kann sich dadurch noch eine Weile in der Luft halten, die Frage ist, wie lange noch? Es ist nur eine Frage der Zeit, wann die ersten Länder den Euroraum verlassen werden. Auch eine Pleite einzelner Länder ist unabdingbar. Griechenland ist de facto pleite, Irland kann seine Auslandsschulden nur mit Müh und Not begleichen. In Spanien sind so viele Immobilien wertlos geworden, dass die Banken und der spanische Staat nur durch Gelder aus der EU am Leben gehalten werden. Frankreich verpasste es, im Zuge des Booms bis 2008 notwendige Reformen in allen Bereichen anzugehen. Mittlerweile hat Frankreich den Anschluss an Deutschland längst verloren und wird zusehends zur tickenden Zeitbombe. Italien ist kaum noch regierbar, zu sehr ist die Gesellschaft und Politik gespalten. Der Staatsapparat ist verkrustet, zu hohe Schulden und eine unternehmensfeindliche Gesetzgebung zwingen Italien immer weiter in die Knie. Auch vermeintlich sichere Staaten wie die Niederlande oder Österreich sind tickende Zeitbomben. Beide Länder sitzen auf gewaltigen Immobilienblasen, die nur darauf warten, zu platzen. In Österreich sind die Immobilienpreise seit 2005 um gut 60 Prozent gestiegen.

In den Niederlanden zählt der Immobilienmarkt mittlerweile zu den teuersten der Welt. Mit einer privaten Verschuldung von 240 Prozent des verfügbaren Einkommens sind die Niederländer noch höher verschuldet als die leidgeplagten Spanier, die es auf „nur" 170 Prozent des verfügbaren Einkommens bringen.

Auch wenn der mediale Fokus eher noch auf Griechenland und Spanien gerichtet ist, so sieht es im gesamten Euroraum nicht gut aus. Platzt eine Immobilienblase und die Preise sinken in den Keller, kommen die Eigentümer der meist auf Kredit gekauften Immobilien in Bedrängnis. Der Wert der Immobilien sinkt, gleichzeitig bleiben die Kreditverpflichtungen aber in voller Höhe bestehen.

Die Eigentümer fühlen sich merklich ärmer, ihr Konsum geht zurück. Die Nachfrage nach Gütern und Dienstleistungen sinkt, die Unternehmen reagieren und produzieren weniger. Die Arbeitslosigkeit steigt, die Einkommen sinken, Kredite können nicht mehr zurückgezahlt werden. Unternehmen und Haushalte geraten in die Insolvenz. Die Banken müssen enorme Abschreibungen auf ihre Kreditforderungen vornehmen und haben oft nur unzureichendes Eigenkapital, um die Kreditausfälle aufzufangen. Also wenden sich die Banken an den Staat, den letzten verbliebenen Geldgeber.

Betrachtet man die Größe der Bilanzsummen der Banken im Vergleich zur jährlichen Wirtschaftsleistung, gemessen am Bruttosozialprodukt, bekommt man eine Ahnung, ob ein Platzen des Heißluftballons von einem Staat aufgefangen werden kann. In den Niederlanden ist die Bilanzsumme der dortigen Banken vier Mal so groß wie die jährliche Wirtschaftsleistung. In Österreich, Spanien und Deutschland entsprechen die Bilanzsummen der Banken etwa dem dreifachen der jährlichen Wirtschaftsleistung. Aber richtig spannend wird es bei Luxemburg. Mit einer Bankbilanzsumme, die dem 24-fachen der jährlichen Wirtschaftsleistung entspricht, ist das Fürstentum bei nur geringfügigen Abschreibungen der Bankbilanzen sofort bankrott.

> Luxemburg ist ein Containerschiff, bis zum Himmel mit Containern beladen. Bei der kleinsten Welle kippt es um. - Hans-Werner Sinn

Das einzige Mittel der Politik besteht in der Hoffnung, dass durch mehr Gelddrucken eine Inflation in Gang kommt, die die Schulden entwertet. Die EZB, formell unabhängig, aber auch unter politischem Druck stehend, versucht über real negative Zinsen, Schuldenberge zu entwerten. Eine Strategie, deren Umsetzung, wenn sie funktioniert, mehrere Jahrzehnte in Anspruch nimmt. Die Frage ist, ob wir diese Zeit noch haben?

Bei einer Zinslast von ca. 50 Prozent im Gesamtsystem ist das Ende der Fahnenstange erreicht und härtere Maßnahmen zur Reduzierung der Schulden sind unausweichlich. Da in unserem Schuldgeldsystem 100 Euro Schulden bedeuten, dass ein Anderer 100 Euro Guthaben hat, müssen, wenn Schulden entwertet werden sollen, auch Guthaben gestrichen werden. Das ist unausweichlich, nur das Mittel, um das zu erreichen, ist nicht vorherzusehen. Bis jetzt zögert die Politik noch, die Optionen Enteignung, höhere Steuern, Zwangshypotheken und dergleichen auf den Tisch zu legen.

Wahrscheinlich sind höhere Steuern für die Mittelschicht, weiter sinkende Leistungen des Staates, Zwangshypotheken für Immobilienbesitzer, eine Entwertung der Spareguthaben und ein starker Anstieg der Inflation an dessen Ende eine Währungsreform steht. Wir begeben uns in eine Phase, in der sich Schuldenschnitte, also Deflation und eine Entwertung der Schulden, und Inflation die Klinke in die Hand geben. Diese unübersichtliche Gemengelage ist kaum durchschaubar und eindeutige Trends lassen sich nicht vorhersagen.

Unser Wirtschafts- und Geldsystem ist ein komplexes System mit Millionen von Akteuren. Wir wissen über komplexe Systeme, dass sie nicht prognostizierbar sind. Konkrete Aussagen zu Zeitpunkten und Ereignissen sind daher unseriös. Ob und wann der große Knall kommt, kann Ihnen keiner vorhersagen.

KAPITEL 5

# Die Inflationspolitik

In der Politik ist es leichter, Geld unter den Wählern zu verteilen, als es durch Steuern einzunehmen. Daher geben die meisten Staaten mehr Geld aus, als sie über Steuereinnahmen einnehmen. Ein Großteil der Ausgaben für die Sozialsysteme, Beamtengehälter, Subventionen etc. sind nicht durch ausreichende Steuereinnahmen gedeckt und müssen durch Kredite finanziert werden. Der Staat vergibt Staatsanleihen, die nichts anderes sind als ein Kreditvertrag, in dem der Staat Kreditnehmer und die Banken Kreditgeber sind. Die anfallenden Zinsen müssen dann durch die Bürgerinnen und Bürger in Form von Steuern entrichtet werden. Jeder heute aufgenommene Kredit ist eine Verschiebung der finanziellen Lasten in die Zukunft. Mit steigenden Schulden steigen auch die Zinszahlungen. Folglich muss ein immer größerer Teil der Staatseinnahmen, also Steuern, für die Begleichung der Zinsen aufgebracht werden. Betrugen die Zinszahlungen des Bundes im Jahr 1980 noch 6,7 Prozent der Bundesausgaben, so stieg dieser Anteil auf 12,5 Prozent im Jahr 2012.

Der Staat hat ein direktes Interesse an Inflation. Denn Inflation ist eine Möglichkeit, den Bürgern Geld zu entziehen, ohne dass diese es bemerken. Inflation wirkt wie eine unsichtbare Steuer. Inflation macht die Schuldenlast erträglicher, denn sie sorgt dafür, dass der Wert der Schulden weggeschmolzen wird und die reale Belastung in die Zukunft verschoben wird. Inflation kann dadurch die Sozialausgaben finanzieren, ohne politisch unpopuläre Steuererhöhungen einzuführen.

Alan Greenspan, ehemaliger Vorsitzender der amerikanischen Notenbank FED, drückte es 1966, als er noch für die Beratungsfirma Townsend-Greenspan & Co. arbeitete, folgendermaßen aus:

> Ohne Goldstandard gibt es keine Möglichkeit, Ersparnisse vor der Enteignung durch Inflation zu schützen. [...]Die Finanzpolitik des Wohlfahrtsstaates macht es erforderlich, dass es für Vermögensbesitzer keine Möglichkeit gibt, sich zu schützen. (Greenspan, 1967)

Der Wohlfahrtsstaat hat ein Interesse an einer Währung, in der Geld aus dem Nichts geschaffen werden kann, denn es macht das *über seine Verhältnisse leben* des Staates erst möglich. Mit einer Golddeckung würde man dem Staat seine Kreditkarte entziehen! Aber auch die Golddeckung allein garantiert nicht, dass der Staat nicht mehr Geld druckt, als durch Gold gedeckt werden kann. Wer glaubt, allein die Golddeckung würde eine inflationäre Politik des Staates verhindern, der irrt. Nur eine Kultur der Rechtsstaatlichkeit, in der der Staat sich an die eigenen Gesetze hält, kann die Bedingungen für ein werthaltiges Zahlungsmittel legen. (Zarlenga, 2002)

Ein weiterer positiver Effekt von Inflation für den Staat ist die Erweckung des Anscheins eines Vermögenszuwachses bei der Bevölkerung. Inflation sorgt für steigende Preise einzelner Vermögenswerte, wie Immobilien und Aktien, wodurch eine Illusion der Vermögensmehrung entsteht, obwohl die Kaufkraft insgesamt fällt.

Die Kunst bei der Inflationspolitik besteht darin, eine Balance zu finden zwischen einer niedrigen Inflationsrate, die zwar die Vermögensinhaber schützt, aber die Schuldner belastet, und einer hohen Inflationsrate, die die Schuldner entlastet, aber die Vermögensinhaber enteignet.

Denn hohe Inflationsraten sorgen für einen Vertrauensverlust der Bevölkerung in die Währung, die Kaufkraft schwindet und die Bevölkerung gibt ihr Geld aus, da man nicht weiß, wieviel man in ein paar Monaten noch dafür bekommt. Die Erwartung hoher Inflationsraten führt meist auch zu einer tatsächlich hohen Inflation!

Aus Sicht einer Regierung ist es daher von Interesse, die offizielle Inflationsrate zu untertreiben. Über die Jahre haben mehrere methodische Veränderungen dazu geführt, dass die offiziell durch den Verbraucherpreisindex gemessene Inflationsrate an der Lebenswirklichkeit vorbeigeht.[*]

Die gefühlte Inflation, also die Preissteigerung der Produkte und Dienstleistungen, die wir täglich konsumieren, ist viel höher als die offiziell ausgewiesene. Preissteigerungen bei alltäglichen Ausgaben für Unterkunft, Strom, Benzin, Gesundheit und Nahrungsmittel werden durch den Verbraucherpreisindex kaum erfasst.

Unterstelle ich die Preissteigerung von Brötchen, die innerhalb von 10 Jahren von 18 Cent auf 30 Cent stiegen, als repräsentative

---

[*] Zu den methodischen Veränderungen, die die Aussagekraft des Verbraucherpreisindex beeinträchtigen, zählen die fiktive Berechnung hedonischer Preise. Dabei werden Qualitätsverbesserungen der Produkte auf Preissteigerungen angerechnet, was dazu führt, dass obwohl der Preis ansteigt, die Preissteigerung nicht in den Preisindex einfließt. Außerdem werden im Preis stark steigende Güter im Warenkorb durch billigere Güter substituiert. Ein Verfahren, das höchst fragwürdig ist.

Messung der Inflationsrate, so ergibt das eine Steigerung von 67 Prozent in 10 Jahren, oder eine jährliche Inflation von 5 Prozent. Auch Strom, Lebensmittel und Mieten haben ähnliche Steigerungen erlebt. Die offizielle Inflationsrate von 2 Prozent ist daher nicht realistisch und durch methodische Konstruktionen sehr fragwürdig. Aber sie liegt im Interesse der Regierung, denn diese möchte nicht, dass Sie die wahre Inflation bemerken!

## Explizite und implizite Schulden des Staates

Der Staat, sei es der Bund, die Länder oder die Kommunen, finanzieren sich durch Steuereinnahmen und durch Kredite. Reichen die Steuereinnahmen nicht aus, um die Ausgaben zu decken, muss der Staat Kredite aufnehmen oder Leistungen kürzen. Wobei letzteres sehr schwer ist und meist mit Abwahl durch den Wähler quittiert wird. Intuitiv würde man vermuten, dass Einnahmen und Ausgaben in einem Gleichgewicht sein sollten und eine Kreditaufnahme nur in Ausnahmefällen, wie Naturkatastrophen oder anderen besonderen Ereignissen, zulässig sein sollte. Auch die Finanzierung großer Infrastrukturmaßnahmen von denen auch noch die nächsten Generationen profitieren, kann als Rechtfertigung für eine staatliche Kreditaufnahme herangezogen werden. Durch einen Kredit werden die Belastungen an die zukünftige Generation weitergegeben. Stellen wir uns die Energiewende als große Infrastrukturmaßnahme vor, die, wenn wir die Umstellung von fossilen zu regenerativen Energiequellen vollziehen, enorme Kosten verursacht. Neue Stromleitungen müssen gelegt werden, Stromspeicher aufgebaut werden, Windräder installiert werden usw. Kosten, die in die hunderte Milliarden Euro gehen. Es ist nur fair, zukünftige Generationen an den Kosten zu beteiligen, denn unsere Kinder und Enkel werden von der

Energiewende profitieren. Soweit die Theorie, leider sieht es in der politischen Praxis anders aus.

Im Staatshaushalt klafft eine permanente Lücke zwischen Steuereinnahmen und Staatsausgaben. Seit 1969 ist es keiner Bundesregierung mehr gelungen, einen ausgeglichenen Haushalt vorzulegen, trotz aller Bemühungen.

Ein weiteres Problem besteht in der bestehenden Verschuldungspraxis des Staates. Kredite, die in der Vergangenheit aufgenommen wurden, werden nicht getilgt, sondern durch immer neue Kredite ersetzt. Altschulden werden durch neue Schulden ersetzt. Die Schuldenlast wird dadurch insgesamt nicht verringert, sondern bei einer Niedrigzinsphase, wie sie aktuell vorherrscht, nur abgemildert. Kredite, die der Staat in den 1980ern zu rund 7 Prozent aufnahm, kann er heute zu unter 2 Prozent ablösen. Der Staat spart damit Milliarden Euro an Zinszahlungen. Der Gesamtbetrag an Schulden verringert sich aber nicht!

Im Jahr 2012 betrugen die gesamten offiziell ausgewiesenen Staatsschulden rund 2,1 Billionen Euro. Für einen Einzelnen, der mit maximal 200.000 Euro beim Kauf eines Eigenheims konfrontiert wird, ist dies eine schier unvorstellbare Summe. Als Eselsbrücke nutzt man oft ein Verhältnis, um einen besseren Eindruck zu gewinnen. So kann man zum Beispiel die 2,1 Billionen Euro durch die knapp 82 Mio. Einwohner teilen, wodurch sich rund 25.600 Euro Staatsschulden pro Einwohner ergeben. Oder man setzt die Staatsschulden in Relation zum Bruttosozialprodukt, dem Wert aller Waren und Dienstleistungen, die in einem Jahr erzeugt werden. Für das Jahr 2012 ergibt das eine Quote von rund 80 Prozent. Im Europäischen Durchschnitt eine niedrige Quote, gegenüber 120 Prozent für Italien oder 89 Prozent für Frankreich. Leider vermitteln die offiziell ausgewiesenen Staatschulden nicht das volle Ausmaß des Schuldenproblems.

Zu den offiziellen, statistisch erfassten Schulden kommen noch sogenannte indirekte Staatsschulden hinzu. Was sind indirekte Staatsschulden? Indirekte Staatsschulden sind Zahlungsverpflichtungen von Gebietskörperschaften, die gesetzlich festgelegt sind, aber nicht offiziell ausgewiesen werden. Theoretisch können diese Zahlungsverpflichtungen per Gesetz verändert bzw. abgeschafft werden. Indirekte Schulden sind damit Zahlungsverpflichtungen, die auf den Staat zukommen, wenn die derzeitig geregelten Sozialleistungen weiterhin Bestand haben. Darunter fallen Pensionszahlungen an Beamte, Rentenansprüche und Leistungen aus der gesetzlichen Kranken- und Pflegeversicherung. Diese Zahlungen werden nicht als Ganzes fällig, sondern werden über die nächsten Jahre sukzessive ausgezahlt. Daher verbucht der Staat diesen Betrag nicht als Ganzes im Haushalt, sondern nur den Betrag, der gerade fällig wird. Eine Praxis, die bei Unternehmen nicht zulässig ist. Wenn Sie als Unternehmer wissen, dass auf Sie in Zukunft Zahlungsverpflichtungen zukommen, dann müssen Sie entsprechende Rücklagen bilden und die Höhe der Verpflichtungen bilanziell ausweisen. Machen Sie das nicht, machen Sie sich strafbar.

Das Land Hessen änderte 2009 als erstes Bundesland diese Praxis und stellte auf eine volle kaufmännische Rechnungslegung um. Dabei kam heraus, dass mehr als 40 Mrd. Euro an Rückstellungen für Pensionszahlungen gebraucht werden und gerade einmal 729 Millionen zurückgelegt wurden. Mit einer vollen Deckung der Pensionszahlungen rechnen die Beamten im hessischen Finanzministerium frühestens im Jahr 2061! Noch interessanter wird es, wenn man sich anschaut, wo die 729 Millionen im hessischen Rücklagenfonds herkommen und wie sie angelegt sind. Laut Bundesbank hat das Land Hessen den Rücklagenfonds allein durch Kredite finanziert! (Naas, 2008)

Es ist schon erstaunlich, das Land Hessen nimmt am Kapitalmarkt Kredite auf, um einen Rücklagefonds zu gründen, der wiederum am Kapitalmarkt investiert und zwar hauptsächlich in Anleihen des Bundes, der Bundesländer und teilweise sogar in die eigenen Anleihen. Kredite werden mit den eigenen Schuldtiteln hinterlegt. Eine Praxis, die, mit gesundem Menschenverstand betrachtet, sehr fragwürdig ist. Aber nicht nur das Land Hessen handhabt seine Pensionsrücklagen derart fragwürdig, auch andere Bundesländer wie Niedersachsen, Bayern und Hamburg agieren ähnlich. Das Land Brandenburg rückte 2013 in den Fokus, weil ca. 2 Mrd. Euro der Pensionsrücklagen für Beamte in zyprischen Staatsanleihen angelegt wurden. (Frankfurter Rundschau, 2013) Was teilweise auch Sinn macht, denn selbst die Finanzbeamten in Brandenburg wissen, dass die Zinsen, die sie erwirtschaften, höher sein müssen, als die, die sie für die Kreditaufnahme zahlen. Die Zinsunterschiede unter den Bundesländern sind zu gering, als dass man mit einer Anleihe des Saarlandes richtig Kohle verdienen kann, aber zum Glück bieten die Anleihen von Zypern, Griechenland und Co. noch ordentlich Rendite. Dass diese Papiere ein hohes Ausfallrisiko haben - geschenkt!

Aber nicht nur bei den Bundesländern drücken die Pensionslasten, auch der Bund hat mit diesem Problem zu kämpfen. Hinzu kommen noch die ungedeckten Zahlungsverpflichtungen aus der gesetzlichen Renten- und Krankenversicherung. Die Generation der Babyboomer, also die 1950er und 1960er Jahrgänge, kommen so langsam in das Rentenalter, leider versäumte es diese Generation, entsprechend viele Nachkommen zu zeugen. In 10 bis 15 Jahren, wenn die heute 50 Jährigen in den wohlverdienten Ruhestand gehen wollen, wird es eng für die deutschen Staatsfinanzen. Es gibt weder auf Länder- noch auf Bundesebene nennenswerte Rücklagen für diesen Tag.

Das Problem wird seit Jahrzehnten in die Zukunft verschoben, in der Hoffnung, dass es schon nicht so schlimm werden wird. Nein, wird es auch nicht, es wird noch schlimmer! Die wenigen Nachkommen werden kaum in der Lage sein, die angehäuften Verpflichtungen zu erbringen. Bei nur noch zwei Erwerbstätigen pro Rentner wird ein Großteil des Bruttoeinkommens der Erwerbstätigen zur Finanzierung der Renten und für Zinszahlungen der öffentlichen Hand beansprucht werden. Die Alternative, längere Arbeitszeiten und späterer Renteneintritt, werden unausweichlich kommen, aber es bleibt zweifelhaft, ob bei der Dimension des Problems ein Renteneintrittsalter von 67 Jahren reichen wird. Auch ist es in vielen Berufen unmöglich, mit 67 Jahren noch produktiv zu sein. Ich denke da an Lehrer, Bauarbeiter und Pflegepersonal, die sind nach Jahren harter körperlicher und geistiger Tätigkeit kaum noch in der Lage, ihrem Job nachzugehen. Eine Senkung der staatlichen Leistungen, also zum Beispiel der Renten, wird unausweichlich kommen.

Addiert man die indirekten Schulden des Staates zu den offiziellen Schulden hinzu, dann ist Deutschland mit ca. 300 Prozent des Bruttoinlandsproduktes verschuldet. Jeder Einwohner muss somit rund 96.000 Euro Staatsschulden tragen.

Allein die Schuldenlast des Staates ist so hoch, dass sie weder durch Wirtschaftswachstum noch durch Produktivitätssteigerungen, wenn man die historischen Wachstumsraten unterstellt, über die nächsten Dekaden zu beseitigen wäre. Dazu ist der Betrag zu gewaltig und es ist in einem exponentiell wachsenden Geldsystem nicht möglich, Schulden zu tilgen, ohne dabei auch Guthaben zu streichen. Hinzu kommt noch das Verteilungsproblem des Vermögens. Wie in Kapitel 2 dargestellt, besitzen 50 Prozent der deutschen Bevölkerung kein Vermögen oder sind privat verschuldet.

Weitere 40 Prozent verfügen nur über ein bescheidenes Vermögen. Nur 10 Prozent der Bevölkerung gehören zu den Vermögenden und innerhalb dieser Gruppe sind die Unterschiede noch gravierender. Laut DIW gehört man ab 220.000 Euro zu den vermögendsten 10 Prozent. Aber niemand würde den Eigenheimbesitzer, der gerade sein Häuschen abgezahlt hat, mit der Familie Oetker oder den Quandts gleichsetzen. Es sind eher die obersten 1 Prozent der Bevölkerung, die über die Vermögenswerte verfügen, welche zu einem stärkeren Schuldendienst herangezogen werden könnten. Auch wenn die Diskussionen über Erbschaftssteuern, Vermögenssteuern und höhere Kapitalsteuern gerade aufgegriffen werden, löst das nur das staatliche Schuldenproblem. Die Zinslasten, die in den Produktpreisen der Industrie stecken, und die privaten Schulden lösen sich davon nicht in Luft auf. Sie bleiben bestehen und wachsen weiter an. Diese Zinslasten trägt die Mittelschicht als größte Konsumentengruppe. Ein Schuldenschnitt, wie auch immer er praktisch umgesetzt wird, ist unausweichlich. Damit einhergehen auch Verteilungskämpfe, denn niemand möchte freiwillig sein Hab und Gut abgeben. Die Politik weiß das und schlägt den Weg der Inflation ein, oder zumindest verhindert sie nicht, dass die Zentralbank unablässig Geld in den Wirtschaftskreislauf pumpt und damit die Inflation anheizt.

Ein Vorteil von Inflation ist, dass man sie nicht sieht, sie ist diffus, nicht richtig greifbar, aber sehr effektiv. Eine Inflationsrate von realen 4 Prozent halbiert die Schuldenlast innerhalb von ca. 17 Jahren! Die Inflation ist der letzte Ausweg der Politik, die Schulden in den Griff zu bekommen. Leider hat Inflation einen Nachteil, sie trifft die Mittelschicht besonders stark. Denn die Mittelschicht verfügt nicht über Sachwerte, die eine Inflation überstehen, sondern ihr bescheidenes Vermögen ist in Geldwerten wie Renten- und Pensionsansprüchen und Lebensversicherungen gebunden.

Eine Immobilie oder eine Firma können Sie notfalls verkaufen und sich mit dem Geld auf den Fidschis eine schöne Zeit machen, aber einen Rentenanspruch können Sie nicht versilbern, sondern erst in Anspruch nehmen, wenn Sie schon fast in die Kiste hopsen! Ob dann die Kaufkraft der Rente noch ausreicht, um den angepeilten Lebensstandard zu halten, steht in den Sternen.

## Eine kurze Geschichte der Inflation

Das Mittel Inflation wurde in der Vergangenheit oft benutzt, um sich zu hoher Staatsschulden zu entledigen oder um besondere Ereignisse, insbesondere Kriege, zu finanzieren. Der Staat lässt dabei über die Notenbank mehr Geld drucken, als für den Zahlungsverkehr notwendig ist, und entledigt sich somit real seiner Schulden gegenüber seinen eigenen Bürgern, sowie gegenüber ausländischen Gläubigern.

Simbabwe ist das jüngste Beispiel einer Hyperinflation. Auf dem Höhepunkt der Inflation gegen Ende des Jahres 2008 schaffte es die Zentralbank von Simbabwe, eine Inflationsrate von 89 Trilliarden Prozent, eine Zahl mit 21 Nullen, zu produzieren.

Auch in Deutschland gab es eine Phase der Hyperinflation. Deutschland war nach Ende des 1. Weltkriegs bankrott und musste hohe Reparationszahlungen an die Siegermächte zahlen.

Die Reichsregierung warf die Druckerpresse an. Es kam zu Inflation und damit zu steigenden Preisen. Auf dem Höhepunkt der Inflation in den 1920ern sprach man auch von einer Hyperinflation, da sich die Papiermark um bis zu 50 Prozent pro Tag entwertete. Das Geld wurde so schnell entwertet, dass man Geldscheine mit 100 Billionen Mark Nennwert druckte. Das ging so lange weiter, bis irgendwann keine Nullen mehr auf den Geldschein passten.

Wenn nun der Staat Schulden in Höhe von 100 Billionen Mark hat und man dafür gerade einmal ein Brot kaufen kann, dann haben sich die Staatsschulden praktisch (fast) in Luft aufgelöst! Geldvermögen, wie zum Beispiel Bargeld, Anleihen, Lebensversicherungen und Rentenansprüche, die eine Forderung auf einen gewissen Nennbetrag darstellen, werden entwertet. Am Ende einer Hyperinflation steht eine Währungsreform. Da man nicht mehr genug Nullen auf einen Papierschein drucken kann, führt man eine neue Währung ein und die Alte verliert ihre Gültigkeit. Damit werden alle Guthaben und Schulden gestrichen.

Es findet ein Neustart des Geldsystems statt, Guthaben und Schulden haben sich in Nichts aufgelöst. Der Staat macht einen Schnitt und alles kann von Neuem beginnen. Wenn Sie jetzt denken, das ist ja super, ich nehme einen Kredit auf und kaufe mir dafür eine Immobilie und bei der Währungsreform lösen sich dann meine Schulden in Nichts auf, dann muss ich Sie warnen. Eine Währungsreform oder auch höhere Inflation wird meist begleitet durch eine höhere Besteuerung von Vermögenswerten, insbesondere Immobilien stellen dann ein geeignetes Besteuerungsobjekt dar. Außerdem werden bei einer Währungsreform unterschiedliche Umrechnungskurse für Guthaben und Schulden angelegt. So wurden bei der Währungsreform von 1948 Schulden in Höhe von 100 Reichsmark in 10 DM umgerechnet und 100 Reichsmark Guthaben in nur 6,50 DM getauscht. Schulden wurden dadurch aufgewertet!

Laut einer Studie von Edwin Vieira, der 775 Papiergeldwährungen über mehrere Länder und Epochen untersuchte, beträgt die durchschnittliche Lebensdauer einer Papiergeldwährung gerade einmal 27 Jahre. Alle 30 bis 40 Jahre bricht das internationale Geldsystem zusammen und muss neu verhandelt werden. Dabei gab es in der Vergangenheit immer eine Abfolge von goldgedeckter Währung hin zu einer Papiergeldwährung.

Das letzte große Ereignis war der Zusammenbruch des Bretton-Woods-Systems 1971, als die Golddeckung des US Dollar durch Nixon aufgekündigt wurde. In der nachfolgenden Grafik sind die einzelnen Währungen seit Gründung des deutschen Reiches 1871 dargestellt.

Grafik 5.1: Deutsche Währungen seit 1871

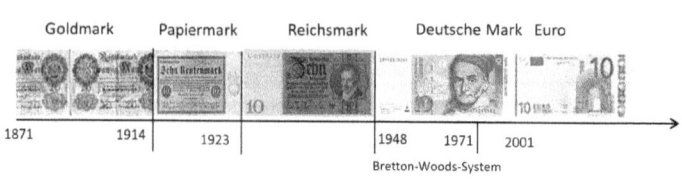

Quelle: Eigene Darstellung

Die Goldmark, eingeführt 1871, sollte, wie ihr Name vermuten lässt, durch Gold hinterlegt sein, jedoch reichte die gesamte Goldmenge nicht aus, um alle gesetzlichen Zahlungsmittel voll zu decken. Mit Beginn des 1.Weltkriegs 1914 wurde der Goldstandard aufgegeben und die Notenpresse zur Kriegsfinanzierung angeworfen. Die Kaufkraft der Papiermark sank innerhalb von 4 Kriegsjahren auf nur noch ein Drittel ihres Ausgangswertes. Bis 1923 nahm die Inflation so weit zu, dass die Papiermark komplett entwertet wurde. Gegen Ende 1923 entwertete die Papiermark so schnell, dass man auch von Hyperinflation sprach. Mit Einführung der Reichsmark 1924 wurde wieder eine fiktive Golddeckung festgesetzt. Aber auch die Reichsmark musste sich ihrem Schicksal beugen und wurde durch das Anwerfen der Druckerpresse zur Finanzierung des 2.Weltkriegs entwertet. Nach dem Ende des 2.Weltkriegs wurde das Bretton-Woods-System der festen Wechselkurse und die Golddeckung des US Dollar eingeführt.

Damit konnte zum Beispiel die Deutsche Mark in US Dollar zu einem festen Kurs getauscht werden, welcher wiederum einen Anspruch auf Gold zusicherte.

Aber auch der US Dollar war nicht ausreichend durch Goldreserven gedeckt, und im Zuge der Finanzierung des Vietnamkriegs kam es zu einer regelrechten Dollarflut, die die Handelspartner weltweit auf eine Probe stellte.

Die Amerikaner finanzierten den Vietnamkrieg mit der Drukkerpresse. Als dann Charles de Gaulle seine US Dollar in Gold eintauschen wollte und Kriegsschiffe in die USA schickte, mussten die Amerikaner eingestehen, dass alle ausgegebenen US Dollar nur zu einem Bruchteil durch Gold gedeckt waren. Übrigens stammt der Großteil der deutschen Goldreserven aus der Zeit des Bretton-Woods-Systems und lagert bei der FED in New York (ca. 45 Prozent der deutschen Goldreserven). Eine Überprüfung, wieviel Gold wirklich bei der FED lagert, wurde zuletzt 2012 verweigert. Erst durch politischen Druck sicherte die FED zu, einen Teil der deutschen Goldreserven wieder nach Deutschland zu verschiffen. Leider würde man für den Transport der 282 Tonnen jedoch ganze 7 Jahre benötigen!

Nur die Amerikaner wissen, wieviel Gold wirklich in ihren Tresoren liegt. Man kann davon ausgehen, dass es viel weniger ist, als die vermuteten Bestände von 1536 Tonnen.

Seit dem Zusammenbruch von Bretton-Woods sind alle Währungen weltweit Papiergeldwährungen und nur durch ein Rückzahlungsversprechen der Schuldner gedeckt. Die Einführung des Euro stellt keine Währungsreform im eigentlichen Sinne dar, denn Guthaben und Schulden wurden mit einem festen Kurs von 1,95583 DM zu Euro umgerechnet. Bunte DM Bildchen wurden durch bunte Euro Bildchen ersetzt!

## Das Problem der privaten Geldschöpfung

Der Währungsforscher Stephen Zarlenga kommt in seinem bahnbrechendem Werk über die Geschichte des Geldes „The Lost Science of Money" zu dem Schluss, dass Währungen langfristig nur funktionieren und der Allgemeinheit dienen, wenn gesetzlich definiert ist, was Geld ist, unter welchen Umständen die Geldmenge erhöht bzw. verringert werden sollte, und wenn der Staat das alleinige Geldmonopol innehat. Viele Probleme, wie eine überbordende Inflation und deflationäre Phasen, sind laut Zarlenga auch auf die private Kontrolle der Geldschöpfung zurückzuführen. Das Mindestreserve-System, das es den privaten Banken gestattet, Geld aus dem Nichts zu schöpfen, bündelt eine ungeahnte Machtkonzentration bei einer nicht demokratisch legitimierten Gruppe.

> Gib mir die Kontrolle über das Geld einer Nation und es interessiert mich nicht, wer dessen Gesetze macht. - Mayer Amschel Rothschild (Gründer der Bank Rothschild)

Eine private Bank entscheidet, wer Geld bekommt und wofür. Sie schöpft per Knopfdruck Geld. Geld, das keinen Wert hat, und das erst durch die Arbeitsleistung des Schuldners bzw. seiner Sicherheiten mit einem Wert unterlegt wird. Ist der Schuldner nicht mehr in der Lage, den Kredit zu bedienen, wird die Bank die Eigentümerin seiner Sicherheit. In einem Geldsystem, in dem nie genug Geld verfügbar ist, um alle Zinszahlungen begleichen zu können, und in dem daher Insolvenzen von Kreditnehmern systembedingt sind, ist diese Praxis der Pfändung höchst fragwürdig.

Noch fragwürdiger, aber unter Ökonomen ein unumstößliches Dogma, ist die Kreditaufnahme des Staates bei den privaten Banken. Denn der Staat darf sich nach den Erfahrungen der Vergangenheit nicht mehr direkt Geld bei der Zentralbank leihen, sondern er muss den Umweg über die Privatbanken gehen. Im Zuge der Finanzkrise führte dies zu einer paradoxen Situation. Die Staaten, deren Staatsfinanzen chronisch defizitär sind, mussten für die Bankenrettung und Konjunkturprogramme enorme Kredite bei den Banken aufnehmen, um genau diese wieder mit frischem Geld zu versorgen. So stieg die Staatsverschuldung in Deutschland von 67 Prozent im Jahr 2008 auf 82 Prozent im Jahr 2013. Für die anfallenden Zinsen muss der Steuerzahler aufkommen! Die Zinszahlungen, die der Staat an die Banken abführt, sind eine Umverteilung von Vermögen von der Bevölkerung hin zu den Banken. Denn die Staatsanleihen, also die Schuldscheine des Staates, werden zu einem Großteil von vermögenden Anlegern, meist Banken und Versicherungen, gehalten. Sie erhalten die Zinszahlungen des Staates, im Jahr 2012 waren das immerhin 35,5 Mrd. Euro. Der Staat wiederum besteuert seine Bürger. Und unter den Bürgern leidet die Mittelschicht am stärksten, weil sie am höchsten besteuert wird. Wenn der Staat schon als Retter in der Not auftreten muss, warum soll er sich dann gerade bei denjenigen, die in Not geraten sind, verschulden? Ökonomen kommen bei der Beantwortung dieser naiven Frage in Erklärungsnot und kontern damit, dass der Staat nicht sein eigenes Geld drucken darf. Ihr Argument lautet, immer wenn der Staat direkt über die Notenbank Kredite aufnahm, führte das zu Inflation und genau hier setzt die Kritik von Zarlenga an, die Große Depression von 1929, die ihren Ausgangspunkt in den USA nahm und sich dann über die gesamte Welt erstreckte, ging zum Großteil auf das Konto der privaten Geschäftsbanken und der amerikanischen Zentralbank FED. Dazu ist ein wenig Hintergrundinformation über die Entstehungsgeschichte der FED hilfreich.

## Die Geschichte der FED

Im Jahr 1907 kam es in den USA zu einer schweren Bankkrise. Hintergrund war u.a. eine Entscheidung der Bank von England, keine amerikanischen Anleihen mehr zu akzeptieren, sondern auf der Rückzahlung in Gold zu bestehen. (Zarlenga, 2002) Daraus ergab sich ein Abfluss von Gold aus den Tresoren der amerikanischen hin zu den englischen Banken. Die Geldmenge in den USA sank um 1 Prozent, aber mit ihr brachen die Kurse an der New Yorker Börse um 46 Prozent ein. Ein Bank Run entwickelte sich. Der Staat musste mit Hilfsgeldern einspringen, woraufhin sich die Lage wieder stabilisierte.

Die Ereignisse des Jahres 1907 waren der Anstoß für die Schaffung einer Kommission unter Vorsitz des US-Senators Aldrich, die die gesetzliche Grundlage zur Schaffung einer Zentralbank ausarbeiten sollte. Im Jahr 1910 trafen sich auf Jekyll Island, einem Feriendomizil der Bankaristokratie, eine Gruppe von hochrangigen Bankern, darunter Vertreter von M. M. Warburg & Co, J.P. Morgan und Senator Aldrich. Die Einzelheiten dieses als Jagdausflug getarnten Treffens gelangten erst in den 1950er Jahren durch das Buch *The Federal Reserve Conspiracy* von Eustace Mullins, einem Studenten des amerikanischen Schriftstellers Ezra Pound, ans Tageslicht. Ergebnis des Treffens war die Schaffung der Federal Reserve Bank, FED, als eine von privaten Banken kontrollierte Zentralbank. (Mullins, The Federal Reserve Conspiracy, 2011) und (Mullins, The Secrets of the Federal Reserve, 2009)

Seit Gründung der FED mit dem *Federal Reserve Act* von 1913 wird die Funktionsweise der FED und ihre Eigentümerstruktur hinter einer sehr komplizierten Ausgestaltung verschleiert. Einerseits existieren 12 regionale Zentralbanken, die im Zusammenschluss das FED-System darstellen.

Die Eigentümer der regionalen Zentralbanken sind die größten privaten Banken der USA, die für ihre Anteile eine jährliche Dividende von 6 Prozent erhalten. Anderseits wird der Vorsitzende der FED vom amerikanischen Präsidenten gewählt und damit der Eindruck erweckt, die FED wäre eine staatliche Institution, die im staatlichen Auftrag handelt. In einem Gerichtsverfahren von 1982 verklagte ein Passant, welcher von einem Fahrzeug der FED verletzt worden war, die Vereinigten Staaten als Eigentümerin der FED auf Schadensersatz. Das Gericht stellte jedoch fest, dass die FED keine bundesstaatliche Institution sei, weil die Regierung keine Kontrolle über die „physische Entwicklung" und die „täglichen Operationen" habe. Das Gericht urteilte, dass die regionalen FED-Banken „unabhängige", „private" und „lokal kontrollierte Unternehmen" sind. Daher wurde die Klage gegen die Vereinigten Staaten aufgrund fehlender Zuständigkeit abgewiesen. (Justia US Law, 1982) Die FED ist eine von der amerikanischen Regierung unabhängige Einrichtung, die sowohl private als auch öffentliche Interessen verfolgt. Sie besitzt das Geldmonopol einer Zentralbank und kann Geld aus dem Nichts schöpfen, welches dann der amerikanischen Regierung und privaten Banken gegen Zinsen zur Verfügung gestellt wird.

In der Vergangenheit konnte man die Auswirkungen von privaten, gewinnorientierten Motiven auf die Zinsentscheidungen der FED sehen. Die FED sorgte durch ihre Zinspolitik immer wieder für die Entstehung großer Spekulationsblasen, in dessen Verlauf die privaten Banken sehr gutes Geld verdienen konnten. Diese Blasen waren meist auch im Interesse der Regierungen, denn dadurch entstand der Eindruck einer Wohlstandsmehrung bei der Bevölkerung.

So führte laut Zarlenga die Ausweitung von Krediten der privaten Banken für den Aktienkauf und die lockere Zinspolitik der FED in 1920er Jahren zu einer Aktienblase von bis dato unbekanntem Ausmaß. Der amerikanische Dow Jones Index versechsfachte sich innerhalb von nur 8 Jahren.

Als dann die Blase am Schwarzen Freitag 1929 platzte, gerieten etliche Banken in die Insolvenz. (Zarlenga, 2002) Der Kreditfluss stockte, die FED erhöhte die Zinsen, die Geldmenge sank und mit ihr das allgemeine Preisniveau. Eine Deflation setze ein und die größte Depression in der Geschichte folgte. Die FED verschärfte die Lage noch durch ihre restriktive Geldpolitik (Friedman, The Great Depression, 2000) und argumentierte im Sinne von Adam Smith, einem klassischen Ökonomen, dass man den freien Kräften des Marktes vertrauen soll und sich das Problem von alleine lösen wird. Das tat es aber nicht und eine Spirale aus fallenden Preisen, Löhnen und Arbeitslosigkeit setzte ein.

Millionen von Menschen diesseits und jenseits des Atlantiks gerieten in die Verelendung. Massenarbeitslosigkeit und politische Unruhen waren die Folge. Erst die staatlichen Ausgabenprogramme des New Deal unter Präsident Roosevelt führten die USA aus der Krise. In Deutschland folgte aufgrund der gesellschaftlichen Spannungen die Machtergreifung durch die Nazis. Die folgenden Infrastrukturmaßnahmen und Aufrüstung der Wehrmacht sorgten auch hier für steigende Beschäftigung und Zuspruch unter der Bevölkerung. Die Folgen für Deutschland und die Welt sind bekannt.

In allen Krisenfällen, 1907, 1929 und jüngst 2008, musste der Staat als letzter verbliebener Retter einspringen. Auch wenn die historischen Belege die Gefahren einer privaten Geldschöpfung aufzeigen, so wird dieses Problem kaum aufgegriffen und immer mit Verweis auf die Inflationsgefahren, die mit einem öffentlichen Monopol der Geldschöpfung entstehen, abgebügelt.

Dabei sind es oft die privaten Banken, die Inflation herbeiführen, denn sie entscheiden über die Kreditvergabe an den Verbraucher, die Firmen und den Staat. In einem exponentiell wachsenden Schuldgeldsystem haben die privaten Banken ein Interesse an einer Kreditausweitung.

Nur wenn eine Bank Kredite vergibt, macht sie Gewinn. Allein durch den Druck des Zinseszinses muss es zu einer stetigen Ausweitung der Kredit- bzw. Geldmenge kommen, andernfalls können die Banken kein oder nur schwer Geld verdienen. Damit führt die private Geldschöpfung genauso zu Inflation, wie das Gelddrucken von staatlicher Seite. Nur die Motive sind andere. Während der Staat Wohlfahrtsprogramme, Investitionen und politische Geschenke finanziert, die letztendlich auch einer breiten Bevölkerungsschicht zugute kommen können, liegt das Interesse bei einer privatwirtschaftlich agierenden Bank auf der Gewinnmaximierung und der Bedienung der Interessen ihrer Eigentümer.

Die bitteren Erfahrungen von 1929 führten unter den Entscheidungsträgern in Politik und Notenbanken zu einer Deflationsvermeidungsstrategie, die im Wesentlichen darauf beruht, bei dem Zusammenbruch von Spekulationsblasen, also Deflation, mit einer Ausweitung der Geldmenge gegenzusteuern. Der Staat nimmt mehr Kredite auf, um dieses Geld in Form von Konjunkturmaßnahmen in die Wirtschaft zu pumpen, und die Zentralbank verringert den Leitzins, damit die Banken mehr Kredite vergeben. Es ist wie ein schwarzes Loch, je größer das Loch, desto mehr Geld muss man hineinwerfen. Je mehr man hineinwirft, desto größer wird das Loch. Eine Endlosschleife, die erst dann unterbrochen wird, wenn das Geldsystem an die real existierenden Grenzen des Planeten und der menschlichen Arbeitskraft stößt.

## Die Zentralbank und Inflation

Die Strategie der Preisstabilität der Bundesbank, welche von 1957 bis zur Euroeinführung über die Geldmenge entschied, wurzelt im Hyperinflationstrauma der 20er Jahre des vorherigen Jahrhunderts. Aus dieser Erfahrung lernte man, dass die Zentralbank, auch Notenbank, unabhängig von staatlichen und privaten Einflüssen die Regulierung des Geldflusses steuern sollte. Gelddrucken durch die Regierung sollte also nicht mehr möglich sein, sondern nur durch die Zentralbank, in der unabhängige Experten entscheiden, wieviel Geld wir benötigen.

Soweit die Theorie, jede Notenbank der Welt unterliegt aber natürlich der politischen Einflussnahme und sie agiert auch im politischen Raum. So ist die Europäische Zentralbank (EZB) zwar formal unabhängig und einzig und allein der Preisstabilität verpflichtet, aber auch sie unterliegt dem Druck der Politik bzw. deren Unzulänglichkeiten.

Zusätzlich erschwert wird die Arbeit der Zentralbank durch die Tatsache, dass sie die Geldmenge nur indirekt steuern kann. Denn die Zentralbank schöpft Geld aus dem Nichts und stellt es als Kredit den Privatbanken gegen Zinsen zur Verfügung. Die Privatbanken entscheiden letztendlich, ob sie das zusätzlich geschaffene Geld als Kredit an die Endverbraucher vergeben und damit die Geldmenge ausdehnen, oder ob sie es horten und direkt wieder bei der Zentralbank anlegen. Die Privatbanken sind damit das Nadelöhr, durch welches das Geld fließen muss, damit es in der Realwirtschaft ankommt.

Grafik 5.2: Bilanz der EZB

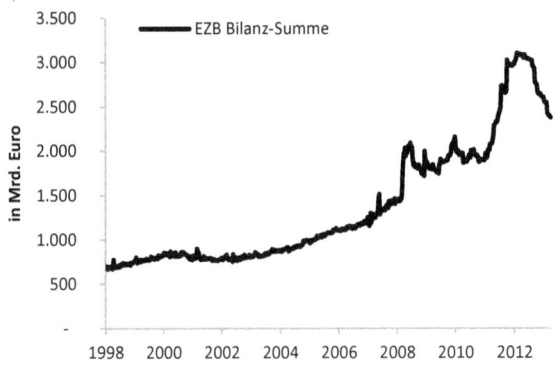

Seit 2008 kam es zu einer starken Ausweitung der EZB-Bilanzsumme. Privatbanken hinterlegen einen großen Teil der geschaffenen Zentralbankkredite sofort wieder bei der Zentralbank als Reserve, was die EZB-Bilanzsumme anschwellen ließ. Die EZB-Bilanzsumme ist damit eine Fieberkurve der Finanzkrise.

Quelle: Europäische Zentralbank

Das Platzen der Immobilienblase in den USA und Südeuropa und die damit verbundenen Abschreibungen in den Bankbilanzen haben viele Banken soweit in Bedrängnis gebracht, dass sie de facto insolvent waren, wären die Staaten nicht mit ihren massiven Rettungsprogrammen eingesprungen. Diese Situation ist auch heute noch bei vielen Banken akut, sie werden nur durch Garantien der Staaten und Gelder der EZB über Wasser gehalten. Trotz der niedrigen Zinsen für die EZB-Kredite kommt nur ein Teil des von der EZB geschöpften Geldes in der Realwirtschaft an. Sprich, die Inflation ist nicht hoch genug, um die Schulden der Staaten zu entwerten. Die dänische und schwedische Zentralbank, welche nicht zum Eurosystem gehören, aber mit denselben Problemen konfrontiert sind, reagierten bereits und senkten den Zins für bei ihnen angelegte Guthaben auf -0,2 bzw. -0,25 Prozent.

Damit sollen Banken davon abgehalten werden, Geld bei der Zentralbank zu parken, und es stattdessen als Kredit an Verbraucher geben bzw. es zum Kauf von Anleihen verwenden. Wann die EZB diesem Schritt folgt, ist nur noch eine Frage der Zeit. Sollte ein Strafzins eingeführt werden, ist die Wahrscheinlichkeit hoch, dass die von der EZB zusätzlich seit 2008 geschaffene Geldmenge auch in der Realwirtschaft angelangt und zu einer Inflation auf breiter Front führen wird.

Der Widerstand gegen eine Politik der niedrigen Zinsen und eine höhere Inflation wird von der Deutschen Bundesbank, die ein Teil des Europäischen Zentralbanksystems ist, angeführt. Leider sind die Bundesbank und andere Zentralbanken, die ähnliche geldpolitische Vorstellungen haben, wie zum Beispiel die Zentralbank der Niederlande und die österreichische Zentralbank, in der Minderheit. Aufgrund der Mehrheitsverhältnisse im EZB-Rat, der über die geldpolitischen Maßnahmen und über die Höhe des Leitzinses entscheidet, wird eine höhere Inflation zur Entschuldung der südlichen Eurostaaten bewusst in Kauf genommen.

Da die EZB über die Festlegung des Leitzinses die Kapitalkosten der Länder bestimmt, haben diese natürlich ein Interesse, die Zinsen so niedrig wie möglich zu halten. Der Klub der Mittelmeeranrainer, also Frankreich, Italien, Spanien, Portugal und Griechenland, setzt sich durch und kann sich zu niedrigen Zinssätzen finanzieren. Aber auch der deutsche Staat. Der Bund spart bei den derzeitigen Rekordniedrigzinsen jedes Jahr mehrere Milliarden Euro an Zinsausgaben. Geld, das die Politik verteilen kann. Gleichzeitig führen die niedrigen Zinsen zu Problemen bei den Pensionseinrichtungen und Versicherungen, denn sie müssen ihre Renditezusagen kürzen und höhere Rückstellungen bilden.

Der von der EZB festgelegte Zinssatz, ist, gemessen an der Inflation in der Eurozone, viel zu niedrig. Auch wenn die offizielle Inflation sehr niedrig ist, so liegt der Leitzins immer noch darunter. Die jährliche gefühlte Inflation ist weitaus höher als der Zinssatz, was dazu führt, dass Vermögen (und spiegelbildlich Schulden) real entwertet werden. Die gesellschaftliche Gruppe, die am stärksten davon betroffen ist, ist die Mittelschicht in den Ländern mit einer hohen Sparquote, darunter Deutschland und Österreich, die den Spargroschen auf das Bankkonto gelegt hat, und deren Vermögen in Geldwerten wie Rentenansprüchen und Lebensversicherungen steckt.

Wenn Sie Ihr Geld auf einem Tagesgeldkonto parken, dann frisst Ihnen die Inflation Ihre Kaufkraft weg. Es findet somit eine Entschuldung der Staaten auf Kosten der Sparerinnen und Sparer statt. Spanien, aber auch die Bundesrepublik Deutschland, können sich billig finanzieren. Im Gegenzug verlieren all jene ihr Geld, die in Geldvermögen, wie Festgeld, Unternehmensanleihen, Staatsanleihen, Rentenansprüche und Lebensversicherungen, investiert sind.

KAPITEL 6

# Die Ressourcen werden knapp

Seit dem Zusammenbruch des Bretton-Woods-Systems sind weder der US Dollar noch der Euro durch Gold oder einen anderen Rohstoff gedeckt. Beide Währungen sind Fiat-Währungen und werden aus dem Nichts erzeugt. Geld entsteht, indem es durch die Zentralbank und die privaten Banken bei der Kreditvergabe aus dem Nichts geschöpft wird. Im Computerzeitalter sind dafür nur ein paar Mausklicks erforderlich. Papiergeld besitzt keinen eigenen Wert, sondern es stellt einen Anspruch auf Vermögen dar. Den Euro in der Tasche kann man gegen reales Vermögen wie einen Apfel eintauschen. Damit kommen wir zu dem Punkt: was ist Vermögen?

Man kann sich Vermögen wie unterschiedliche Schichten einer Torte vorstellen. Die erste Schicht ist der Tortenboden, er stellt die Basis für alles Folgende dar. In unserer Wirtschaft stellen natürliche Ressourcen den Tortenboden dar. Dazu zählen fruchtbarer Boden, Eisenerze, Kohle, Öl, Gas, Fischgründe, Wasser usw. Diese Ressourcen bieten die Basis für die zweite Schicht von Vermögen, das, was aus den Ressourcen entsteht.

Der fruchtbare Boden liefert die Nahrungsmittel auf unserem Teller, genauso wie die Fischgründe. Aus Eisenerz werden Stahl und andere Metalle gewonnen. Kohle und Gas liefern uns Energie und Wärme. Öl ermöglicht unter anderem die Fortbewegung. Die zweite Schicht von Vermögen ist von der ersten Schicht, den Basisressourcen, abhängig. Ohne fruchtbaren Boden keine Lebensmittel! Ohne Öl keine Mobilität!

Die dritte Schicht von Vermögen ist eine Abstraktionsschicht, das bedeutet, sie existiert nur auf Grundlage der beiden vorangegangenen Schichten. Zu dieser Schicht zählen alle Arten von Ansprüchen auf Vermögen, sei es durch Inhaber- oder Forderungstitel, wie z.b. Aktien, Anleihen und Finanzderivate. Ohne die erste und zweite Schicht, man kann sie auch als reales Vermögen bezeichnen, würde die dritte Schicht nicht existieren!

Diese Unterscheidung von Vermögen ist wichtig, weil unser Papiergeld einen Anspruch auf reales Vermögen darstellt. Der Euro, den Sie in der Tasche halten, ist ein Anspruch auf Vermögen aus der ersten Schicht, die Basisressourcen, und der zweiten Schicht, die Produkte, die aus den Basisressourcen entstehen. Sie können natürlich auch einen Euro gegen eine Anleihe eintauschen, aber das machen Sie nicht aus Spaß, sondern wegen der Zinszahlungen, die Ihnen die Anleihe bietet. Aber auch dieses Zinsgeld können Sie nicht essen oder trinken, im Endeffekt tauschen Sie also immer Papiervermögen gegen reales Vermögen, das Sie satt macht oder ein anderes menschliches Bedürfnis befriedigt.

Um die derzeitige Situation des Geldsystems und unserer Wirtschaft zu verstehen, müssen wir das Fundament betrachten, auf dem beide aufgebaut sind. Eine Betrachtung, die bei vielen Ökonomen vernachlässigt wird. Ein exponentiell wachsendes Geldsystem „generiert" exponentiell wachsende Ansprüche auf reales Vermögen.

In einer Welt, in der reales Vermögen auch exponentiell wächst, gäbe es keine Probleme, aber in unserer Welt ist reales Vermögen begrenzt. Es gibt nur eine begrenzte Menge an fruchtbarem Boden, an Öl, an Eisenerz usw. Auch wenn diese Ressourcen vielleicht noch ein paar Generationen halten, so sind sie doch endlich.

## Energie ist die Basisressource

Energie ist die Fähigkeit, Arbeit zu verrichten. Nach dem Energieerhaltungssatz aus der Physik geht Energie niemals verloren, sie kann nur von einer Form in eine andere Form umgewandelt werden. Wenn Sie mit einem Kraftfahrzeug unterwegs sind, dann wird in dessen Motor die Energie, die im Benzin bzw. Diesel steckt, in Fortbewegung umgewandelt, und das in einer unfassbar ineffizienten Weise. Denn selbst moderne Verbrennungsmotoren erreichen nur einen Wirkungsgrad von ca. 40 Prozent, d.h. 60 Prozent der Energie geht in Form von Wärme verloren.

Auch die Energie, die Sie Ihrem Körper in der Form von Nahrungsmitteln zuführen, nutzen Ihre Muskeln, um damit Bewegungen, also Arbeit, auszuführen. Die Energie, die aus Kohle, Gas, Öl und in zunehmendem Maße auch aus Solar und Wind gewonnen wird, ermöglicht es in unserer komplexen Wirtschaft, Arbeit zu verrichten. Kohle und Gas erzeugen Strom, welcher durch Leitungen zu Ihrem Haus fließt und damit den Kühlschrank kühlt, den Mixer betreibt und die Glühlampe erleuchtet. Sie könnten auch auf die Stromlieferung durch das Kraftwerk verzichten und ein Fahrrad in den Keller stellen, auf dem ein Tour de France Fahrer strampelt und den Strom für den Mixer erzeugt.

Noch bis ins 20. Jahrhundert wurden die Felder der Bauern mit Ochsen- oder Pferdegespannen gepflügt. Die Muskelkraft der Tiere war höher als die der Bauern, folglich konnte ein Bauer mit einem Tiergespann eine größere Fläche bewirtschaften als von Hand. Die Erträge der landwirtschaftlichen Anbauflächen konnten mit dem Einsatz von Tiergespannen gesteigert werden, da aber auch die Tiere mit Nahrungsmitteln versorgt werden mussten, wurde ein Teil der Ertragssteigerung wieder durch die Tiere verbraucht. Die Anzahl der produzierten Kalorien, eine Messeinheit für Energie, reichten noch nicht aus, dass die Masse der Bevölkerung einer anderen Beschäftigung außerhalb der Landwirtschaft nachgehen konnte.

Erst mit dem Aufkommen von Traktoren, Treibstoff und chemischen Düngern setzte ein gewaltiger Produktivitätssprung der Bauern ein. Immer größere Flächen konnten mit nur wenigen Arbeitskräften sehr intensiv bewirtschaftet werden. Die produzierten Überschüsse befreiten die Menschen von der Landwirtschaft. Waren im 19. Jahrhundert in Deutschland noch knapp die Hälfte aller Erwerbstätigen in der Landwirtschaft beschäftigt, so sank die Quote seitdem auf gerade einmal 2 Prozent. Menschliche Arbeitskraft konnte durch Dünger, technische Hilfsmittel wie Traktoren und durch verbesserte Anbautechniken ersetzt werden. Unsere komplexe Gesellschaft begründet sich auf der Tatsache, dass unsere Landwirtschaft ausreichend viele Kalorien herstellen kann, um damit nicht nur die Landwirte, sondern auch alle anderen Mitglieder der Gesellschaft versorgen zu können. In der Landwirtschaft wird die in Treibstoff und Dünger enthaltende Energie in die Produktion von Nahrungsmitteln umgewandelt. Der Einsatz von fossilen Brennstoffen in der Landwirtschaft und allgemein in der gesamten Wirtschaft stellt die Grundlage für unseren Lebensstil und unsere Entwicklung dar. Ohne fossile Brennstoffe würde unsere Gesellschaft nicht komplexer sein als im 19. Jahrhundert!

# Erdöl als Schmierstoff der Welt

Unter den fossilen Energieträgern spielt Erdöl eine besondere Rolle. Erdöl entstand über die letzten 100 Millionen Jahre aus den Einlagerungen von Meeresorganismen und Sedimenten. Diese wurden unter hohem Druck in porösen Gesteinsschichten wie Kalk- und Sandstein eingeschlossen. Erdöl, in unverarbeitetem Zustand auch Rohöl genannt, ist also nicht in einem Bassin unterhalb der Erdkruste eingelagert, sondern es ist direkt in Steinen eingeschlossen. Man kann daher nicht einfach ein Loch in die Erde bohren und das Rohöl nach oben pumpen, sondern es muss ein gewisser Druck innerhalb der Gesteinsschicht vorherrschen oder künstlich erzeugt werden, damit das Rohöl an die Oberfläche kommt.

Rohöl besitzt eine hohe Energiedichte, d.h. pro Kilogramm ist der Energiegehalt vergleichsweise hoch. So besitzt Dieselkraftstoff, ein Endprodukt von Rohöl, eine höhere Energiedichte als zum Beispiel Steinkohle oder Pflanzenöl. Weil Öl eine Flüssigkeit ist, lässt es sich leicht transportieren und aufbewahren. Außerdem ist Rohöl in der chemischen Industrie ein sehr wichtiger Rohstoff. Plastikprodukte, Putzmittel, Medikamente und Kosmetik sind ohne Rohöl nicht denkbar.

Aufgrund der hohen Energiedichte und Verfügbarkeit, avancierten die Rohölendprodukte wie Diesel, Benzin und Kerosine zu den Energieträgern des Transportwesens. Die gesamte weltweite Logistik basiert auf Erdöl.

Kommen wir zurück zu unserem Landwirtschaftsbeispiel. Bevor Erdöl entdeckt wurde und als raffinierter Diesel die landwirtschaftlichen Maschinen betreiben konnte, musste diese Arbeit durch Muskelkraft bewerkstelligt werden. Anfangs durch menschliche und später durch tierische Muskelkraft.

Wenn wir davon ausgehen, dass ein Feldarbeiter bei mittelschwerer Feldarbeit in etwa 500 kcal pro Stunde verbrennt und ein Liter Diesel einen Energiegehalt von ca. 9000 kcal besitzt, dann entspricht ein Liter Diesel derselben potenziellen Arbeitsleistung wie etwa 18 Arbeitsstunden eines Feldarbeiters. Anstatt also einen Feldarbeiter 18 Stunden lang einzusetzen, erhalten wir dieselbe potenzielle Arbeitsleistung durch nur einen Liter Diesel.

Im Laufe der Zeit wurde in der Landwirtschaft Muskelkraft durch Energie aus fossilen Energieträgern, hauptsächlich Erdöl, ersetzt. Denn Erdöl ist im Vergleich zu menschlicher Arbeitskraft spottbillig. Wieviel würden wir unserem Feldarbeiter pro Stunde zahlen wollen, 10 Euro, 20 Euro? Bei 10 Euro würden 18 Arbeitsstunden genau 180 Euro kosten. Wieviel kostet der Liter Diesel – 1,30 Euro, 1,40 Euro? Die Differenz ist gewaltig. Betrachtet man die Kosten aus Sicht der potenziellen Energieleistung, die Erdöl erbringen kann, dann ist es im Vergleich zu menschlicher Arbeitskraft geradezu wahnwitzig billig. Sicher, wenn Sie an die Tankstelle fahren und Ihr Auto volltanken, dann reißt das ein ganz schönes Loch in Ihr Budget, aber aus energetischer Sicht ist Diesel sehr billig. Man stelle sich vor, wieviel Muskelkraft man bräuchte, um einen heutigen Kompaktwagen mit 1,3 Tonnen Gewicht auf 100 km/h zu beschleunigen!

Erdöl ist die Basis für Treibstoff und Dünger in der Landwirtschaft. Fast die gesamte weltweite Logistik basiert auf Erdöl. In der chemischen Industrie ist Erdöl der wichtigste Ausgangsstoff. Die gewaltige wirtschaftliche Entwicklung der letzten 100 Jahre ist erst durch den Zugang zu billigen fossilen Energieträgern möglich geworden.

Insbesondere Erdöl ist in unserer Wirtschaft der Rohstoff schlechthin. Eine Ausweitung des Sozialproduktes setzt eine steigende Menge an Ressourcen voraus, die im Prozess der Wertschöpfung in Endprodukte umgewandelt werden. Der Preis von Erdöl spielt daher eine wichtige Rolle im Verständnis von konjunkturellen Zyklen.

## Rohöl und der konjunkturelle Zyklus

Ein konjunktureller Zyklus ist eine Abfolge von Aufschwung und Rezession. In der Ökonomie wird ein Aufschwung als ein Anstieg des Sozialproduktes im Vergleich zum Vorjahr definiert, wohingegen eine Rezession eine Verminderung des Sozialproduktes im Vergleich zum Vorjahr darstellt. In einer Phase der Rezession werden also weniger Güter und Dienstleistungen hergestellt und gehandelt, folglich kommt es zu einem Schrumpfen der Wirtschaft. Warum ist eine Rezession so gefährlich? Weil in einer Rezession weniger Güter nachgefragt werden, die Unternehmen weniger Geld verdienen und Arbeitskräfte entlassen, und somit ein Teufelskreislauf aus Arbeitslosigkeit und mangelnder Güternachfrage entsteht.

Der Ökonom James Hamilton untersuchte die Verbindung zwischen Ölpreisveränderungen und konjunkturellen Zyklen in den USA der vergangenen 50 Jahre. Sein Ergebnis, neun von zehn US Rezessionen ging ein stark steigender Ölpreis voraus. (Hamilton, 2005) Auch in Deutschland ist die Korrelation zwischen einem Anstieg des Ölpreises und dem Abnehmen der wirtschaftlichen Aktivität sichtbar.

Grafik 6.1: Ölpreis und Rezessionen in Deutschland

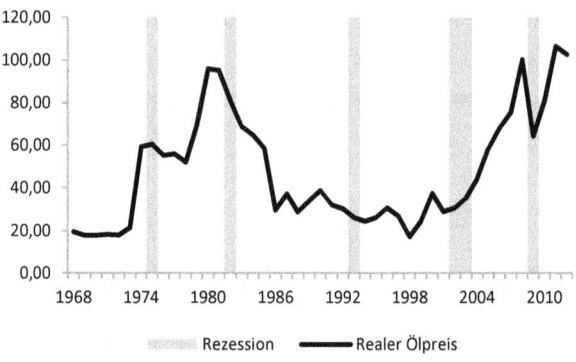

Ein steigender Ölpreis, hier inflationsbereinigt in USD pro Fass, ging allen Rezessionen voraus. Einzige Ausnahme ist die Rezession von 1993, die auf das Ende des Einheitsbooms zurückzuführen ist. Die beiden Ölkrisen, 1975 und 1982, führten zu einem extremen Anstieg des Ölpreises. Auch die Rezession von 2001/2002 war begleitet durch einen moderaten Anstieg des Ölpreises. Dem jüngsten und vergleichsweise schwersten konjunkturellen Einbruch von 2009 ging wieder ein sehr stark steigender Ölpreis voraus.

Quelle: US Energy Information Administration (EIA) und Bundesbank, eigene Darstellung

Während einer konjunkturellen Boom-Phase produzieren Unternehmen mehr Güter, die steigende wirtschaftliche Aktivität verlangt mehr Energie zur Produktion, folglich werden auch mehr Ressourcen nachgefragt. Das Jahr 2008 war neben dem Zusammenbruch der amerikanischen Immobilienblase auch das Jahr, in dem der Ölpreis eine neue Rekordmarke erreichte. Der nominelle Preis für ein Barrel, ein Fass mit ca. 159 Liter Inhalt, Rohöl stieg auf 145 US Dollar.

Ein steigender Ölpreis signalisiert einen Mangel an Öl. Der Einkauf für Unternehmen verteuert sich, und wenn diese die höheren Kosten nicht an die Verbraucher weitergeben können, schrumpfen die Gewinnmargen und eventuelle Entlassungen sind die Folge. Steigende Preise für Diesel und Dünger sorgen für steigende Nahrungsmittelpreise, die gerade die Menschen belasten, die einen Großteil ihres Einkommens für Nahrungsmittel ausgeben müssen. Kommt es dann wie 2007 noch zu einer Dürreperiode und politischen Fehlentscheidungen, die Nahrungsmittel lieber in den Tank als auf den Tisch bringen wollen, Stichwort Biodiesel und E10, dann entstehen daraus unkalkulierbare Gemengelangen. So kam es in Ländern wie Mexiko, Ägypten und der Elfenbeinküste im Zuge von Protesten gegen steigende Nahrungsmittelpreise zu starken Ausschreitungen.

Laut gängiger Lehrmeinung der Volkswirtschaftslehre führt ein steigender Preis zu einer Ausweitung des Angebots. Sprich, bei einem hohen Ölpreis fördern die Ölkonzerne mehr Öl, weil teure Erdölvorkommen nun rentabel abgebaut werden können und weil bestehende Ölquellen mehr Gewinn abwerfen. Gleichzeitig fragen die Verbraucher weniger Öl nach und suchen nach Alternativen. Laut Theorie führen beide Effekte zu einem Sinken des Preises. Was geschieht jedoch, wenn die reale Dynamik nicht mit dem Lehrbuch übereinstimmt, weil die Verbraucher aus Mangel an Alternativen nur sehr schwer Öl gegen etwas anderes substituieren können und die Ölkonzerne nicht mehr produzieren können, weil die Ölvorkommen es nicht hergeben?

## Peak Oil

Der Begriff *Peak Oil* (Fördermaximum), in Fachkreisen auch *Hubbert Peak* genannt, geht auf den Geologen Marion King Hubbert zurück. Hubbert erforschte 1956 für den Ölkonzern Shell die Fördereigenschaften von Ölquellen. Dabei stellte er fest, dass die Fördermenge eines Ölfeldes einer Glockenkurve entspricht.

Wenn ein Ölfeld gefunden wird, liefert naturgemäß nur die Erkundungsbohrung einen Zugang zum Erdölvorkommen. Über diese Bohrung wird dann das erste Rohöl gefördert. Die Fördermenge ist noch relativ gering. Nach und nach kommen immer mehr Bohrlöcher hinzu und die Produktion wird ausgeweitet. Die Ölförderung steigt mit jeder neuen Bohrung an. Die Ölförderung ist vergleichbar mit einem Tetra Pak voll Milch, je mehr Strohhalme in die Tüte gebohrt werden, desto schneller kann Milch aus dem Tetra Pak gesaugt werden. Mit jeder neuen Bohrung steigt die Förderleistung, bis irgendwann ein Punkt erreicht ist, ab dem eine zusätzliche Bohrung die Pumpleistung nicht mehr steigern kann und das Fördermaximum erreicht ist. Ab dann kommt es zu einer Umkehr und die Fördermenge geht zurück, bis schließlich das Ölvorkommen aufgebraucht ist.

Es ist wichtig zu verstehen, dass auch nach dem Fördermaximum weiterhin Öl gefördert wird. Angenommen, Sie haben nacheinander 5 Strohhalme in einen Tetra Pak voll Milch gesteckt. Mit jedem zusätzlichen Strohhalm können Sie mehr Milch saugen als zuvor. Saugen Sie gleichzeitig an allen 5 Strohhalmen, so haben Sie die maximale Fördermenge erreicht. Mehr geht nicht. Ab diesem Punkt, sinkt der Milchstand im Tetra Pak sehr schnell, bis der erste Strohhalm keine Milch mehr liefert und damit die Fördermenge zu sinken beginnt.

Dann fällt der zweite Strohhalm aus und der Dritte und so weiter, bis auch der letzte Strohhalm keine Milch mehr fördert. Die Milch ist alle!

Hubberts Peak ist keine Theorie, sondern eine Beobachtung, wie sich die Fördermenge von Rohstoffen über einen bestimmten Zeitraum verändert. Bis heute weichte nicht ein einziges Ölfeld von der empirischen Beobachtung Hubberts ab. Beobachtet man den zeitlichen Verlauf der Fördermenge eines Ölfeldes und auch anderer Rohstoffvorkommen wie Gas, Kohle, Eisenerz, Gold oder Uran, so folgen alle einer glockenförmigen Kurve.

Grafik 6.2: Peak Oil

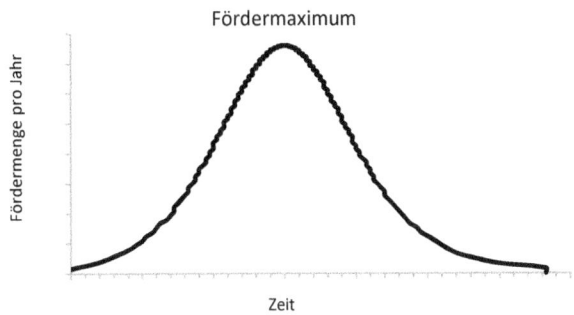

Quelle: Eigene Darstellung

Was für ein einzelnes Ölfeld gilt, gilt auch für die Summe aller Ölfelder in einer bestimmten geographischen Region. Hubbert addierte Ende der 1950er Jahre die Fördermengen aller in den USA aktiven Ölfelder und prognostizierte das Fördermaximum auf den Beginn der 1970er Jahre. Eine Prognose, die sich rückblickend als absolut zutreffend erwies. Tatsächlich erreichte die Rohölförderung in den USA ihren Höhepunkt im Jahr 1970.

Damals produzierten die USA 10 Mio. Barrel Rohöl, heute sind es gerade noch 5 Mio. Barrel. Es liegt auf der Hand, dass man den Zeitpunkt des Fördermaximums erst dann bestimmen kann, wenn er vorbei ist und die Produktionsmenge wieder abfällt. Unter den großen erdölproduzierenden Ländern haben folgende Länder ihre maximale Fördermenge an Rohöl schon erreicht: Venezuela in 1997, Nigeria 2005, Norwegen 2001, Großbritannien 1999. (Siehe peakoil.org)

Auch wenn es nur spärlich belastbare Daten gibt, so weiß man, dass das größte Erdöl- und Gasfeld der Welt, das Ghawar Ölfeld in Saudi Arabien, in der Nähe des Persischen Golfes, mit einer täglichen Förderleistung von ca. 5 Mio. Barrel irgendwann in den 1980er Jahren sein Fördermaximum erreichte. Seitdem verharrt die gesamte Fördermenge Saudi Arabiens auf einem Plateau um die 9 Mio. Barrel pro Tag (10 Prozent der täglichen weltweiten Ölförderung von 89 Mio. Barrel). Es ist daher sehr wahrscheinlich, dass auch Saudi Arabien sein Fördermaximum schon gesehen hat. Saudi Arabien spielt unter den erdölproduzierenden Ländern eine Führungsrolle, da es der größte Produzent von Rohöl ist und in der Vergangenheit auf kurzfristige Preissteigerungen immer sehr schnell mit einer Ausweitung der Fördermenge reagieren konnte.

Das Jahr 2008 stellte für Saudi Arabien eine Zäsur dar, denn obwohl der Ölpreis extrem stark anstieg und die Gefahr bestand, die Weltwirtschaft abzuwürgen, konnte Saudi Arabien kaum mit einer Ausweitung der Produktion gegensteuern. Dabei hat Saudi Arabien, wie alle anderen erdölproduzierenden Länder, ein Interesse an einem Ölpreis, der nicht zu hoch und nicht zu niedrig ist. Er muss genau richtig sein. Ein zu niedriger Ölpreis macht die Förderung unrentabel, ein zu hoher Ölpreis würgt die Weltwirtschaft ab. Bei einem Preis von 145 US Dollar pro Barrel sind die Risiken für die weltweite Konjunktur offensichtlich.

## Das globale Fördermaximum

Alles schön und gut, aber werden nicht immer wieder neue Ölvorkommen gefunden und schreitet die Technik nicht voran, um die bestehenden Vorkommen noch effizienter ausbeuten zu können? Was ist mit den Öl- und Gasvorkommen in der Tiefsee und dem Gas-Fracking in den USA? Die einfache Antwort darauf lautet: „Ja, es werden immer wieder neue Vorkommen gefunden und auch die Fördertechnik verbessert sich, gerade was die Förderung von Gas angeht!" Gas und Erdöl kommen meist in denselben Gesteinsschichten vor, daher verbessern neue Förderverfahren sowohl die Förderung von Erdgas als auch die von Erdöl. Und jetzt kommt das große *aber* - es reicht leider nicht! Die nachfolgende Grafik zeigt eine Übersicht über alle bis 2010 gefundenen weltweiten Erdölvorkommen in Mrd. Barrel.

Grafik 6.3: Globale Erdölentdeckungen

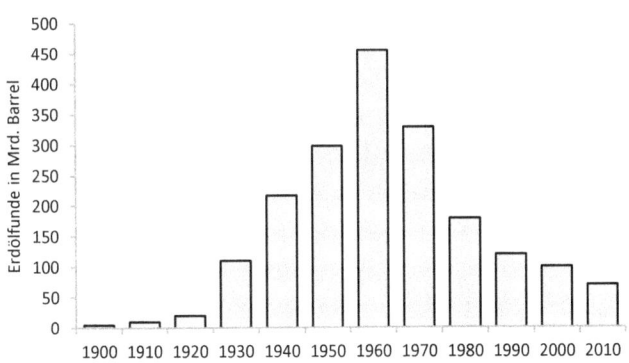

In den 1960er Jahren erreichten die weltweiten Erdölentdeckungen in Mrd. Barrel ihren Höhepunkt.
Quelle: Colin Campbell, Association for the Discorvery of Peak Oil and Gas (ASPO)

Trotz modernster technischer Möglichkeiten auch an entlegenen Orten wie der Tiefsee und in den Permafrost-Gebieten Alaskas, Kanadas und Russlands zu suchen und zu produzieren, reichen diese Vorkommen nicht aus, um auch nur annähernd die großen Funde der 1960er und 1970er zu ersetzen. Große, leicht zu erschließende Vorkommen wie sie in den 1960er gefunden wurden, gibt es nicht mehr. Was übrig bleibt, sind kleinere, schwer zugängliche und damit nur unter hohen Kosten förderbare Vorkommen.

So lag das Verhältnis zwischen eingesetzter Energie und daraus gewonnener Energie in den 1970er Jahren für US Erdöl noch bei 1:30. Das heißt für jedes eingesetzte Barrel an Energie bekam man 30 Barrel zurück. Im Jahr 2000 lag dieses Verhältnis bei 1:11. Der Nettoenergiegewinn sinkt bei Erdöl, wie auch bei anderen fossilen Brennstoffen, kontinuierlich ab. Auch das ist nur natürlich. Rohstoffabbau kann man mit dem Pflücken von Äpfeln an einem Baum vergleichen.

Zuerst pflückt man die tiefhängenden Äpfel. Sie sind groß, daher sehr ergiebig und leicht zu erreichen. Die Produktionskosten sind niedrig, daher können Äpfel zu Spottpreisen angeboten werden. Nachdem man die tiefhängenden Äpfel geerntet hat, muss man immer höher in den Baum aufsteigen. Man muss sich um die Äste herum schlängeln und die Leiter muss immer weiter ausgefahren werden. Die Kosten steigen an, gleichzeitig nimmt der Apfelertrag ab, die Äpfel werden kleiner und sind nicht mehr so süß wie die tiefhängenden Äpfel. Bis man letztendlich in die Baumkrone aufsteigen muss, um auch noch die letzten verfügbaren Äpfel pflücken zu können.

In den letzten Jahren traten die Risiken der Förderung, die mit der Erschließung von Vorkommen an entlegenen Orten einhergehen, immer deutlicher zu Tage, so führte die *Deepwater Horizon* Katastrophe im Golf von Mexiko im Jahr 2010 zur bis dato größten Ölpest in der Geschichte.

Bei schwer zugänglichen Vorkommen muss immer mehr Energie und Technik eingesetzt werden, um das Öl nach oben pumpen zu können. Der Nettoenergiegewinn sinkt daher bei der Erdölförderung immer weiter ab. Im Vergleich zu erneuerbaren Energien ist der Nettoenergiegewinn bei fossilen Brennstoffen aber immer noch um einiges höher.

Bei Photovoltaik erhält man für jede eingesetzte Einheit an Energie nur 6 bis 8 Einheiten Energie zurück. Biodiesel und andere auf Getreide basierenden Energieträger sind die ineffizientesten aller bekannten Energiequellen. Hier liegt das Verhältnis zwischen investierter Energie und gewonnener Energie bei nahezu 1:1. (Hall, 2008)

Für die Berechnung eines globalen Fördermaximums spielen also mehrere Faktoren eine Rolle. Der erste Faktor ist die Menge an Reserven, die sich noch im Boden befinden und gefördert werden können. Hier gibt es unterschiedliche Studien von unterschiedlichen Interessensgruppen, die mal mehr und mal weniger Vorkommen schätzen.

Zweitens spielt der technische Fortschritt eine Rolle, denn er erlaubt eine effizientere Ausbeutung der bekannten Vorkommen. Da Erdöl und Erdgas in porösen Gesteinsschichten eingeschlossen sind, sind gewisse ökonomische und physikalische Grenzen gesetzt, was einen profitablen Abbau angeht.

Drittens beeinflusst der zukünftige, weltweite Verbrauch an Rohöl das globale Fördermaximum. Auch hier gibt es unterschiedliche Studien, die von einer abnehmenden Nachfrage bis hin zu einem Anstieg des Verbrauchs reichen.

Je nach Berechnung und Studie wird dann der Peak Oil auf irgendwann zwischen 2006 und 2020 datiert. Das genaue Datum ist vielleicht aus akademischer Sicht interessant, aber was bedeutet Peak Oil aus praktischer Sicht?

In den Schwellenländern und Afrika wächst die Bevölkerung. Möchten die Menschen in diesen Ländern an den Lebensstandard in Europa anknüpfen, so bedeutet das auch eine weltweit steigende Nachfrage nach Rohöl. So stieg die weltweite Nachfrage in den letzten Jahren um ca. 1,2 Prozent pro Jahr. Unterstellen wir als Ausgangswert den Ölverbrauch des Jahres 2013, also rund 89 Mio. Barrel pro Tag, wird die Nachfrage nach Rohöl bei 1,2 Prozent jährlichem Wachstum in 2020 bei 96 Mio. Barrel liegen. In nur 7 Jahren benötigen wir zusätzlich 7 Mio. Barrel pro Tag, das entspricht den Ölvorkommen des Ghawar Ölfelds in Saudi Arabien. Aber nicht nur der Verbrauchsanstieg muss gefördert werden, sondern es müssen auch eine ganze Reihe von alten, erschöpften Erdölfeldern ersetzt werden.

Um die bis dahin erschöpften Ölquellen zu ersetzen und der steigenden Nachfrage gerecht zu werden, benötigt man bis 2020 ein weiteres Saudi Arabien! Vielleicht existiert irgendwo auf diesem Planeten noch eine unentdeckte Ölquelle, die so groß ist und den steigenden Bedarf decken kann. Diese Chance besteht durchaus, aber sie ist sehr gering. So gering, dass man sich nicht darauf verlassen sollte!

## Andere Rohstoffe

Nicht nur der Peak Oil stellt uns vor Herausforderungen, sondern auch das Fördermaximum bei vielen anderen Rohstoffen. Denn auch die Förderung von Eisenerzen und anderen Metallen folgt der von Hubbert erkannten Gesetzmäßigkeit.

Hubberts Peak ist keine Theorie, sondern eine empirische Beobachtung, wie sich die Fördermenge eines begrenzten Rohstoffes verhält. Laut US Geological Survey haben viele Metalle innerhalb der USA, die für die industrielle Produktion unverzichtbar sind, das Fördermaximum bereits erreicht. Darunter fallen Kupfer 1998, Magnesium 1966, Eisenerz 1951 und Zink 1969. (Kelly & Matos, 2010) Weltweite Zahlen sind kaum verfügbar und belastbar. Nur so viel steht fest, bei weiter wachsendem Ressourcenverbrauch wird es bei fast allen industriellen Metallen innerhalb der nächsten 30 Jahre zu Engpässen kommen. (Heinberg, The End of Growth: Adapting to our new economic realities, 2011) Der Journalist und Gründer des Post Carbon Institute, Richard Heinberg prägte in diesem Zusammenhang auch den Begriff *Peak Everything* um auf die Peaks von vielen für die Industrie unverzichtbaren Rohstoffen aufmerksam zu machen. (Heinberg, The End of Growth: Adapting to our new economic realities, 2011)

## Der Ölpreis wird steigen!

Länder wie China, Indien und Brasilien wollen an den westlichen Lebensstil Anschluss bekommen und fordern, zu Recht, ihren Teil am Wohlstandskuchen. Reales Wirtschaftswachstum bedingt immer einen steigenden Ressourcenverbrauch. Auch wenn die Umwandlung der Rohstoffe in fertige Produkte durch den technischen Fortschritt immer effizienter wird, so ersetzt Technik keine Ressource, sondern macht nur deren Umwandlung in Vermögen der zweiten Schicht, also in Produkte und Dienstleistungen, möglich.

Der Kampf um die Ressourcen ist in vollem Gange. Bei anhaltender Aufholjagd in den Schwellenländern und einer expansiven Geldpolitik der verschuldeten Industriestaaten wird der Ölpreis langfristig steigen.

Kommt es, wie im Jahr 2008 zu beobachten war, zu einer hohen Nachfrage, können die erdölproduzierenden Länder kaum mit einer Ausweitung der Förderung reagieren. Schon kleine Eruptionen der Ölproduktion führen daher zu extremen Preisausschlägen nach oben.

## Steigender Ölpreis und die Folgen

Wir haben gesehen, wie sensibel die deutsche Volkswirtschaft auf Anstiege des Rohölpreises in der Vergangenheit reagiert hat. Deutschland besitzt keine eigenen nennenswerten Öl- und Gasvorkommen und ist daher von den großen produzierenden Ländern wie Saudi Arabien, Russland und Iran abhängig. Die Ölproduktion ist schon jetzt sehr angespannt und kann kaum auf eine steigende Nachfrage reagieren. Kommt es zu hohen Preissteigerungen oder eventuell auch Lieferengpässen, wie in den 1970er Jahren während der ersten Ölkrise geschehen, ist eine Rezession unausweichlich. Die wirtschaftliche Aktivität wird sinken. Gleichzeitig benötigt ein exponentiell wachsendes Geldsystem Wirtschaftswachstum, je mehr, desto besser. Nur wenn die Wirtschaft wächst, werden mehr Kredite vergeben und das Geldsystem kann expandieren. Gerät das Wirtschaftswachstum ins Stottern, fällt das Geldsystem in sich zusammen wie ein Kartenhaus.

Auch die wachsende Schuldenlast des Staates basiert auf der Annahme, in Zukunft einen größeren Kuchen zur Verfügung zu haben. Sinken in Folge eines wirtschaftlichen Abschwungs die Steuereinnahmen, gerät die jetzt schon marode Finanzierung der Staatsausgaben noch weiter ins Wanken.

Rohöl ist die Basisressource jeder modernen Volkswirtschaft. Ohne Rohöl keine Medikamente, Plastikprodukte, Dünger und Treibstoff.

Die gesamte weltweite Logistik ist auf Rohöl aufgebaut. Unsere Abhängigkeit von Rohöl ist so stark, dass Lieferengpässe dramatische Auswirkungen haben können.

Bei einem angespannten Angebot von Rohstoffen und einer Zuspitzung in den kommenden Dekaden, wird es schwierig werden, „mehr Wachstum" auf breiter Front zu generieren. Die physikalischen Barrieren werden langsam erreicht. Daher ist ein „Weiter so wie bisher" und das Vertrauen darauf, dass das Wachstum unsere ökonomischen Probleme lösen wird, mit Vorsicht zu genießen. Finanzielle Versprechen der Politik werden ohne Wirtschaftswachstum nicht finanzierbar sein, sie sind es heute schon nicht! Und selbst wenn wir ein reales, und kein künstliches, durch eine expansive Geldpolitik bedingtes Wirtschaftswachstum bekommen, bleibt immer noch die Frage der Verteilung. Der Anteil, den die Zinslasten und die Finanzindustrie an diesem Wachstum fordern werden, wird keinen weiteren Verteilungsspielraum mehr zulassen.

KAPITEL 7

# Die Konsequenzen der Krise

In den vorangegangenen Kapiteln haben wir uns mit den Rahmenbedingungen des Geldsystems, mit der Finanzkrise von 2008 und mit den Problemen der Ressourcenknappheit, insbesondere Erdöl, beschäftigt. Wir wissen, dass ein Papiergeldsystem eine kontinuierliche Expansion der Wirtschaft impliziert. Denn nur, wenn die reale Deckung an Produkten und Rohstoffen mit der Expansion der Geldmenge Schritt hält, kann ein Gleichgewicht zwischen Forderungen auf Vermögen und realem Vermögen aufrechterhalten werden. Jedes Ungleichgewicht führt zu Preisveränderungen bzw. Auf- und Abwertungen der Kaufkraft.

Da eine Volkswirtschaft den physikalischen Beschränkungen von Raum und Zeit unterliegt, kann sie nur linear wachsen, bis sie irgendwann die physikalischen Schranken erreicht und weiteres Wachstum nicht mehr möglich ist. Nicht nur die finite Menge an Rohstoffen begrenzt ein ewiges Wachstum, auch die ökologischen Folgen des Wachstums machen ein *weiter so* immer unwahrscheinlicher. Die Fischbestände sind überfischt, die Bodenerosion schreitet voran, etliche Ressourcen stehen vor dem Kollaps. Im Angesicht der bevorstehenden Entwicklungen reagieren wir mit alten, überholten Konzepten und intensivieren die Beschleunigung.

Der Evolutionsbiologe Jared Diamond untersuchte in seinem Buch *Kollaps* wie und warum Gesellschaften historisch untergegangen sind. (Diamond, 2005) Ein roter Faden, der sich durch viele Epochen zieht, ist die Erkenntnis, dass viele Gesellschaften scheiterten, weil sie im Angesicht der Veränderungen mit der Intensivierung von Strategien begannen, die in der Vergangenheit immer zum Erfolg geführt hatten. Auf wegbrechende Erträge in der Landwirtschaft reagierte man mit einer intensiveren Nutzung der Anbauflächen, was die Bodenerosion noch beschleunigte. Auf die Finanzkrise von 2008 reagieren wir mit mehr Schulden. Auf zunehmende Ressourcenknappheit reagieren wir mit noch tieferen Bohrungen und dem Einleiten von toxischen Chemikalien, um auch die letzten Reste von Schiefergas und Öl fördern zu können.

Der Mensch nutzt seine vergangene Erfahrung und versucht, diese auf die ungewohnte Situation anzuwenden. Die Rahmenbedingungen haben sich jedoch verändert und machen Konzepte der Vergangenheit kaum effektiv und führen eher zur Ausweitung des Problems als zu dessen Lösung.

Als in den 1970er Jahren die ersten Zweifel an einem auf ewigem Wachstum aufbauenden Wirtschafts- und Geldsystem aufkamen, reagierten die Staaten mit einer Ausweitung der Verschuldung. (Meadows, Meadows, & Randers, 2004) Dadurch haben wir in den westlichen Ländern die physischen Barrieren des Wachstums über die Schuldengenerierung zeitlich in die Zukunft verlagert. Denn Schulden sind nichts anderes als ein Versprechen, in Zukunft den Betrag, den wir uns geborgt haben, wieder zurückzuzahlen plus Zinsen. Was geschieht jedoch, wenn die Zukunft nicht mehr Ressourcen hergibt, um diese Forderung zu begleichen? Dann sind die Schulden heute schon wertlos. Und genau hier liegt das Problem.

Die Schulden von heute können in Zukunft nicht durch reales Vermögen bezahlt werden. Dafür ist die Ressourcensituation viel zu angespannt. Die Menge an US Dollar, Euro und Yen, die um die Welt fließt, verbrieft den Inhabern einen Anspruch auf reales Vermögen. Bis jetzt fällt die Diskrepanz zwischen Forderungen auf Vermögen und realem Vermögen noch nicht auf, denn ein Großteil des Papiervermögens kreist um sich selbst und vermittelt die Illusion von Reichtum. Es ist geparkt in den Aktien- und Anleihemärkten, es steckt in Währungsgeschäften, es ist in Immobilien-Krediten geparkt, es steckt in Derivaten und anderen Papierwerten. Solange immer nur ein kleiner Teil des Papiervermögens in reales Vermögen getauscht wird, fällt die Diskrepanz nicht auf. Die Party in der Finanzindustrie geht solange weiter, bis ein Ereignis eintritt, das das Vertrauen in das Papiervermögen unterminiert. Ein Bank Run, ein Krieg oder Preissteigerungen für Nahrungsmittel, und die Menschen flüchten von den Papierwerten in reales Vermögen, in Sachwerte, die einen inneren Wert und einen Nutzen haben. Das Papiergeldsystem funktioniert so lange, wie wir alle an diese Illusion glauben. In dem Moment, in dem die Menschen den Zaubertrick durchschauen und erkennen, dass der Kaiser ohne Kleider dasteht, bricht das Papiergeldsystem zusammen. Die Frage für jeden Einzelnen lautet dann, zu welcher Gruppe gehört man. Hat man die Illusion vor der großen Masse erkannt oder gehört man zur Masse. Die, die als erstes den Zaubertrick durchschauen, können sich retten, die anderen stehen dann in Schlangen vor den Geldautomaten.

Ein Papiergeldsystem mit einer exponentiellen Verzinsung ist ein Geschöpf der menschlichen Vorstellung, es muss sich nicht an physikalische Grenzen halten. Zumindest kann es über einen längeren Zeitraum operieren, als gäbe es keine räumliche Barriere. Im Jahr 2008 war es dann soweit, das Schuldgeldsystem stieß sich den Kopf an der Zimmerdecke.

Die seit Jahrzehnten angehäuften Schulden fielen mit dem Platzen der amerikanischen Immobilienblase in sich zusammen. Die Schulden wurden dabei nicht vernichtet, sie wurden von privaten Gläubigern, insbesondere Banken, Versicherungen und großen Fondsgesellschaften, auf die Staaten und damit den Steuerzahler übertragen. Als letzte Instanz musste in der Geschichte immer der Staat zur Schuldenübernahme herhalten. Wenn die privaten Haushalte überschuldet sind und auch die Unternehmen keine weiteren Schulden mehr tragen können, dann bleibt nur noch der Staat. Und dort sitzen die Schulden nun, bei der EZB in Frankfurt, bei der FED in New York, die zwar teilstaatlich ist, aber für die letztendlich der amerikanische Steuerzahler bürgt, bei dem europäischen Rettungsschirm in Luxemburg und bei den hastig gegründeten Bad Banks, überall bürgt der Steuerzahler. Die Verluste sind da, es bleibt nur die alte Frage: wer zahlt die Rechnung? Hierfür gibt es drei mögliche Szenarien.

## Der Staat zahlt die Schulden ab

Das erste Szenario wäre, dass der Staat die Schulden abzahlt. Woher nimmt er jedoch das Geld? Er besteuert seine Bürger und nimmt ihnen ihr Vermögen weg, um damit die Staatsschuld zu bezahlen. Das Volksvermögen wird damit den Gläubigern des Staates übereignet, und wenn diese im Ausland sitzen, führt das zu zusätzlichen nationalen Spannungen. Reicht das Vermögen der Bürger nicht aus, können diese auch mit zusätzlichen Schulden belastet werden. Unterstellt man eine gerechte Steuerbelastung aller Bevölkerungsgruppen, so trifft es dann alle. Die Folgen sind weniger öffentliche Dienstleistungen, höhere Arbeitslosigkeit und gesellschaftliche Unruhen.

Steuererhöhungen waren in der Vergangenheit immer ein unpopuläres Unterfangen, besonders wenn damit keine Ausweitung der öffentlichen Dienstleistungen einhergeht. Ein Weg der bei demokratisch gewählten Regierungen einem politischem Selbstmord gleichkommt. Es gibt daher nur wenige Beispiele, in denen eine Rückzahlung der Staatsschulden erfolgreich durchgeführt wurde. Eines dieser historischen Beispiele ist England nach dem Ende der Napoleonischen Kriege 1815. Englands Schuldenquote betrug nach dem Ende des Krieges 260 Prozent des Sozialprodukts. Bis zum Ende des 19. Jahrhunderts schaffte es England wieder auf eine Schuldenquote von 50 Prozent zu kommen. Dabei halfen die einsetzende industrielle Revolution, die England ein ungeheures wirtschaftliches Wachstum bescherte und der Umstand, dass die Staatsschuld in der Hand inländischer Gläubiger lag. Diese Gläubiger setzten eine volle Bedienung ihrer Staatsanleihen durch, während die Preise um bis zu 40 Prozent einbrachen. (Zarlenga, 2002) Im Endeffekt wurde Volksvermögen an die inländischen Gläubiger umverteilt und der Staat zahlte seine Schulden ab.

## Ein Schuldenschnitt

Die zweite Möglichkeit wäre, dass der Staat die Schulden für wertlos erklärt und einen Schuldenschnitt macht. Die Schulden werden gestrichen und auf der anderen Seite verlieren die Inhaber der Forderungstitel ihr Vermögen. Bei einem Schuldenschnitt trifft es somit die Inhaber der Forderungstitel, ihr Vermögen wird wertlos. Die Schuldner sind die Gewinner, denn sie sind raus. Ein Staat kann sowohl an seine internen wie an seine ausländischen Schuldner die Zahlungen einstellen. Ein interner Schuldenschnitt ist sehr selten, da die Inhaber der Staatsanleihen meist sehr vermögend sind und über gute Verbindungen zu der jeweiligen Regierung verfügen.

Es liegt nicht in der menschlichen Natur, für den eigenen Vermögensverlust einzutreten. Daher ist diese Variante des Schuldenschnitts eher unwahrscheinlich. Eine Nicht-Bedienung der externen Schulden ist theoretisch möglich, aber mit etlichen negativen Konsequenzen verbunden. Mit einem externen Schuldenschnitt geht auch ein Zusammenbruch der lokalen Währung einher. Die lokale Währung würde dramatisch gegen andere Währungen abwerten. Für Länder, die auf Rohstoffimporte wie Erdöl angewiesen sind, bedeutet das, dass die Rohstoffpreise ins Unermessliche steigen und die wirtschaftliche Aktivität einbricht. Hohe Arbeitslosigkeit und gesellschaftliche Spannungen sind die Folge.

## Inflation

Anstatt die Steuern zu erhöhen oder Schuldenschnitte umzusetzen, gibt es noch das Zaubermittel Inflation. Denn Inflation entwertet die Schulden, ohne dass man es merkt. Eine Inflation wirkt wie eine Steuer und verschiebt den Tag der Rechnungsbegleichung zusätzlich in die Zukunft. Inflation sorgt dafür, dass der reale Wert der Schulden, öffentliche wie private, sinkt. Wenn das allgemeine Preisniveau steigt, weil zu viele Euro einer begrenzten Menge an Gütern hinterherjagen, sinkt die Kaufkraft eines Euro. Der Schulden-Euro kann weniger Güter kaufen, weil diese teurer sind. Damit sinkt für Schuldner die reale Schuldenlast.

In dem Maße, in dem die Schulden entwertet werden, verringert sich auch der Wert der Guthaben. Geldvermögen, also Bargeld, Sparguthaben, Ansprüche aus Lebensversicherungen, Rentenansprüche etc. werden schleichend enteignet. Die Rechnung zahlt die Mittelschicht, denn ihr Vermögen besteht zum überwiegenden Teil aus Geldvermögen.

Die Oberschicht leidet ein wenig, weil ihr Vermögen aber zum überwiegenden Teil in Sachanlagen wie Unternehmen, Immobilien und Edelmetallen steckt, kommt sie mit einem blauen Auge davon. Die Unterschicht besitzt kein Vermögen, spürt aber die Konsequenzen einer Inflationspolitik durch real geringere staatliche Leistungen und hohe Arbeitslosigkeit.

### Dieses Mal ist alles anders?

Die Geschichte lehrt uns, dass Regierungen in fast allen Epochen zur letzten Variante, der Inflation, gegriffen haben. Die Ökonomen Carmen M. Reinhart und Kenneth S. Rogoff untersuchten in ihrem Bestseller *Dieses Mal ist alles anders: Acht Jahrhunderte Finanzkrisen* internationale Finanzkrisen, Bankkrisen, Inflation und Währungszusammenbrüche der vergangenen 800 Jahre. (Reinhart & Rogoff, 2010) Ihr Ergebnis, fast alle Staaten durchlebten im Laufe ihrer Geschichte Phasen, in denen die Schuldenlast zu groß geworden war. Die daraus resultierenden Finanzkrisen sind kein neues Phänomen und auch die Reaktionen darauf, erst leugnen und darauf verweisen *„dieses Mal ist alles anders"*, ziehen sich wie ein roter Faden durch die Geschichte. Insbesondere der vermeintliche Ausweg der Inflation wurde sehr oft beschritten. Seit 1800 gab es in jedem asiatischen und europäischen Land Perioden, in denen die Inflation über 20 Prozent betrug. Vor dem Aufkommen der modernen Druckerpressen wechselten sich inflationäre mit deflationären Phasen ab, was im Durchschnitt zu stabilen Preisen führte. Seit der letzten großen Deflation der 1930er Jahre erlebt die Welt eine lang anhaltende inflationäre Phase und seit der Aufkündigung des Goldstandards 1971 wurde auch die letzte Barriere zur unbegrenzten Geldschöpfung aufgehoben.

Erst im Jahr 2008 gab es den ersten Knick in der Geldmengenexpansion. Ein Ereignis, das den Notenbanken weltweit so viel Kopfzerbrechen bereitet, dass sie mit einer massiven Geldschwemme reagierten, um dem Platzen der Schuldenblase entgegenzuwirken. Allein die amerikanische Notenbank FED hat seit 2008 die Geldmenge verdreifacht. Lag die Menge an US Dollar (Zentralbankgeld) im Jahr 2008 noch bei einer Billion, so waren es 5 Jahre später schon 3 Billionen. Innerhalb der letzten 5 Jahre hat die FED mehr US Dollar geschaffen als in den vergangenen 200 Jahren vor Ausbruch der Krise! Wenn ein Indikator die Dramatik der Krise misst, dann ist es die Geldmengenausweitung der amerikanischen Notenbank.

Seit 2008 haben alle großen Notenbanken die Druckerpresse angeworfen und haben sich damit auf einen Inflationspfad begeben, den sie kaum mehr stoppen können. Denn es ist leicht, Geld in den Finanzmarkt zu pumpen, aber ungleich schwieriger, dieses Geld wieder aus dem Finanzmarkt herauszunehmen. Das Inflationsrisiko ist extrem hoch.

Natürlich kann man Inflation auch mit Schuldenrückzahlungen und Schuldenschnitten kombinieren. Und genau das sehen wir im Augenblick. Es gibt Schuldenschnitte für überschuldete Staaten, eine höhere Besteuerung der Bevölkerung bzw. weniger Leistungen des Staates und eine expansive Geldpolitik, die die Schulden entwerten soll. Als Anleger bewegt man sich auf einem schmalen Pfad, links ist der Deflationsabgrund, rechts der Inflationsabgrund und vor einem steht die staatliche Mautstelle und verlangt Wegegebühr.

Egal wie man es dreht, man entkommt nicht. Überall in den westlichen Staaten ist das Problem vorhanden, mal mehr ausgeprägt wie in Griechenland, Spanien oder den USA. Mal weniger wie in Deutschland oder den Niederlanden. Aber insgesamt so ernst, dass es jeden betrifft.

## Mehr soziale Marktwirtschaft wagen!

Um langfristig eine einigermaßen nachhaltige Geldpolitik aufbauen zu können, müssen wir das Papiergeldsystem in seiner derzeitigen Form überdenken. Ein Geldsystem, das durch die Zinslasten eine Umverteilung von Vermögen von den Ärmsten zu den Reichsten der Gesellschaft vornimmt, ist ungerecht! Wenn 90 Prozent der Bevölkerung Vermögensverluste hinnehmen müssen, dann liegt ein Systemfehler vor!

Ein auf Schulden basiertes Geldsystem, in dem Geld ausschließlich durch Kredit entsteht, in dem während der Kreditvergabe aber versäumt wird, die Geldmenge für die Zinszahlungen zu schöpfen, führt zu Konkurrenzkampf. Haushalte, Unternehmen und der Staat konkurrieren für die Zinszahlungen um die Geldmenge. Pleiten sind daher systembedingt und ein kooperatives Verhalten wird von vornherein unterbunden.

Aber gerade in einer Zeit, in der uns die exponentiellen Prozesse überrollen, sei es durch das Wachstum der Weltbevölkerung, das Schuldenwachstum oder durch den wachsenden Energieverbrauch, brauchen wir mehr kooperative Lösungsansätze!

Es gibt Alternativen zu einem auf Schulden basierendem Geldsystem, das systembedingt nur über einen begrenzten Zeitraum existieren kann und gegen Ende seines Lebenszyklus extreme gesellschaftliche Spannungen hervorruft. Hier obliegt es der Wissenschaft Alternativen zu entwickeln, sei es ein *Goldstandard* oder eine *Monetative*, in der eine unabhängige Instanz Geld schöpft und es direkt an den Staat vergibt, ohne dass Privatbanken dazwischen geschaltet sind. Unabhängig von der Ausgestaltung der Details eines alternativen Geldsystems, darf Geldschöpfung nicht mehr aus dem Nichts möglich sein.

Die Menge an Geld muss an die reale Wirtschaft und damit an die räumlichen Beschränkungen, die uns die Natur nicht ohne Grund auferlegt hat, angepasst sein.

Geld muss wieder eine verlässliche Größe werden, sein Wert darf nicht nach Belieben der Zentralbank festgelegt werden. Geld muss dem Allgemeingut dienen und darf nicht ohne Beschränkungen (aktuell sind die Beschränkungen durch einen Mindestreservesatz von 1 Prozent so gut wie nicht existent) durch Privatbanken geschöpft werden. In einem Mindestreserve-System schöpfen Banken ein Vielfaches der von der Zentralbank geschaffenen Kredite. Diese Machtkonzentration bei einer nicht demokratisch legitimierten Gruppe ist eine Gefahr für die Gesellschaft. Sie führt zu einer Durchsetzung von Interessen Einzelner gegenüber der breiten Bevölkerung. Oder, wie es der bayrische Ministerpräsident Horst Seehofer in einem Moment der Klarheit ausdrückte:

> Diejenigen, die entscheiden, sind nicht gewählt, und diejenigen, die gewählt werden, haben nichts zu entscheiden. (Seehofer, 2010)

Da Regierungen den Sozialstaat finanzieren müssen, haben sie ein direktes Interesse an niedrigen Zinsen und hoher Inflation. Es besteht von Seiten der Regierung immer ein Anreiz, den Wert des Geldes und der eigenen Schulden durch Inflation zu entwerten. Eine Politik auf Kosten der Mittelschicht, denn eine schleichende Enteignung ihres Vermögens ist die Folge.

Wer den Sozialstaat in seiner heutigen Verfassung befürwortet, der sollte sich die Frage stellen, ob es fair ist, soziale Versprechen einzugehen, die die nächste Generation mit einem niedrigeren Lebensstandard bezahlen muss? Als Eltern opfern wir uns für unsere Kinder auf und üben Verzicht. Aber gesamtgesellschaftlich tun wir das komplette Gegenteil.

Wir können nicht mehr versprechen, als wir langfristig auch halten können. Der Sozialstaat muss sich verändern, von einem Umverteilungsstaat hin zu einem Staat, der gleiche Spielregeln für alle bietet. In dem der Mittelständler dieselben Regeln vorfindet wie der Großkonzern. In dem eine starke staatliche Aufsicht verhindert, dass Interessengruppen wie die Finanzindustrie eine Mehrheit in Geiselhaft nehmen können. In dem die Arbeitseinkommen nicht höher besteuert werden als die Kapitaleinkommen! Wir brauchen einen Staat, in dem Risikobewusstsein und Unternehmertum gefördert wird! In dem auch Scheitern möglich ist und in dem Erfolg nicht mit dem Makel des Verbrechens behaftet, sondern mit Idee, Fleiß und Glück verbunden wird! Einen Staat, in dem der Schwache, der nicht für sich selbst sorgen kann, Unterstützung erfährt, ohne ihn zu stigmatisieren. Das ist meine Vorstellung von sozialer Marktwirtschaft!

Leider entfernen wir uns immer mehr von diesem Ideal, hin zu einem Staat, der sich auf die Durchsetzung der Interessen derjenigen beschränkt, die am lautesten schreien, und die Masse der Bevölkerung mit unfinanzierbaren Versprechen einlullt. Der Staat breitet sich aus und engt den individuellen Entscheidungsspielraum immer mehr ein. Egal ob sie eine Bäckerei eröffnen wollen, ein Haus bauen oder ihre Altersvorsorge selber gestalten möchten. Überall werden Ihnen unter dem Deckmantel der Sicherheit Auflagen erteilt.

Und wenn das Missverhältnis zwischen finanziellen Versprechen und der Realität offensichtlich wird, bleibt nur noch Gelddrucken. Aber Inflation löst kein Problem, es verschiebt nur die Lasten in die Zukunft, ohne dass es die Betroffenen merken. Die Illusion des starken Sozialstaates muss aufrechterhalten werden, auch wenn dies auf Kosten der Mittelschicht und ihres Sparvermögens geschieht.

## Wir brauchen eine Investorenkultur!

Der Staat ist in Fragen der Altersvorsorge kein verlässlicher Partner, trotz aller öffentlichen Bekundungen. Auch die Finanzindustrie ist nicht an Ihrem finanziellen Erfolg interessiert. Sie arbeitet, wie jede andere Industrie auch, nach der Regel der Gewinnmaximierung, wobei die Interessen des Anlegers kaum eine Rolle spielen. Sie kommen, wenn Sie auch in Zukunft noch ein vernünftiges Auskommen haben wollen, nicht um die eigene Verantwortung für die Altersvorsoge herum! Dabei ist es nicht verkehrt, sich bei der Planung und Umsetzung der Finanzplanung unabhängigen Rat und Unterstützung zu holen, aber die Verantwortung sollten und können Sie nicht delegieren.

Was ist verkehrt daran, einen Teil seiner Altersbezüge über den Kapitalmarkt zu verdienen, und in Unternehmen zu investieren, die Produkte und Dienstleistungen herstellen, die die grundlegenden Bedürfnisse der Menschen befriedigen? Unternehmen benötigen Kapital, um neue Produkte zu entwickeln und Lösungen für alltägliche Probleme zu finden. Der Kapitalmarkt ist ein Intermediär, der Kapitalgeber, also Leute, die ihr Geld nicht produktiv einsetzen können, weil sie keine Produktidee haben, und Kapitalnehmer, die eine Produktidee haben, aber kein Geld, zusammen bringt. Dass dabei auch Risiken bestehen, ist nur natürlich. Auch die staatliche umlagefinanzierte Rente ist risikoreich. Für jemanden, der nach 1980 geboren ist, stellt die gesetzliche Rente ein enormes Risiko dar, denn er wird mehr einzahlen, als er herausbekommen wird, und das ist heute schon garantiert. Auch für die Älteren unter Ihnen birgt die Rente ein Risiko, niemand kann Ihnen berechnen, wie hoch die Kaufkraft der Rente in Zukunft ausfallen wird. So viel ist jedoch sicher, es wird weniger.

Der Kapitalmarkt bietet hingegen zumindest die Chance, mehr herauszubekommen, als man eingezahlt hat. Länder wie die Schweiz und Schweden haben das erkannt und erweiterten die umlagefinanzierte Rente um eine kapitalmarktorientierte Rente, ohne dabei der Finanzindustrie in die Hände zu spielen, wie in Deutschland durch die Einführung der Riesterrente geschehen. In Schweden zahlen Arbeitnehmer einen Teil ihres Bruttoeinkommens direkt in einen Investmentfonds ein. Zur Auswahl stehen mehrere Fonds von Banken und auch der staatliche schwedische Pensionsfonds, der zu minimalen Kosten das Geld langfristig in Aktien und Anleihen investiert, steht sehr gut da. Auf jeden Fall brauchen wir eine Verschiebung der Verantwortlichkeit, was die Frage der Altersvorsorge angeht, vom Staat hin zu den Bürgerinnen und Bürgern. Der Staat kann das Problem nicht lösen. Nur Sie können es! Sie müssen, wenn Sie einen mehr oder weniger sorgenfreien Ruhestand genießen wollen, ein Investor werden!

Als Investor bezeichnet man jemanden, der sein Geld am Kapitalmarkt anlegt, um damit eine Rendite zu erzielen. Er investiert also in unterschiedliche Anlageformen, mit dem Ziel, sein Geld zu vermehren. Der „Kapitalmarkt" ist dabei ein Sammelbegriff für viele verschiedene Märkte, wie z.b. den Aktienmarkt, den Rohstoffmarkt, den Devisenmarkt, den Rentenmarkt, oder auch den Immobilienmarkt. Jeder dieser Märkte hat seine eigenen Besonderheiten und Spielregeln. Es ist leider fast unmöglich, sich in allen Märkten gut auszukennen, daher empfehle ich Ihnen, sich auf einen, maximal zwei, zu konzentrieren. Dabei sollten Sie sich durchaus nach Ihren Interessen richten, da Sie so viel wie möglich über den bzw. die Märkte, in denen Sie investieren, lernen sollten. Wenn Kunst Ihre Leidenschaft entfesselt, warum nicht den Kunstmarkt nutzen, um damit Geld zu verdienen? Wenn Sie Geschäftsmodelle von Unternehmen reizen, dann ist der Aktienmarkt für Sie das Richtige.

Je mehr Wissen Sie über einen Markt besitzen, desto leichter ist es, dort zu investieren und langfristig Erfolg zu haben. Das bedeutet nicht, dass Sie jeden Tag die neuesten Studien und Analysen lesen müssen. Nein, es bedeutet vor allem, die Augen offen zu halten und sich kontinuierlich immer ein wenig damit zu beschäftigen.

Was macht nun ein Investor? Ganz einfach, er kauft Vermögenswerte, die für ihn über einen langen Zeitraum kontinuierliche Erträge erwirtschaften. Anstatt wie der Unternehmer ein eigenes Unternehmen zu führen oder aufzubauen, beteiligt sich der Investor an einem bereits bestehenden Unternehmen. Ein Investor erzielt damit ein passives Einkommen, ohne dafür direkt zu arbeiten. Die Vermögenswerte generieren das Einkommen für ihn. Volkswirtschaftlich betrachtet stellt ein Investor durch seine Investition Kapital für Unternehmen zur Verfügung, mit welchem diese beispielsweise neue Projekte finanzieren können. Er ist somit Kapitalgeber und ein wichtiges Rädchen im Wirtschaftssystem. Auch wenn heute oft der Eindruck vermittelt wird, investieren sei ein Computerspiel, so ist es doch eine ernste Angelegenheit. Hinter jeder Investition steht ein realer Gegenstand, hinter dem wiederum Menschen stehen. Hinter einer Aktie steht ein Unternehmen und Menschen, die auf ihr Arbeitseinkommen angewiesen sind. In einer Immobilie leben Menschen. Ein Stück Agrarland versorgt Menschen mit Nahrungsmitteln. Jeder Kauf und Verkauf eines Vermögensgegenstands bringt Verantwortung, weil die Entscheidung, die ein Investor trifft, das Leben von Menschen beeinflusst. Dieser Verbindung sollten Sie sich bei allem Renditestreben immer bewusst sein!

## Die Erfolgsrechnung des Investors

Eine Bilanz listet Vermögenswerte und Verbindlichkeiten in tabellarischer Form auf. Eine Bilanz ist eine Momentaufnahme des Vermögens und wie es finanziert wird. Auf der linken Seite einer Bilanz, auch Aktiva genannt, werden die Vermögenswerte verzeichnet. Auf der rechten Seite, auch Passiva genannt, werden grob gesagt die Quellen aufgelistet, aus denen das Geld stammt, mit dem die Vermögenswerte der linken Seite erworben wurden. Zur Veranschaulichung hierzu ein Beispiel. Sie haben eine Immobilie für 200.000 Euro erworben. Davon haben Sie 50.000 Euro aus Eigenkapital aufgebracht und 150.000 Euro über ein Hypothekendarlehen finanziert. Auf der linken Seite würden Sie den Wert der Immobilie, 200.000 Euro, eintragen und auf der rechten Seite das Hypothekendarlehen in Höhe von 150.000 Euro, sowie einen Eigenkapitalbetrag von 50.000 Euro. Die Logik einer Bilanz schreibt vor, dass die Summe aller Vermögenswerte gleich der Summer der Verbindlichkeiten plus Eigenkapital sein muss. Jeder Investor sollte die Grundlagen der Bilanzierung verstanden haben, denn das Verständnis einer Bilanz ist unerlässlich, um die Ertrags- und Finanzsituation eines Unternehmens einschätzen zu können. Als Einstieg sind die Bücher aus der *Dummies*-Reihe empfehlenswert, insbesondere *Bilanzen erstellen und lesen für Dummies* von Michael Griga und Raymund Krauleidis.

Für Privatpersonen kann eine Bilanz aussehen wie in Grafik 7.1 dargestellt. Auf der linken Seite stehen Vermögenswerte wie Aktien und Immobilien, oder auch ein Rentenanspruch, und auf der rechten Seite finden sich Verbindlichkeiten wie Hypothekendarlehen und die Ausgaben für den Lebensunterhalt.

Grafik 7.1: Bilanz eines Investors

| Vermögenswerte | Verbindlichkeiten |
|---|---|
| Aktie X,Y,Z,... Immobilie A, B,... | Hypothekendarlehen Auto, Versicherung Lebensunterhalt |

Quelle: Eigene Darstellung

Der Investor ist im Besitz von Vermögenswerten wie Aktien oder auch Immobilien, die ihm einen kontinuierlichen Einkommensstrom ermöglichen. Wenn Sie zum Beispiel eine Immobilie vermieten und Ihnen nach Abzug aller Kosten, wie z.b. der Zahlungen für die Hypothek und die Instandhaltung, noch ein Restbetrag übrig bleibt, dann stellt dieser Betrag für Sie ein Einkommen dar. Entsprechend sieht die Erfolgsrechnung eines Investors aus:

Grafik 7.2: Erfolgsrechnung eines Investors

**Einnahmen**

    Aktie X,Y,Z,...

    Immobilie A, B,...

**Ausgaben**

    Hypothekendarlehen

    Auto, Versicherung,

    Lebensunterhalt

Quelle: Eigene Darstellung

Eine Erfolgsrechnung stellt die Geldflüsse von Einnahmen und Ausgaben gegenüber. Eine Immobilie kann zum Beispiel ein Vermögenswert sein und in der Bilanz auftauchen und somit einen Wert besitzen, aber keine Einnahmen generieren. Das selbstbewohnte Eigenheim ist zwar ein Vermögenswert, aber er erzielt für Sie keine Einnahmen. Erst wenn Sie die Immobilie verkaufen, fließt Ihnen der Verkaufspreis als Einnahme zu.

Generelles Ziel eines Investors ist es, dass die Vermögenswerte das Einkommen für den Investor generieren. Durch eine Verteilung der Einnahmen auf mehrere Vermögenswerte minimiert der Investor das Ausfall- und Verlustrisiko. Angenommen, Sie können nicht sofort einen Nachmieter für Ihre Immobilie finden. Wenn Sie neben der Immobilie noch weitere Vermögenswerte besitzen, können diese den Ausfall auffangen. Durch eine Streuung des Vermögens, auch Diversifikation genannt, ist der Investor gegen Ausfälle einzelner Posten gut gewappnet.

Fällt einmal ein Vermögenswert aus, gerät nicht gleich die Finanzierung des Lebensstandards in Bedrängnis. Das unterscheidet den Investor vom Angestellten, dessen einzige Einnahmequelle das Gehalt ist.

Generell müssen die regelmäßigen Einnahmen aus den Vermögenswerten natürlich hoch genug sein, damit nach Abzug aller Ausgaben immer noch ein Überschuss übrig bleibt, und eine Sicherheitsmarge bei Ausfall eines Vermögenswertes sollte auch einkalkuliert werden.

Dabei ist zu betonen, dass ein Investor eine langfristige Strategie verfolgt. Dieser Ansatz unterscheidet den Investor vom Spekulanten. Der Spekulant möchte so schnell wie möglich so viel Geld wie möglich verdienen. Um hohe Gewinne zu erzielen, muss ein Spekulant dabei zwangsläufig auch oft ein hohes Risiko eingehen. Der Investor strebt hingegen eine moderatere jährliche Verzinsung seines Kapitals über einen längeren Zeitraum an.

Der Spekulant ist vergleichbar mit einem Russisch Roulette Spieler, bei dem die Trommel eines Revolvers mit einer Patrone geladen ist und gedreht wird. Betätigt er dann den Abzug und es löst sich kein Schuss, gewinnt er den Jackpot. Ist aber zufälligerweise die Patrone im Lauf und der Schuss löst sich, hat er den größtmöglichen Verlust zu tragen. Übertragen auf das Investieren bedeutet das, ein Spekulant kann einen unvorstellbaren Gewinn erzielen, muss auf der anderen Seite aber auch immer mit dem Totalverlust rechnen.

André Kostolany, der wahrscheinlich berühmteste Spekulant und Börsenkommentator im deutschsprachigem Raum, rutschte während seiner Karriere als Spekulant immer wieder in den Bankrott und auf ihn geht folgendes treffende Zitat zurück.

Wer viel Geld hat, kann spekulieren. Wer wenig Geld hat, darf nicht spekulieren. Wer kein Geld hat, muss spekulieren. - André Kostolany

## Der Investor und Steuern

Ein wichtiger Aspekt des Lebens, der uns alle betrifft, ist der Tribut, den der Staat von uns verlangt, also die Steuern. In vielen Ländern der Erde werden Kapitalerträge, also das Einkommen des Investors, im Vergleich zu anderen Einkommensarten steuerlich bevorzugt, wobei der Unterschied in der Besteuerung gegenüber dem Angestellten am größten ist. Der Angestellte zahlt auf seinen Lohn die Lohnsteuer plus Solidaritätszuschlag (in manchen Fällen auch noch Kirchensteuer), sowie die Sozialabgaben für die Krankenversicherung, Pflegeversicherung, Rentenversicherung und Arbeitslosenversicherung. Bei einem Jahreseinkommen von beispielsweise 30.000 Euro beträgt die Gesamtbelastung für einen Single 36 Prozent.

Wenn Sie in Deutschland Einkommen aus Kapitalerträgen, also Zinseinnahmen und/oder Dividenden, erzielen, dann zahlen Sie

Abgeltungssteuern in Höhe von maximal 25 Prozent plus den Solidaritätszuschlag, während der Höchstsatz bei der Lohnsteuer bei maximal 42 Prozent liegt. Nehmen wir einmal an, Sie erzielen die 30.000 Euro nun nicht durch eine Arbeitnehmertätigkeit, sondern über Kapitaleinkünfte aus Dividenden. Die Bank zieht Ihnen automatisch 25 Prozent an Abgeltungssteuer ab, das macht 7.500 Euro an Steuern. Da aber der Einkommenssteuersatz bei 30.000 Euro niedriger ist, als die gezahlten 25 Prozent Abgeltungsteuer, erhalten Sie am Ende des Jahres durch Ihre Steuererklärung eine Erstattung von ca. 2.700 Euro. Das ergibt effektive Steuern von 4.800 Euro, was einer Abgabenlast von 16 Prozent entspricht. 16 Prozent Abgabenlast gegenüber 36 Prozent bei einem Arbeitnehmer. Da sind doch die Anreize eindeutig gesetzt!

Noch interessanter wird es, wenn Sie, anstelle von 30.000 Euro, jetzt 100.000 Euro verdienen. Dann zahlen Sie als Arbeitnehmer 30.000 Euro Lohnsteuer plus 12.000 Euro an Sozialabgaben, was eine Gesamtbelastung von 42 Prozent ergibt. Würde man auch die Arbeitgeberanteile noch hinzurechnen, denn diese zahlen Sie auch, nur sehen Sie sie nicht auf ihrer Lohnabrechnung, dann werden noch einmal 14.000 Euro an Arbeitgeberanteilen auf den Bruttolohn aufgeschlagen, das ergibt dann eine Gesamtbelastung von 51 Prozent!

Nehmen Sie die 100.000 Euro aber über Dividenden ein, dann zahlen Sie nur 25.000 Euro Abgeltungssteuer. (Den Solidaritätsbeitrag habe ich der Einfachheit halber bei den Betrachtungen einmal ausgeklammert. Eine Einberechnung des Solidaritätszuschlags würde den Effekt noch weiter verstärken.) Bei Kapitalerträgen ist die effektive Besteuerung somit bei 25 Prozent gedeckelt, Angestellte hingegen werden mit einem Lohnsteuersatz von bis zu 42 Prozent „bestraft"!

Der steuerliche Anreiz ist klar zum Vorteil der Einkünfte aus Kapitalerträgen ausgelegt. In der Politik ist dieses Problem durchaus bekannt. Noch gibt es jedoch keine ernsthaften Versuche, hier eine Angleichung zu schaffen da die Lobby der Finanzindustrie mächtiger ist, als diejenigen, die eine Anpassung der steuerlichen Rahmenbedingungen befürworten. Es ist grotesk, aber aufgrund des steuerlichen Anreizes macht es keinen Sinn, für Geld zu arbeiten, wenn Sie über Kapitaleinkünfte Ihren Lebensunterhalt bestreiten können. Das Schwierige daran ist allerdings der Weg dorthin, denn Sie benötigen erst einen entsprechenden Kapitalstock, um von den Erträgen leben zu können. In den nächsten Kapiteln lege ich Ihnen die Grundlagen für den Aufbau dieses Kapitalstocks dar.

Um unseren Lebensstandard einigermaßen aufrechterhalten zu können, müssen wir in Deutschland stärker zu einer Investorenkultur finden. Deutschland ist, was dieses Thema betrifft, ein „Entwicklungsland". Nur etwa 4 Mio. Menschen, also ca. 5 Prozent der Bevölkerung, sind Inhaber von Aktien und damit an Unternehmen beteiligt. Der Großteil der Sparvermögen ist nicht investiert, sondern wird bei Versicherungen und auf Bankkonten durch die negativen Realzinsen vernichtet - zur Freude der Banken und Versicherungen, nie war Geld für sie so günstig zu haben wie jetzt. Egal ob Immobilien, Aktien oder Edelmetalle, Sachwerte sind Trumpf. Reales Vermögen und Unternehmen, welche dieses verarbeiten, sind gegenüber Geldwerten, die nur ein Versprechen des Schuldners auf Rückzahlung sind, immer vorzuziehen.

# Teil II – Vermögensaufbau mit Dividenden

KAPITEL 8

# Der Investor und der Zinseszinseffekt

*Die größte Erfindung des menschlichen Geistes? Die Zinseszinsen.*
-Albert Einstein

Bevor wir uns mit der Magie des Zinseszinseffekts auseinandersetzen, sollten wir den Begriff „Investitionen" näher beleuchten. Investieren bedeutet, einen Teil seines jetzigen Vermögens aufzugeben, um in der Zukunft mehr davon zurück zu bekommen. Wenn Sie heute 1.000 Euro investieren, dann geben Sie die Möglichkeit auf, sich damit eine Urlaubsreise oder etwas anderes Schönes zu gönnen, in der Hoffnung, dass Sie in zwei Jahren zum Beispiel 1.100 Euro zurück bekommen. Investieren bedeutet also immer Verzicht in der Gegenwart, um in der Zukunft einen Vorteil zu erlangen. Investieren verlangt auch, dass Sie etwas hergeben können, um zu investieren. Wenn Sie nicht auf die 1.000 Euro verzichten können, dann können Sie auch nicht investieren.

Damit haben wir zwei wichtige Voraussetzungen für erfolgreiches Investieren. Sie müssen etwas Geld übrig haben, und in der Lage sein, für die nächsten paar Jahre darauf zu verzichten.

Eine weitere Voraussetzung, um erfolgreich zu investieren, ist eine gewisse emotionale Stabilität. Wenn Sie von Hause aus ein ausgeglichener Typ sind, der das Thema Geld nüchtern betrachtet, dann wird Ihnen das Investieren leichter fallen. Sollten Sie nicht ganz so ausgeglichen sein und emotionaler im Umgang mit Geld reagieren, dann ist es etwas schwieriger, aber mit einer guten Vorbereitung auch zu meistern. Wichtig ist nur, dass Sie sich darauf einlassen und bereit sind, zu lernen. Investieren kann ein wahnsinnig spannendes Unterfangen sein, wenn Sie wissen, wie es funktioniert.

In Kapitel 1 haben wir uns schon mit dem Zinseszinseffekt beschäftigt und die Probleme, die ein exponentiell wachsendes Geldsystems verursacht, beleuchtet. Mag der Zinseszins gesamtwirtschaftlich ein Problem darstellen, so ist er individuell ein Segen. Denn nur durch Zinseszinsen ist es möglich, einen Kapitalstock aufzubauen, der groß genug ist, um davon im Alter leben zu können. Als Investor können Sie sich die Zinseszinsen zunutze machen und davon profitieren. In einer Welt begrenzter Ressourcen und zunehmender physikalischer Barrieren für Wachstum, ist es natürlich schwieriger über einen langen Zeitraum Renditen zu erwirtschaften, die so hoch sind, wie wir sie in der Vergangenheit sehen konnten. Aber dennoch wird es auch unter schwierigen Rahmenbedingungen Märkte bzw. Unternehmen geben, die wachsen.

## Zinsen und Rendite

Wenn Sie jemandem Geld leihen, dann tun Sie das in der Erwartung, dass derjenige das Geld auch zurückzahlt und die jährlichen Zinsen begleicht. Angenommen, Sie verleihen 100 Euro und vereinbaren einen Zins von fünf Prozent pro Jahr mit einer Laufzeit von zwei Jahren. Ein Jahr später erhalten Sie 5 Euro Zinsen zurück, im zweiten Jahr noch einmal 5 Euro Zinsen und die 100 Euro Darlehen. Sie haben am Ende des zweiten Jahres also 110 Euro, 10 Euro mehr als am Anfang. Wie hoch ist dann die jährliche Rendite, die erzielt wurde?

Intuitiv würden Sie wahrscheinlich sagen, 5 Prozent, denn 5 Euro von 100 Euro sind genau 5 Prozent. Hierbei handelt es sich um die durchschnittliche, auch arithmetische Durchschnittsrendite. Diese bildet den Durchschnitt der einzelnen, hier jährlichen, Renditen. Im ersten Jahr betrug die Rendite 5 Prozent, im zweiten Jahr auch 5 Prozent. Dies ergibt eine Durchschnittsrendite von 5 Prozent.

$$5\% = \frac{(5\% + 5\%)}{2}$$

Bei der arithmetischen Durchschnittsrendite geht man immer davon aus, dass der Investitionsbetrag am Ende des Jahres gedanklich abgehoben und dann für das kommende Jahr wieder angelegt wird.

Da das bei den wenigsten Anlagen der Fall ist, ist die Angabe der arithmetischen Durchschnittsrendite für viele Anlageprodukte irreführend, denn der Investitionsbetrag bleibt über die gesamte Laufzeit gebunden! Wesentlich aussagekräftiger ist die sogenannte *geometrische Durchschnittsrendite*. Hier geht man davon aus, dass der Investitionsbetrag über die gesamte Laufzeit investiert bleibt. Die jährlichen Zinsen werden gutgeschrieben und mit verzinst. Die *geometrische Durchschnittsrendite* berücksichtigt somit den Zinseszinseffekt.

Angenommen, Sie haben 100 Euro in eine Aktie investiert, nach dem ersten Jahr notiert diese bei 110 Euro. Im zweiten Jahr fällt der Aktienkurs und die Aktie ist nur noch 105 Euro wert. Wie hoch ist die arithmetische Durchschnittsrendite? Im ersten Jahr beträgt die Rendite 10 Prozent (10/100), im zweiten Jahr -4,5 Prozent (-5/110). Dies ergibt eine arithmetische Durchschnittsrendite von 2,75 Prozent.

$$2,75\% = \frac{(10\% - 4,5\%)}{2}$$

Wenn Sie nach zwei Jahren die Aktie verkaufen, erhalten Sie 105 Euro zurück. Bei einer durchschnittlichen Rendite von 2,75 Prozent, sollten über zwei Jahre aber 105,5 Euro herauskommen, denn 2,75 Prozent von 100 Euro macht 2,75 Euro, mal 2 ergibt 5,5 Euro. Genau hier liegt die Irreführung der arithmetischen Durchschnittsrendite! Sie ist bei Laufzeiten von mehr als einem Jahr immer höher als die tatsächliche, geometrische Durchschnittsrendite.

Berechnen wir also die geometrische Durchschnittsrendite. Die Formel ist etwas komplexer und intuitiv nicht gleich zu verstehen, es lohnt sich aber, einen Blick darauf zu werfen. Die geometrische Durchschnittsrendite berechnet sich, indem man den Endbetrag, also 105 Euro, durch den Anfangsbetrag, 100 Euro, teilt. Daraus wird dann die $n$-te Wurzel gezogen, welche die Laufzeit angibt, hier 2 Jahre. Von diesem Ergebnis wird dann noch die Eins subtrahiert und schon haben wir die geometrische Durchschnittsrendite.

$$Rendite\ \% = \sqrt[n]{\frac{Endbetrag}{Anfangsbetrag}} - 1$$

$$2{,}47\ \% = \sqrt[2]{105/100}$$

Zur Probe stellen wir die Berechnung erneut an. Am Ende des ersten Jahres sieht es folgendermaßen aus.

$$102{,}47\ Euro = 100\ Euro * 1{,}0247$$

Am Ende des zweiten Jahres, ergibt das unsere 105 Euro.

$$105\ Euro = 102{,}47\ Euro * 1{,}0247$$

Sie sehen, der Unterschied zwischen der arithmetischen Durchschnittsrendite (2,75 Prozent) und der geometrischen Durchschnittsrendite (2,47 Prozent) ist für zwei Jahre gering, kann aber über längere Laufzeiten einen erheblichen Unterschied ausmachen. Gerade Fondsgesellschaften oder Versicherungen weisen gerne die arithmetische Durchschnittsrendite aus, da diese immer höher ist als die tatsächliche, geometrische Rendite!

## Eine Geldmaschine ist ein Schneeball

Das Ziel des Investierens ist es, eine eigene „Geldmaschine" zu erschaffen, die für Sie arbeitet, egal, ob Sie dafür morgens aufstehen und sich an den Schreibtisch setzen oder einfach liegen bleiben. Kurz, die Geldmaschine arbeitet, egal, ob Sie arbeiten oder nicht. Wie können wir diese Geldmaschine bauen? Indem wir den Zinseszinseffekt für uns arbeiten lassen! Der Zinseszinseffekt ist Ihr bester Mitarbeiter, er arbeitet Tag und Nacht und verlangt weder Pausen noch Urlaub. Das Einzige, was der Zinseszinseffekt von Ihnen fordert, ist Zeit! Dazu wollen wir uns ein Beispiel anschauen. Nehmen wir an, Sie sind 25 Jahre alt und haben 4.000 Euro gespart, die Sie investieren können. Sie starten in das Berufsleben und legen jeden Monat weitere 100 Euro zurück. Diese 100 Euro investieren Sie in regelmäßigen Abständen in Ihre Geldmaschine. Außerdem nehmen wir an, dass Sie neun Prozent Rendite im Jahr einfahren können. Neun Prozent sind ein realistischer Durchschnittswert, welcher am Aktienmarkt über einen langfristigen Anlagehorizont ohne große Anstrengungen erreicht werden kann. Welchen Betrag werden Sie nun nach 30 Jahren in Ihrem Depot sehen?

Grafik 8.1: Zinseszins und Sparen

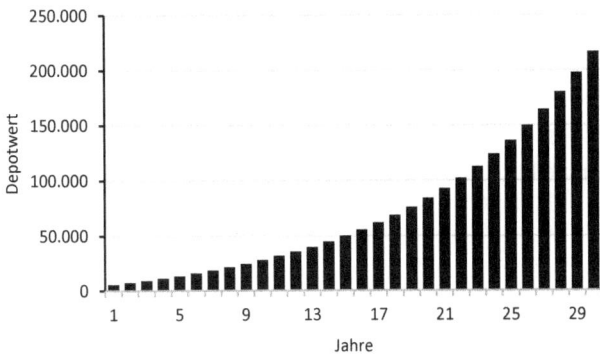

Quelle: Eigene Darstellung

Auf Basis unserer vorangegangenen Annahmen verfügen Sie mit 55 Jahren über ein Vermögen von rund 216.000 Euro! Eingezahlt haben Sie anfangs 4.000 Euro als Startkapital, sowie monatlich 100 Euro, die jährlich 1.200 Euro ergeben und immer wieder in Ihre Geldmaschine investiert werden. Ergibt 4.000 Euro plus 1.200 Euro mal 30 Jahre, gleich 40.000 Euro. Sie haben also aus 40.000 investierten Euro 216.000 Euro gemacht. Na das nenne ich mal eine Geldmaschine! Wenn Sie sich die Grafik näher anschauen, dann werden Sie feststellen, wie anfangs kaum Wachstum zu sehen ist. Es dauert 16 Jahre bis Sie die 50.000 Euro Marke überschreiten, aber dann geht so langsam die Post ab. Sechs Jahre später knacken Sie dann die 100.000 Euro. Das Wachstum Ihres Vermögens beschleunigt sich immer weiter. Der Zinseszinseffekt arbeitet für Sie und macht immer mehr Dampf!

Der Zinseszinseffekt sorgt dafür, dass sich Ihr Vermögen wie ein Schneeball verhält. Anfangs ist er noch klein, aber je weiter Sie ihn rollen, desto größer wird er.

Und je größer Ihr Schneeball wird, desto mehr Schnee bleibt auch an ihm haften, bis aus einem kleinen Schneeball eine Lawine wird.

Die untere Grafik zeigt Ihnen, wie schnell der Schneeball - Ihr Vermögen - bei unterschiedlichen Renditen wächst. Die Rendite ist im Prinzip die Geschwindigkeit, mit der Sie den Schneeball rollen. Je größer die Rendite ist, desto schneller wächst Ihr Vermögen.

Grafik 8.2: Ein Euro Zinseszins

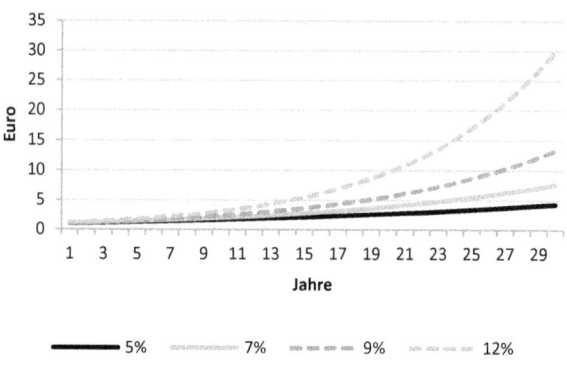

Quelle: Eigene Darstellung

Nach 30 Jahren werden aus einem Euro, bei einer jährlichen Rendite von fünf Prozent, 4,32 Euro. Bei einer Rendite von 12 Prozent werden aus einem Euro knapp 30 Euro. Wir nehmen dabei an, dass die Zinserträge nicht entzogen, sondern immer wieder angelegt und dadurch mit verzinst werden (Zinseszins). Investieren Sie zusätzlich monatlich oder jährlich einen festen Betrag, erhöht das die Kapitalbasis, auf der Zinsen gutgeschrieben werden. Der Schnellball erhält somit bei jeder Umdrehung noch zusätzlichen Schnee. Er wird von Umdrehung zu Umdrehung größer.

Als Faustformel können Sie die Zahl 72 durch die Rendite teilen, und Sie erhalten annähernd die Anzahl der Jahre, die Sie benötigen, um Ihr Vermögen bei dieser Rendite zu verdoppeln. Beispiel für eine Rendite von 10 Prozent.:

$$72 \div 10\% = 7{,}2 \text{ Jahre}$$

Bei einer jährlichen Rendite von 10 Prozent benötigen Sie also etwas über 7 Jahre, um Ihr Vermögen zu verdoppeln. Je höher die Rendite, desto kürzer die Zeit, in der sich Ihr Vermögen verdoppelt.

## Rendite, Rendite und nochmal Rendite!

Im Folgenden schauen wir uns einmal die historischen Renditen unterschiedlicher Anlageprodukte an, um ein Gefühl dafür zu bekommen, welche Renditen realistisch sind und wie sich die Höhe der Rendite auf den Zinseszinseffekt auswirkt. Angenommen, Sie haben 1963, also vor mehr als 50 Jahren, 1.000 Euro in unterschiedliche Anlageprodukte investiert. In Grafik 8.3 sehen Sie, über welchen Betrag Sie sich im Jahre 2013 bei der jeweiligen Anlage hätten freuen können. Bitte beachten Sie, dass es sich hier um die geometrische Durchschnittsrendite und somit um die tatsächliche Verzinsung handelt.

Grafik 8.3: Was wurde aus 1.000 Euro

| Anlageprodukt | Rendite | Nach 50 Jahren |
|---|---|---|
| Sparbuch | 3% | 4.384 € |
| Versicherung | 4% | 7.107 € |
| Bundesschatzbriefe | 7% | 29.457 € |
| DAX | 8% | 46.902 € |
| S&P 500 (USA) | 9% | 74.358 € |
| Warren Buffett | 19% | 5.988.914 € |

Die Entwicklung von 1.000 Euro, investiert im Jahr 1963 bei gegebenen jährlichen Renditen. Die durchschnittliche Inflationsrate schlägt über den betrachteten Zeitraum mit 3 Prozent zu Buche, d.h. real gab es mit dem Sparbuch keinen Vermögenszuwachs!
Quelle: Eigene Darstellung

Wenn Sie das Geld auf ein Sparbuch gelegt hätten, dann hätten Sie 2013 4.384 Euro auf Ihrem Konto gehabt. Hätten Sie das Geld der Versicherung anvertraut, dann hätten Sie sich über 7.107 Euro freuen können. Das sind 62 Prozent mehr als bei der Anlage auf dem Sparbuch und das bei nur einem Prozent mehr Rendite pro Jahr. Sie sehen den gewaltigen Effekt, den der Zinseszins über einen langen Zeitraum entfalten kann.

Bei Bundesschatzbriefen, also der Staatsanleihe des Bundes, wären aus 1.000 Euro 29.457 Euro geworden. Der Bundesschatzbrief hat Ihnen über 50 Jahre eine ordentliche Rendite eingebracht. Leider werden die Zeiten, als der Bundesschatzbrief eine mehr oder weniger sichere Anlage mit ordentlicher Rendite war, höchstwahrscheinlich nicht mehr wieder kommen.

Zum Einen sind die Leitinsen seit Jahren im Sinkflug und werden als Teil der Entschuldungsstrategie der Staaten künstlich niedrig gehalten, was die Rendite der Bundesanleihe nahe der Nulllinie hält. Zum Anderen hat der Bund den Vertrieb von Bundesschatzbriefen an Privatkunden ab dem Jahr 2013 eingestellt. Der Bund ist bei den niedrigen Zinsen nicht mehr auf die Gelder seiner Bürger angewiesen!

Kommen wir nun zum DAX, dem deutschen Leitindex, in dem die 30 größten Unternehmen zusammengefasst werden. Der DAX wird eigentlich erst seit 1992 ermittelt, man kann ihn aber rein rechnerisch auch für die Vergangenheit ermittteln und so die Rendite seit 1963 kalkulieren. Diese lag in diesen Zeitraum bei rund 8 Prozent und ließ unsere 1.000 Euro über 50 Jahre zu 46.902 Euro anwachsen. Hätten Sie in die Unternehmen des amerikanischen S&P 500, der die Aktien der 500 größten börsennotierten amerikanischen Unternehmen umfasst, investiert, dann könnten Sie sich über 74.358 Euro freuen (Währungseffekte habe ich der Einfachheit halber bei der Berechnung nicht betrachtet). Auch das ist eine akzeptable Steigerung, richtig spannend wird es allerdings, wenn Sie 1963 Aktien von Berkshire Hathaway, der amerikanischen Beteiligungsgesellschaft von Warren Buffett, dem wahrscheinlich erfolgreichsten Langfristinvestor der Welt, gekauft hätten. Dann wären Ihre 1.000 Euro zu sagenhaften 5,9 Mio. Euro angewachsen! Warren Buffett schaffte es über einen Zeitraum von 50 Jahren eine durchschnittliche Rendite von 19 Prozent pro Jahr zu erzielen. Erinnern Sie sich noch an die Faustformel, die berechnet, wie lange Sie brauchen, damit sich Ihr Vermögen bei einer gegebenen Rendite verdoppelt? Bei 19 Prozent verdoppelt sich Ihr Vermögen ca. alle 4 Jahre! Wenn Sie Ihre anfangs investierten 1.000 Euro alle 4 Jahre verdoppeln können, dann sind Sie nach 50 Jahren Multi-Millionär und haben finanziell ausgesorgt.

Jetzt sagen Sie bestimmt "Ist doch ganz klar, ich muss einfach so investieren wie Warren Buffett!" Ganz so einfach ist es aber leider nicht. Warren Buffett hat sich über mehrere Jahrzehnte eine Fähigkeit angeeignet und immer weiter entwickelt, die es ihm ermöglicht, Geschäftsmodelle und deren Ertragskraft intuitiv einzuschätzen. Außerdem war die Welt in den 50er, 60er und 70er Jahren, als Warren Buffett die Grundlagen für seinen Erfolg legte, eine andere, als sie heute ist. Viele Dinge haben sich verändert. So ist beispielsweise die beginnende Ressourcenknappheit ein Problem, das in der Boom-Phase der Nachkriegszeit keine Rolle spielte. Die westliche Welt erreichte damals reale Wachstumsraten, die heute kaum möglich sind. Lebten 1970 nur 3,7 Mrd. Menschen auf der Erde, so sind es heute knapp 7 Mrd. Menschen, und mehr Menschen bedeuten mehr Ressourcenverbrauch. Hinzu kommen noch die Probleme, die aus einem exponentiell wachsenden Geldsystem resultieren. Mittlerweile ist die Schuldenlast in den meisten Ländern so hoch, dass Schuldenschnitte und Inflation mögliche Szenarien werden. Ein Problem, das uns in der kommenden Dekade zur Genüge beschäftigen wird. Die berechtigte Frage lautet, sind unter diesen Bedingungen ein quantitatives Wachstum, also mehr Güterproduktion und mehr Ressourcenverbrauch, möglich? Die Chancen stehen nicht gut, aber - das ist die positive Nachricht - qualitatives Wachstum, also die effizientere Nutzung der bestehenden Ressourcen, wird eine immer stärkere Rolle spielen. Daher glaube ich, auch wenn manche Volkswirtschaften nicht mehr quantitativ wachsen werden, so werden doch einzelne Unternehmen ihre Produktion so weit optimieren, dass sie auch unter schwierigen Bedingungen einen Mehrwert für Verbraucher und Eigentümer schaffen werden. Denn genau dort liegt das Wachstumspotenzial der Zukunft versteckt, in der effizienteren Nutzung der Basisressourcen. Diese Unternehmen werden auch in Zukunft positive Renditen erzielen.

Es wird also Wachstum geben, nur wird sich die Definition von Wachstum verändern müssen und die Wachstumsbereiche werden sich verschieben.

In der Vergangenheit waren durchschnittliche Renditen zwischen 8 und 19 Prozent pro Jahr durchaus realistisch. Die Volkswirtschaften der Industriestaaten wuchsen auf breiter Front. Damit war es fast egal, ob man in den breiten Aktienmarkt investierte, oder in einzelne Werte. Selbst der Durchschnitt erreichte gute Renditen. Solch eine Entwicklung können wir für den breiten Markt über die nächsten 20 Jahre nicht mehr voraussetzen.

Index-Investieren, der Kauf eines Aktienindex, wird höchstwahrscheinlich nicht mehr die Renditen erreichen, die in der Vergangenheit möglich waren. Die Auswahl der „richtigen" Aktien wird eine immer wichtigere Rolle spielen, und damit einher geht auch eine Renaissance der Fundamentalbewertung von Aktien (siehe Kapitel 13).

Als langfristig agierender Investor ist eine durchschnittliche Rendite zwischen 10 und 14 Prozent pro Jahr ein realistisches Ziel. Auch wenn es in der kommenden Dekade eher um den Werterhalt des Vermögens geht, so wird auch diese Phase zu Ende gehen. Als langfristiger Investor mit einem Anlagehorizont von 20 und mehr Jahren lassen wir uns nicht von kurzfristigen Krisen verunsichern, sondern planen und investieren auf lange Sicht!

## Rendite und Risiko

Wir haben gesehen, dass Ihre Geldmaschine im Wesentlichen von drei Faktoren abhängt. Erstens von der Anlagesumme, die Sie investieren, wobei der Betrag, den Sie regelmäßig investieren, wichtiger ist als das Startkapital.

Zweitens von der jährlichen Rendite, die Sie erzielen. Und drittens von dem Zeitraum, den Sie Ihrer Geldmaschine geben, um zu arbeiten.

Ihr Renditeziel bestimmt dabei auch, in welche Anlageprodukte Sie investieren müssen, um diese Rendite zu erzielen. Möchten Sie eine Rendite von 30 Prozent und mehr pro Jahr erzielen, dann bleiben wahrscheinlich nur illegale Märkte, wie der Drogen- oder Waffenmarkt, die diese Renditen erwirtschaften können. Dabei geht eine höhere Rendite meistens mit einem höheren Risiko einher (es gibt allerdings auch Ausnahmen, wie wir später noch sehen werden). Das Risiko, welches Sie als Investor im illegalen Drogengeschäft eingehen, ist, dass Sie von der Polizei gestellt werden und im Gefängnis landen – oder, schlimmer noch, sogar von der Konkurrenz erschossen werden. Wesentlich weniger gefährlich für das eigene Leben sind dabei die legalen Märkte!

Wobei natürlich auch auf den legalen Märkten immer ein gewisses Risiko besteht, dass Sie Ihr Renditeziel verfehlen, und dass Ihre Geldmaschine Geld verliert, anstatt es zu verdienen. Das mögliche Risiko müssen Sie bei der Wahl Ihres Renditeziels berücksichtigen. Grundsätzlich ist es wichtig, zu verstehen, dass es keine 100%ig sichere Anlage gibt. Alle Anlagemöglichkeiten und Produkte bergen ein Risiko! Wie ich am Anfang des Kapitels bereits erwähnt habe, bedeutet investieren, in der Gegenwart etwas aufzugeben, um in der Zukunft mehr davon zu bekommen. Da aber niemand die Zukunft mit Sicherheit vorhersagen kann, weiß auch niemand, welche Anlage sich als hochprofitabel und welche sich als Verlustgeschäft erweisen wird. Alle Anlagestrategien basieren daher immer auf der Annahme, dass in der Zukunft ähnliche Ereignisse eintreten, wie wir sie auch in der Vergangenheit gesehen haben. Da Zeit ein wesentlicher Faktor für den Erfolg Ihrer Geldmaschine ist, können Sie als junger Mensch ein höheres Risiko eingehen, weil Sie einige Jahre mehr Zeit haben, um eventuelle Verluste wieder auszugleichen. Ein Investor, welcher hingegen nur noch wenige Jahre hat, um seine Geldmaschine zum Laufen zu bringen, besitzt diese Zeit nicht und muss deshalb sein Renditeziel niedriger ansetzen, um Verluste möglichst zu vermeiden. Allerdings ist die Rendite-Risiko Beziehung nicht immer eindeutig. Es gibt Investitionen, bei denen Sie als Investor ein hohes Risiko eingehen, im Gegenzug jedoch nur eine niedrige Rendite erhalten. So etwas möchten wir natürlich vermeiden. Die untenstehende Matrix veranschaulicht die vier möglichen Kombinationen aus Rendite und Risiko. Unser Ziel ist ganz klar Feld I, eine hohe Rendite und ein möglichst geringes Risiko, hier tummelt sich zum Beispiel Warren Buffett. Feld IV, eine niedrige Rendite und hohes Risiko, ist am einfachsten zu erreichen, denn dafür müssen Sie so gut wie nichts tun, außer den Empfehlungen Ihres Bankberaters zu folgen! Feld II ist das Terrain für Spekulanten, hier stehen hohen Renditechancen auch hohe Verlustrisiken gegenüber. Feld III ist das Spielfeld des Sparers. Er kümmert sich nicht um sein Geld und lässt es auf seinem Sparbuch oder überlässt es einer Versicherung zum Investieren, hier ist der Übergang zu Feld IV fließend.

Grafik 8.4: Risiko und Rendite Matrix

|  | Niedriges Risiko | Hohes Risiko |
|---|---|---|
| **Hohe Rendite** | 🙂 Feld I | 😐 Feld II |
| **Niedrige Rendite** | 😐 Feld III | 🙁 Feld IV |

Quelle: Eigene Darstellung

Leider befinden sich in Deutschland die meisten Menschen auf Feld III und Feld IV. Die Gründe dafür sind vielfältig, mangelndes Interesse am Thema Geld, mangelndes Wissen über Geld oder schlicht keine (augenscheinliche) Notwendigkeit, sich mit Geld zu beschäftigen. Bis jetzt sorgte schließlich Vater Staat über das Rentensystem dafür, dass man sich über seine Altersvorsorge keine Gedanken machen musste - dachten wir zumindest. So ganz langsam sickert jedoch die Erkenntnis auch zu den Letzten durch, dass das Rentensystem in seiner jetzigen Form nicht mehr das leisten kann, was wir in der Vergangenheit gewohnt waren.

Die Bevölkerung altert, immer mehr Rentner müssen von immer weniger Kindern finanziert werden. Die Lebenserwartung steigt ständig und damit auch die Dauer der Rentenzahlungen. Die Folgen sind offensichtlich, sinkende Rentenzahlungen und längere Lebensarbeitszeiten, um überhaupt in den Genuss dieser niedrigen Rente zu kommen. Nach neuesten Berechnungen wird ein Arbeitnehmer mit einem Bruttogehalt von 2.500 Euro monatlich nach 35 Jahren Einzahlung in das Rentensystem noch eine Rente auf Höhe der Sozialhilfe bekommen. (Die Zeit, 2012) Das bedeutet, dass das Thema Armut im Alter in der Mitte der Gesellschaft angekommen ist! Die Versuche der Politik, über Riesterförderung und andere Maßnahmen dagegen zu steuern, haben sich alle als kläglich erwiesen und stellen nur zusätzliche Einnahmequellen für die Finanzindustrie dar. Vertrauen Sie in Geldangelegenheiten und Ihrer Altersvorsorge nicht dem Staat oder der Finanzindustrie! Nehmen Sie Ihre Geldgeschäfte in die eigene Hand und entwickeln Sie Ihre Geldmaschine <u>selbst</u>!

Im nächsten Kapitel werden wir eine Auswahl der gängigsten Anlageklassen näher betrachten und die Vor- und Nachteile der einzelnen Produkte erläutern.

KAPITEL 9

# Anlageklassen im Überblick

Kommen wir nun zu den möglichen Anlageklassen, in die Sie investieren können, und welche Renditen und Risiken diese kennzeichnen. Leider ist es nicht möglich alle Finanzprodukte ausführlich zu behandeln, daher werden hier nur die gängigsten aufgeführt. Für eine ausführliche Darstellung sei auf die Publikationen der Stiftung Warentest verwiesen.

Zunächst einmal kann man bei den Anlageklassen grob zwei Gruppen unterscheiden.

## Realvermögen

Die erste Gruppe ist das Realvermögen oder auch Sachwerte genannt. Dazu zählen Aktien, Immobilien und auch Land. Diese Vermögenswerte generieren für den Besitzer über verschiedene Wege Einnahmen, bei den Aktien über die Dividenden, bei der Immobilie über die Mieteinnahmen und beim Land über die Pachteinnahmen. Realvermögen, das sagt schon der Name, ist real vorhanden, Sie können es anfassen. Die Einnahmen, die Sie über Realvermögen generieren, unterliegen in gewissem Umfang den Schwankungen der Konjunktur. Läuft die Wirtschaft gut, verdienen die Unternehmen mehr Geld und zahlen somit auch höhere Dividenden. Läuft es schlecht, kann es zu Kürzungen der Dividenden kommen. Miet- und Pachteinnahmen reagieren nicht so sensibel auf Konjunkturschwankungen wie Dividendeneinnahmen, aber auch sie sind von den wirtschaftlichen Rahmenbedingungen abhängig. Wenn, wie dies in Deutschland der Fall ist, die Reallöhne seit Jahren stagnieren, dann wird es schwer, höhere Mieten zu zahlen.

Der Vorteil von Realvermögen ist sein guter Schutz gegen Inflation. Angenommen, das allgemeine Preisniveau steigt, dann steigen auch die Verkaufspreise der Produkte von Unternehmen. Sind Sie nun Miteigentümer an einem Unternehmen, dann fließen Ihnen die gestiegenen Verkaufspreise des Unternehmens als Dividende wieder zu. Ähnlich verhalten sich Immobilien und Land. Inflation lässt auch die Mieten und Pachteinnahmen steigen, wodurch der Effekt der Inflation für den Inhaber dieser Vermögensobjekte abgemildert wird. Einen vollständigen Schutz bieten aber auch Realvermögen nicht. Bei extrem hohen Inflationsraten leiden auch diese Anlagen. Außerdem weckt Realvermögen besonders in Krisenzeiten Begehrlichkeiten seitens des Staates. Eine Immobilie kann der Staat sehr schnell und unkompliziert besteuern. Viele Kommunen haben gerade in den letzten Jahren die Grundsteuer stark erhöht, um ihre defizitäre Finanzlage zu verbessern. Vielleich erinnern sich manche noch an das sogenannte Lastenausgleichsgesetz von 1952. Darin wurde nach dem Ende des 2. Weltkrieges eine Vermögensumverteilung beschlossen, die Immobilienbesitzer hart traf. Eigentümer von Immobilien, die schuldenfrei oder auch mit Restdarlehen belastet waren, mussten eine Zwangshypothek aufnehmen und das Geld an den Staat abführen.

In der Bundestagssitzung vom 27.01.2011 ging die SPD-Abgeordnete Kirsten Lühmann auf die Zinsproblematik der öffentlichen Hand ein und forderte einen Altschuldentilungsfonds und verwies ausdrücklich auf das Lastenausgleichsgesetz. In der Stunde der Not frisst der Teufel Fliegen. So gesehen ist es nur noch eine Frage der Zeit, bis Immobilienbesitzer zur Kasse gebeten werden. Bei Aktien ist es schon schwieriger, steuerlich darauf zuzugreifen und sie zu enteignen. Denn Aktien sind Produktivvermögen und können nur dann höher besteuert werden, wenn auch Gewinne eingefahren werden. Auch Enteignungen sind schwierig, da damit auch eine Störung im Geschäftsbetrieb einhergeht, was sich negativ auf die Versorgung der Bevölkerung mit Gütern auswirken kann. Müssten Aktieninhaber über Nacht ihre Aktien verkaufen, um damit Steuerforderungen zu begleichen, würde das einen Börsencrash auslösen. Keine vernünftige Regierung würde dieses Risiko eingehen. Daher konnten während der letzten Währungsreformen Aktienbesitzer ihr Vermögen, auch wenn sie hohe Kursverluste hinnehmen mussten, gut über die Krise hinwegretten.

## Geldvermögen

Die zweite Gruppe von Anlagen stellen Geldvermögen dar. Geldvermögen sind Forderungen auf einen gewissen Geldbetrag. Wie wir in Kapitel 1 beleuchtet haben, steht Geld immer spiegelbildlich eine Schuld gegenüber. Somit stellt Geldvermögen Forderungen an Andere dar. Zu den Geldvermögen zählen Bargeld, Anleihen, Lebensversicherungen und auch Rentenansprüche. Geldvermögen besitzen keinen Inflationsschutz, da sie immer auf einen festen Nennbetrag lauten. Hat sich das allgemeine Preisniveau erhöht, dann schwindet die Kaufkraft des Nennbetrages. Angenommen, Sie haben 100 Euro auf Ihrem Girokonto, das mit 0,75 Prozent verzinst wird.

Die Inflationsrate beträgt aber 3 Prozent, d.h. die Inflation ist höher als der Zins, was zur Folge hat, dass Sie sich nach einen Jahr für den Nennbetrag von 100 Euro weniger kaufen können als noch vor einen Jahr, da 100 Euro nur noch 97,82 Euro wert sind (100 * 1,0075 / 1,03). Wären die Zinsen höher als 3 Prozent, dann wäre das Girokonto eine gute Anlage, denn Sie würden nach einem Jahr eine höhere Kaufkraft haben als zuvor. In Zeiten von hohen Zinsen stellen Geldvermögen lukrative Anlagen dar, denn die Zinsgutschrift ist vertraglich fixiert und somit fest. Wohingegen Sie bei Realvermögen Eigentümer eines Vermögenswertes sind und Ihre Einnahmen Schwankungen ausgesetzt sind.

Es gibt noch eine Mischform von Anlagen, die Eigenschaften von Real- und Geldvermögen aufweisen, dazu zählen unter anderem Rohstoffe wie Edelmetalle und Öl. Diese bieten einen Inflationsschutz, sowie auch einen gewissen Schutz in deflationären Zeiten, da sie ihren Wert auch dann behalten, wenn das Preisniveau sinkt. Gold kann man auch bedingt als Rohstoff einordnen, es wird aber in der Industrie, außer zur Schmuckherstellung, kaum verwendet. Es fehlen schlicht die produktiven Einsatzgebiete für Gold als Rohstoff. Daher ist sein Wert eher psychologischer Natur. Rohstoffe erbringen jedoch keine kontinuierlichen Einnahmen. Wenn Sie Gold kaufen und es in Ihren Tresor legen, dann liegt es dort und generiert keine Einnahmen!

## Anlagen und Liquidität

Eine weitere Betrachtungsweise für Anlagen ist ihre Liquidität, d.h. wie schnell Sie die Anlage kaufen und auch wieder verkaufen können. Bargeld ist hoch liquide, Sie können es schnell aus dem Portemonnaie ziehen und damit Brötchen kaufen.

Auch Aktien sind liquide, da sie über Börsen schnell gekauft und wieder verkauft werden können. Bei Immobilien ist es schon schwieriger. Der Kauf einer Immobilie ist nicht mal eben mit ein paar Klicks am Computer getan, wie bei einer Aktie, sondern erfordert einen langwierigen Prozess. Sie müssen ein Objekt finden, mit dem Eigentümer verhandeln, sich um den Notar und die Übergabe kümmern, vielleicht noch einen Makler dazwischen schalten etc. Auch Lebensversicherungen und Rentenansprüche sind nicht liquide, Sie können sie nicht mal eben auflösen, und wenn, dann nur mit großen Abschlägen. Auch gilt, je illiquider der Markt, desto höher sind die Nebenkosten für den Kauf und Verkauf des Produktes. Bei einer liquiden Aktie bewegen sich die Transaktionskosten (Bankgebühr und Börsengebühr) unter 1 Prozent des Anlagewertes. Bei Immobilien machen die Nebenkosten (Makler, Grunderwerbssteuer, Notar, Energiepass etc.) leicht 10 Prozent des Kaufpreises aus!

Grafik 9.1: Anlagen und Liquidität

|              | Aktien<br>Aktienfonds | Bargeld, Festgeld<br>Anleihen<br>Zertifikate, Optionen |
|---|---|---|
| **Liquide** | | |
| **Nicht liquide** | Immobilien<br>Geschlossene Fonds<br>Kunst, Wein etc | Lebensversicherung<br>Rentenansprüche |
| | **Realvermögen** | **Geldvermögen** |

Quelle: Eigene Darstellung

# Die Aktie

Die Aktie ist wahrscheinlich die Anlage mit den meisten Vorbehalten und den größten Missverständnissen in Deutschland. Gerade einmal 5 Prozent des Vermögens der Bundesbürger wird in Aktien gehalten. Wenn es um Geldanlagen geht, vertrauen die meisten ihr Geld einer Versicherung an. Fast 30 Prozent des Vermögens sind bei Versicherungen angelegt und dort vor allem in Form von Lebensversicherungen. Die deutsche Aktienkultur ist, milde ausgedrückt, so ausgeprägt wie die englische Esskultur.

Bis 1996 war das Interesse der Deutschen an Aktien nicht vorhanden. Warum auch, die Bonner Republik trottete unter Helmut Kohl und seinem Arbeitsminister Norbert Blüm gemütlich vor sich hin. *Die Rente* (war) *sicher!*

Die Aktienkultur in Deutschland erhielt erst den richtigen Schub als Manfred Krug, bekannt geworden als Fernsehkommissar, dazu auserkoren wurde, den Anlegern die Deutsche Telekom als Investition schmackhaft zu machen. Und prompt entfaltete sich ein wahres Aktienfieber. Selbst Leute, die sich noch nie für Aktien interessiert hatten, wurden mit dem Aktienfieber infiziert. Die Volksaktie Telekom sollte eine neue Ära der Aktienkultur einleiten!

Leider, wie mit so vielen bombastischen Erwartungen, entpuppte sich die Volksaktie eher als Vermögensvernichter denn als Renditebringer. Dabei lief die T-Aktie anfangs so gut, beim Börsengang im Jahr 1996 mit 14 Euro gestartet, kletterte sie innerhalb von nur zwei Jahren auf sagenhafte 104 Euro. Die Bildzeitung titelte in ihrer Ausgabe vom 3. April 2000 *„T-Online Wie reich kann ich werden?"* und heizte die Aktieneuphorie noch einmal richtig an. Spätestens zu diesem Zeitpunkt war klar, dass das nicht gut gehen konnte. Die New Economy Blase platzte und mit ihr rauschte die T-Aktie in den Keller.

Hunderttausende von Kleinanlegern, die noch im April des Jahres 2000 zu Höchstkursen eingestiegen waren, standen vor einem finanziellen Trümmerhaufen als die T-Aktie im Laufe des Jahres 2001 noch unter ihren Ausgabepreis rutschte. Prompt schworen sich viele Anleger, das Teufelszeug Aktie nie wieder anzufassen. Die Anleger dachten sich: wenn das Geld schon jemandem anvertraut wird, dann lieber dem netten Herrn Kaiser von der Versicherung als Manfred Krug von der Telekom. Interessanterweise sind beide Schauspieler, aber wahrscheinlich wird auch Herrn Dr. Best in Fragen der Zahnhygiene eine genauso hohe Kompetenz eingeräumt wie Herrn Kaiser in Fragen der Geldanlage.

Die deutsche Aktienkultur krankt noch bis heute an diesem nicht verarbeitetem Trauma *T-Aktie*. Ein gebranntes Kind scheut das Feuer. Denn die Aktie ist genau das, ein Feuer, an dem man sich höllisch die Finger verbrennen kann, das aber auch für Wärme und Licht sorgen kann! Die Generation der T-Aktien Besitzer hat sich an der Spekulationsblase des Neuen Marktes die Finger verbrannt und handelt wie alle Generationen vorher, sie macht um diese Anlageklasse eine weiten Bogen. Seit den Höhenflügen des Neuen Marktes und dem Aktienfieber der späten 1990er Jahre ist die Anzahl der Aktionäre in Deutschland wieder gesunken.

Seit Jahren verlaufen die Kursentwicklung des DAX, des deutschen Leitindexes, in dem die 30 nach Börsenwert größten Unternehmen zusammengefasst werden, und die Anzahl der Aktionäre im Gleichklang. Ist der DAX mal wieder auf einem Höhenflug, so wagen sich auch die letzten Anleger aus ihrer Höhle und kaufen zu Höchstkursen ein. Ist die Stimmung wieder an einem Tiefpunkt und der Weltuntergang steht bevor, dann ziehen sich die Anleger wieder in ihre Höhle zurück.

Grafik 9.2: DAX und die Anzahl der Aktionäre

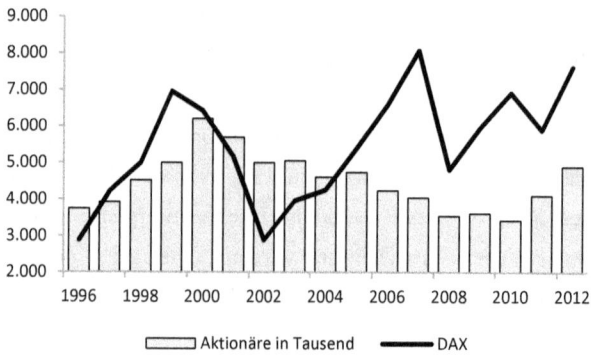

Quelle: Deutsches Aktieninstitut e.v., Eigene Darstellung

Die meisten Anleger verhalten sich prozyklisch und werden durch ihre Emotionen geleitet, sie kaufen bei Höchstkursen und verkaufen, wenn die Kurse wieder einmal in den Keller gerauscht sind. Kurz, Geldvernichtung, die der der Hypo Real Estate in nichts nachsteht.

Aber das muss nicht sein! Die Aktie muss als das betrachtet werden, was sie ist. Sie ist ein Wertpapier, welches seinem Inhaber einen Anteil an einem Unternehmen verbrieft. Aktieninhaber sind damit Eigentümer eines Unternehmens, mit allen Gewinnchancen und Risiken.

Mit einer Aktie investieren Sie in ein Unternehmen und werden Miteigentümer dieses Unternehmens. Anstatt also den mühsamen Prozess durchzumachen und ein eigenes Unternehmen zu gründen und zum Erfolg zu führen, kaufen Sie sich mit einer Aktie in ein bestehendes Unternehmen ein. Sie kaufen keine Aktie, sondern Sie kaufen ein Unternehmen, mit seinen Mitarbeitern, Produkten und Maschinen, mit seiner Fähigkeit, Geld zu verdienen, kurz, mit allem, was das Unternehmen ausmacht.

Dabei hat ein Unternehmen natürlich seinen Preis. Dieser Preis ist der Aktienkurs, der täglich an den Börsen ausgehandelt wird. Der Aktienkurs multipliziert mit der Anzahl der gehandelten Aktien ist der Marktwert des Unternehmens, also der Preis, den Sie bezahlen müssen, damit Ihnen das Unternehmen ganz alleine gehört. Ein Beispiel: das Unternehmen Coca-Cola hat ungefähr 4,5 Milliarden Aktien ausgegeben. Bei einem Preis von 37 US Dollar hat das Unternehmen einen Preis (Marktwert) von rund 168 Mrd. US Dollar.

$$Marktwert = Aktienkurs * Anzahl\ der\ Aktien$$

Hätten Sie diesen Betrag auf Ihrem Bankkonto, dann könnten Sie theoretisch alle Coca-Cola Aktien kaufen und wären alleiniger Eigentümer des Unternehmens. Kaufen Sie dagegen nur 100 Aktien, dann gehört Ihnen auch nur ein Bruchteil an Coca-Cola, aber immerhin.

Wie kommt nun bei einer Aktie für einen Investor eine Rendite zustande? Hierfür gibt es zwei mögliche Wege. Erstens über Kurssteigerungen der Aktie, das bedeutet, ein Anderer ist bereit, Ihnen für Ihre Aktie mehr zu bezahlen, als Sie dafür ausgegeben haben. Die Differenz ist Ihr Gewinn. Warum sollte ein Anderer mehr für Ihre Aktien bezahlen wollen, als Sie dafür ausgegeben haben? Genau hier kommen die zukünftigen Aussichten des Unternehmens ins Spiel. Angenommen, das Unternehmen vermeldet einen neuen Großauftrag und damit auch höhere zukünftige Gewinne. Das bedeutet, dass das Unternehmen für seine Anteilseigner einen höheren Wert hat, denn ein Unternehmen ist für einen Investor ein Vermögensgegenstand. Steigen die Einnahmen des Vermögenswertes, steigt der Wert des Vermögenswertes. Eine Kurssteigerung einer Aktie setzt also gute Unternehmensnachrichten voraus, auf die die Anleger reagieren.

Zweitens bietet eine Aktie, da sie Eigentum an einem Unternehmen verbrieft, den Eigentümern auch die Möglichkeit, am Gewinn des Unternehmens zu partizipieren. Dieser Gewinn wird meist am Ende des Geschäftsjahres ausgewiesen und ein Teil davon als Dividende an die Eigentümer ausgeschüttet. Die Dividende bietet für den Anleger eine direkte Beteiligung am Unternehmenserfolg. Sie wird, solange das Unternehmen einen Gewinn einfährt und eine entsprechende Dividendenpolitik verfolgt, regelmäßig an die Eigentümer überwiesen. Leider wird von den meisten Anlegern dieser wichtige Aspekt der Aktie unterschlagen und spielt in der Auswahl der Aktie kaum bis gar keine Rolle. Dabei sind Dividendenzahlungen von ausgewählten Unternehmen weitaus stabiler als das Auf und Ab an den Börsen und machen einen Großteil der Gesamtrendite einer Aktie aus. Dividendenzahlungen sind der eigentliche Schlüssel zum erfolgreichen Investieren mit Aktien! Sie bieten dem Anleger einen kontinuierlichen Cash Flow.

*Rendite = Dividende + Kurssteigerung*

## Festverzinsliche Wertpapiere

Wenn Sie in ein festverzinsliches Wertpapier investieren, dann erhalten Sie einen Anspruch auf die Zahlung von Zinsen für die Überlassung Ihres Geldes und auf die Rückzahlung Ihrer Investitionssumme. Festverzinsliche Wertpapiere werden auch Renten oder Anleihen genannt. Mit dem Erwerb eines festverzinslichen Wertpapiers sind Sie Kreditgeber. Sie stellen eine gewisse Summe zur Verfügung und der Kreditnehmer verpflichtet sich, Ihnen dafür einen Zins zu zahlen und am Ende der Laufzeit Ihr Geld wieder zurückzuzahlen.

Der Unterschied zwischen einer Aktie und einem festverzinslichen Wertpapier ist der Umstand, dass Sie beim Kauf einer Aktie Eigentümer des Unternehmens werden, wohingegen Sie beim Kauf eines festverzinslichen Wertpapiers Gläubiger des Unternehmens sind. Als Gläubiger des Unternehmens werden Sie bevorzugt bei der Bedienung Ihres Anspruchs behandelt. Ein Unternehmen muss immer erst seine Gläubiger bedienen. Stellen Sie sich vor, Sie haben einen Kredit abgeschlossen. Dann müssen Sie diesen Kredit als erstes bedienen und erst danach können Sie sich mit dem Rest Ihres Vermögens eine Urlaubsreise gönnen, ansonsten wird Ihr Vermögen gepfändet und den Gläubigern übergeben. Genauso verhält es sich auch bei festverzinslichen Wertpapieren. Sollte das Unternehmen einmal nicht in der Lage sein, seine Schulden zu bezahlen, dann haben Sie als Gläubiger Zugriff auf das Unternehmensvermögen, um Ihren Anspruch durchzusetzen. Die drei wichtigsten Formen von festverzinslichen Wertpapieren sind:

(1) Staatsanleihen, in Deutschland zum Beispiel Bundesschatzbriefe,
(2) Unternehmensanleihen, hier borgt sich ein Unternehmen Geld,
(3) Bankschuldverschreibungen, hier leiht ein Kreditinstitut Geld.

Festverzinsliche Wertpapiere werden, genau wie Aktien, über Börsen gehandelt. Der Vorteil ist, dass Sie nicht warten müssen, bis die Laufzeit des Wertpapiers beendet ist und der Gläubiger das Geld zurückzahlt, sondern Sie verkaufen Ihr Wertpapier an einen Anderen und dieser zahlt Sie sofort aus. Dabei schwankt der Preis / Kurs eines Wertpapiers, je nachdem, welcher Zins zurzeit am Markt gezahlt wird. Ein festverzinsliches Wertpapier bietet sich immer dann an, wenn das Zinsniveau hoch ist.

In einer Niedrigzinsphase sind festverzinsliche Wertpapiere meist keine geeigneten Anlagen. Oftmals reicht der gezahlte Zins nicht aus, um die Kaufkraftverluste, die durch die Inflation entstehen, auszugleichen. Der Vorteil von festverzinslichen Wertpapieren liegt in der relativen Planbarkeit der Zinszahlungen.

## Immobilien

Kommen wir nun zu der beliebtesten Anlageform in Deutschland, die Immobilie. Fast die Hälfte des Vermögens aller Bundesbürger ist in Immobilien angelegt, gefolgt von Bankeinlagen und Versicherungen.

Wie der Name schon sagt, ist eine Immobilie standortabhängig. Sie können ein Haus nicht mal schnell von Hamburg nach München transportieren. Daher hängt der Wert einer Immobilie immer sehr stark vom direkten Umfeld ab. Ein Mehrfamilienhaus an einer vielbefahrenen Straße würde sehr wahrscheinlich einen niedrigeren Wert haben, als ein vergleichbares Haus in einer ruhigen Parkumgebung. Ein Haus auf dem Lande kostet weniger als in der Stadt. München ist teurer als Chemnitz. Als Faustregel gilt: je besser die Lage und damit die Vermietungssituation, desto teurer die Immobilie und desto geringer die Rendite.

Für Sie als Investor ist wichtig, wie bei allen anderen Anlageformen auch: „Wie viel muss ich investieren und wie viel bekomme ich dafür zurück?" Angenommen, Sie haben 200.000 Euro durch eine Erbschaft erhalten und kaufen eine Eigentumswohnung in einer guten Lage in einer deutschen Großstadt. Sie bezahlen insgesamt, inklusive Maklergebühren, Notar, Steuern etc., genau 200.000 Euro für ein 60 $m^2$ großes Apartment.

Als Miete nehmen wir an, dass Sie 10 Euro kalt pro Quadratmeter verlangen können, ergibt monatliche Einnahmen in Höhe von 600 Euro und jährlich 7.200 Euro. Wie hoch ist dann die Bruttorendite? 7.200 Euro geteilt durch 200.000 Euro macht 3,6 Prozent. Aber das ist nur Ihre Bruttorendite, denn Sie haben auch Kosten, die Sie davon abziehen müssen. So zum Beispiel die Kosten für die Immobilienverwaltung, wenn Sie nicht jedes Mal einen Anruf von Ihrem Mieter beim Defekt einer Glühlampe erhalten möchten. Außerdem müssen Sie einen Teil der Einnahmen als Rücklage für eventuelle Reparaturen, als Hausgeld, für Steuern und für den Fall, dass Sie mal ein bis zwei Monate keinen Mieter haben, zurücklegen. Von der Bruttorendite bleibt dann nicht mehr viel übrig!

Noch ein Wort zu den vermeintlichen Vorteilen, die Ihnen häufig von einigen Vermögensberatern und Immobilienmaklern als Vorteil der Immobilieninvestition angepriesen werden.

## Immobilien steigen beständig im Wert?

Seit 1970 betrug die Wertsteigerung von Immobilien in Deutschland inflationsbereinigt genau null. Immobilien sind keine Wertanlage sondern Gebrauchsgegenstände deren Preise im Einklang mit der Inflation steigen. Die einzige Möglichkeit mit Immobilien Geld zu verdienen ist in einer Spekulationsblase, was bedeutet das man als Immobilienkäufer an die Luftschlosstheorie (siehe Kapitel 14: Die Psychologie des Investierens) glauben muss.

Gerade der Zusammenbruch des amerikanischen Immobilienmarktes 2008 zeigte, dass Häuser auch mal bis zu 80 Prozent ihres Wertes verlieren können. Vielleicht denken Sie jetzt, das kann in Deutschland nicht passieren?

Im Vergleich zu Deutschland sind die Chancen für den Immobilienmarkt in den USA besser als man annimmt. In den USA wächst die Bevölkerung von Jahr zu Jahr beständig. Selbst wenn der amerikanische Immobilienmarkt derzeit in der Krise steckt, führt eine wachsende Bevölkerung zu einer stetig steigenden Nachfrage nach Wohnraum und damit kann es langfristig zu steigenden Immobilienpreisen kommen.

In Deutschland schrumpft die Bevölkerung und wird immer älter. Weniger Menschen bedeutet auch weniger Nachfrage nach Wohnraum. Sicher ist in den Metropolen wie Hamburg, München und Frankfurt nicht von einem Nachfragerückgang nach Immobilien auszugehen, aber in der Summe sieht es nicht gut aus für Immobilienbesitzer in Deutschland. Gerade in den mittleren Großstädten bis 300.000 Einwohner und auf dem Land wird die Einwohnerzahl zurückgehen und damit sind die Immobilienpreise und Mieten ab einem bestimmten Punkt gedeckelt. Deutschland ist, was das Thema Immobilien angeht, zweigeteilt, in den Metropolen wie München, Hamburg und Berlin entstehen in einzelnen Stadtteilen Preisblasen während im ländlichen Raum Grundstücke für einen Euro pro Quadratmeter gekauft werden können.

Ein weiteres Argument, das gerne im Zusammenhang mit der Sicherheit von Immobilien angebracht wird, ist die geringe Schwankung der Immobilienpreise. Auch das ist ein Irrglaube! Immobilien schwanken teilweise stark im Wert. Im Unterschied zu einem Wertpapier sehen Sie die Schwankung aber nicht täglich als Börsenkurs in den Nachrichten, sondern erst dann, wenn ein potenzieller Käufer ein Angebot für Ihre Immobilie abgibt.

# Eine Immobilie bietet Inflationsschutz und Werterhalt?

Die Immobilie als Inflationsschutz ist ein weiteres, oft angeführtes Argument für den Kauf als Kapitalanlage oder als selbstgenutzte Immobilie. Grundsätzlich ist eine Immobilie, da sie ein realer Sachwert ist, besser gegen Inflation geschützt als ein Geldwert wie ein Sparkonto. Leider führt diese Solidität zu Begehrlichkeiten von Seiten der Politik, denn ein Immobilienbesitzer kann nicht weglaufen, er ist immobil, höhere Steuern können schnell auf Immobilien erhoben werden, ohne dass sich der Eigentümer groß wehren kann.

## Die Immobilie als Altersvorsorge?

Die eigene Immobilie als Altersvorsoge ist ein weiteres, oft angeführtes Argument für den Kauf. Letztendlich ist es eine Investitionsentscheidung, die Sie treffen. Kaufen Sie jetzt ein Haus und investieren 60.000 Euro und zahlen über die nächsten 20 Jahre den Kredit ab, dann gehört Ihnen in 20 Jahren das Haus und Sie können sich die Kaltmiete sparen. Wenn Sie das Haus vermieten, dann zahlt letztendlich Ihr Mieter den Kredit ab und Sie können, wenn der Kredit getilgt ist, die Mieteinnahmen für sich verbuchen. Bis dahin findet aber keine Verzinsung ihres Eigenkapitals in Höhe von 60.000 Euro statt. 60.000 Euro über 20 Jahre in eine andere Anlageklasse investiert bei sechs Prozent Verzinsung ergeben rund 192.000 Euro! Kann Ihre Immobilie diesen Betrag über Mieten und Wertsteigerung nach 20 Jahren wieder reinholen?

Ein weiteres Problem ist, dass nach 20 Jahren die ersten Reparaturen fällig werden, d.h. ganz ohne Kosten können Sie die Immobilie im Alter nicht selbst bewohnen oder vermieten! Kommen dann noch altersbedingte Umbauten bei der selbst bewohnten Immobilie hinzu, wird die Rechnung schon schwierig.

Im Alter müssen Sie auch von etwas leben, Sie müssen etwas essen, brauchen Geld für Medikamente und so weiter. Steckt all Ihr Geld in der Immobilie, was dann? Eine Wand rausbrechen und gegen Essen tauschen? Oder wieder eine Hypothek auf das Haus aufnehmen, um Ihre täglichen Ausgaben zu bestreiten? Das Ergebnis wäre, dass das Haus nicht mehr Ihnen gehören würde, sondern wieder der Bank.

Betrachten Sie eine zu vermietende Immobilie als Investition, und bewerten Sie diese Investition knallhart wie jede andere auch. Wägen Sie kühl alle Vor- und Nachteile ab. Der Kauf einer Immobilie als Kapitalanlage muss sich für Sie lohnen! Ganz wichtig, es muss sich für Sie _vor_ den steuerlichen Aspekten lohnen! Eine Investition, die sich nur auf Grund der steuerlichen Gesetzgebung lohnt, wird sofort unrentabel, wenn der Staat die Gesetzgebung verändert. Das hat vielen Privatanlegern, die in Schiffs- und Filmfonds investierten, eine böse Überraschung bereitet. Viele wurden nur mit den steuerlichen Vorteilen in diese Produkte gelockt, ohne auch nur das Geschäftsmodell zu hinterfragen. Lohnt sich die Investition vor Steuern und der Fiskus gibt Ihnen dann noch einen steuerlichen Vorteil oben drauf, dann ist das das Sahnehäubchen auf dem Kuchen. Aber machen Sie keine Investition nur für die Sahne, Sie wollen den Kuchen!

Anders verhält es sich, wenn Sie die Immobilie kaufen, weil Sie sie hübsch finden und darin wohnen möchten. Dann kaufen Sie sie und sehen Sie die eigene Immobilie als Luxus, den Sie sich gönnen!

# Geldmarkt

Unter dem Geldmarkt versteht man kurzfristige Anlageformen wie Tages- und Termingelder oder auch spezielle Geldmarktpapiere, wie die von der Bundesrepublik Deutschland ausgegebene *unverzinsliche Schatzanweisung (Bubills)*. Über den Geldmarkt können Unternehmen, Staaten und Banken sich kurzfristig über eine Dauer von einem Tag bis zu ein paar Monaten mit Geld versorgen. Der Preis des Geldes ist dabei der Zins, zu welchem sich Banken guter Bonität bereit erklären, sich untereinander Geld zu leihen. Dieser wird täglich ermittelt und dient als Referenzzinssatz für die kurzfristige Geldbeschaffung. Der bekannteste Referenzzinssatz ist der Euribor (Euro Interbanken Offer Rate). Wenn Sie ein Festgeldkonto besitzen, dann hängt die Verzinsung, die Ihnen die Bank anbietet, direkt mit dem aktuellen Euribor zusammen.

Grundsätzlich sind Tages- und Termingelder nicht für einen langfristigen Vermögensaufbau geeignet, sondern nur, um Geld kurzfristig zu parken. Seit 1994 sind in Deutschland auch sogenannte Geldmarktfonds für den Handel an der Börse zugelassen. Diese ermöglichen es Kleinanlegern, direkt in den Geldmarkt zu investieren. Die Renditen liegen dabei naturgemäß niedriger als bei langfristig angelegten Investments. Im Zuge der Finanzkrise trat zudem ein Risiko dieser Geldmarktfonds zu Tage. Bei sinkenden Zinsen entziehen oft institutionelle Anleger massiv Gelder aus diesen Fonds, was zu sinkenden Kursen führt. So sind manche Fonds 2008 um bis zu 50 Prozent abgestürzt. Die Rendite, die vor 2008 erzielbar war, war zwar meist etwas höher als beim klassischen Tagesgeld, aber das Risiko, dass diese Fonds innehaben, rechtfertigt diese ein bis zwei Prozent höhere Rendite nicht! Zumal Geldmarktfonds auch bekannt dafür sind, in teilweise verbriefte Papiere (Asset Backet Securities - ABS) zu investieren.

Im Zuge der Finanzkrise waren enorme Abschreibungen auf diese verbrieften Papiere vorzunehmen, was die darin investierten Geldmarktfonds zusätzlich in Bedrängnis brachte. Parken Sie Ihr Geld nicht in Geldmarktfonds, diese bergen enorme Risiken und bieten dafür nur eine magere Rendite. Außerdem sind die Kosten durch Managementgebühr und Ausgabeaufschläge nicht unerheblich.

Wenn Sie Geld kurzfristig parken müssen, dann suchen Sie sich eine Bank Ihres Vertrauens und deponieren Sie dort Ihr Geld mit einer kurzen Laufzeit (maximal sechs Monate), um im Notfall noch dran zu kommen. Achten Sie auch darauf, wie hoch die Einlagensicherung der Bank ist. Was nützt Ihnen ein hoher Tagesgeldzins, wenn die Bank selber in Schwierigkeiten steckt und Sie nur einen Bruchteil der Einlage zurückbekommen. Viele Direktbanken in Deutschland bieten ein Tagesgeldkonto gekoppelt an eine Kreditkarte an. Dort können Sie über das Geld jederzeit verfügen und erhalten Zinsen, die Ihnen zumindest das Gefühl geben, Ihr Geld liegt nicht unnütz auf dem Girokonto.

## Rohstoffmarkt

Über den Rohstoffmarkt könnte man ganze Bücher füllen. Wobei es den Rohstoffmarkt an sich nicht gibt. Es gibt verschiedene Rohstoffe wie Öl, Kupfer, Holz oder auch Gold, und jeder Rohstoff hat seinen eigenen Markt mit seinen eigenen Bedingungen und Gesetzen. Es ist als Anleger immer ein Risiko, in etwas zu investieren, was man nicht versteht. Daher sollten Sie nur dann in Rohstoffe investieren, wenn Sie sich eine gewisse Expertise in einem Rohstoffmarkt angeeignet haben.

Ich persönlich habe mich seit Jahren mit dem Öl- und Gasmarkt beschäftigt und investiere auch in Firmen, die in diesem Markt operieren. Aber das heißt nicht, dass ich ein direktes Investment in ein Fass Öl machen würde. Dazu ist der Ölpreis viel zu volatil und kurzfristig nicht berechenbar. Langfristig vertraue ich Firmen, deren Geschäft darin besteht, Öl und Gas von der Förderstelle zum Endverbraucher zu befördern, mit allem, was dazu gehört, Erschließung, Transport, Raffinerie und Vertrieb, zum Beispiel über Tankstellen. Diese Firmen sind natürlich von der Höhe des Ölpreises abhängig, aber erbringen letztendlich eine Dienstleistung, die es dem Endverbraucher erlaubt, sein Auto voll zu tanken. Die Nachfrage nach dieser Dienstleistung schwankt weniger stark als der Ölpreis, daher sind die Erträge auch berechenbarer als das Auf und Ab des Rohölpreises. Auch wenn der langfristige Trend der Rohstoffpreise nach oben zeigt, können die kurzfristigen Schwankungen enorm sein.

Wenn Sie unbedingt in einen Rohstoffmarkt investieren möchten, dann investieren Sie in Firmen, die in ihm operieren, und untersuchen Sie genau, wie diese Firmen ihr Geld verdienen. Verdient die Firma nur an der Förderung des Rohstoffes, dann hängt der Unternehmenserfolg direkt am Preis des Rohstoffes. Bietet sie dagegen eine Dienstleistung im Zusammenhang mit der Nutzung des Rohstoffes oder vielleicht sogar ein Endprodukt an, dann sind die Erträge nicht ganz so abhängig vom aktuellen Rohstoffpreis. Aufgrund des hohen Zeitbedarfs, den Sie benötigen, um sich in einen Rohstoffmarkt einzuarbeiten und sich auf dem Laufenden zu halten, ist ein Direktinvestment in Rohstoffe nur bedingt empfehlenswert.

## Alternative Investments

Zu den alternativen Investments gehören alle Anlageprodukte, die man schlecht in eine der zuvor genannten Kategorien einordnen kann. Zwei wichtige Produkte aus diesem Bereich sind Hedgefonds und Private Equity Gesellschaften. Beide Begriffe sind in Deutschland sehr negativ belegt und werden sehr oft auch mit dem Oberbegriff „Heuschrecken" versehen. Dabei sind Hedgefonds und Private Equity Gesellschaften von Hause aus nicht unbedingt eine Ausgeburt der Hölle!

Kommen wir zunächst zu den Hedgefonds. Was unterscheidet einen Hedgefonds von einem klassischen Aktienfonds? Ein Aktienfonds sammelt Gelder der Anleger ein und kauft damit eine Palette von Aktien. Der Vorteil ist, dass ein Kleinanleger sich schon für einen kleinen Betrag über einen Aktienfonds mehrere Aktien in sein Depot legen kann, ohne mehrere tausend Euro auszugeben, um diese direkt zu kaufen. Dabei geht ein Aktienfonds immer eine sogenannte Long Position ein, er spekuliert also auf steigende Preise. Immer, wenn Sie eine Aktie kaufen, gehen Sie eine Long Position auf diesen Wert ein, da Sie hoffen, dass dieser Wert steigt. Das bedeutet, ein Aktienfonds erwirtschaftet für Sie eine positive Rendite, wenn die Aktien, die dieser Fonds hält, auch steigen. Was passiert, wenn diese Aktien im Wert sinken? Dann macht der Aktienfonds einen Verlust! Hedgefonds dagegen dürfen auch sogenannte Short Positionen eingehen. Bei einer Short Position spekuliert man auf einen fallenden Aktienkurs. Wie funktioniert das? Es gibt zwei Wege. Variante eins, der Hedgefonds leiht sich die Aktie, für die er einen fallenden Kurs erwartet, von jemand anderem, dafür zahlt der Hedgefonds eine tägliche Gebühr an den Verleiher. Dann verkauft der Hedgefonds diese Aktie, sagen wir für 100 Euro.

Wenn der Kurs gefallen ist, kauft der Hedgefonds die Aktie wieder ein, sagen wir zu einem Kurs von 60 Euro, und gibt diese Aktie an den Verleiher wieder zurück. Der Gewinn des Hedgefonds ist folglich 100 Euro Einnahmen durch Verkauf der geliehenen Aktie minus 60 Euro Ausgaben für Rückkauf der Aktie minus die Leihgebühr. Die zweite Variante ist eine synthetische Short Position bei der über ein Optionsgeschäft eine Short Position eingeleitet wird. Der Hedgefonds kauft eine Put-Option. Diese Option räumt dem Käufer das Recht ein, die zugrunde liegende Aktie in der Zukunft zu einem jetzt festgelegten Preis zu verkaufen. Nehmen wir an, die Option räumt Ihnen das Recht ein, die Aktie in drei Monaten zu einem Preis von 100 Euro zu verkaufen. In drei Monaten ist der Aktienkurs auf 60 Euro gefallen, das bedeutet, Sie können die Put-Option ausüben. Sie kaufen die Aktie für 60 Euro an der Börse ein und verkaufen sie gleich für 100 Euro an den Verkäufer der Put-Option weiter. Dieser hatte sich mit dem Verkauf der Put-Option verpflichtet, die Aktie für den ausgehandelten Preis abzunehmen. Der Gewinn ist wieder 100 Euro minus 60 Euro minus den Preis der Put-Option beim Kauf. Wie gesagt räumt eine Put-Option dem Käufer der Option das Recht, aber nicht die Pflicht, ein, einen zugrunde liegenden Wert, zum Beispiel eine Aktie, in der Zukunft für einen heute ausgehandelten Preis zu verkaufen. Damit stellt eine Put-Option eine Versicherung für fallende Kurse dar. Stellen Sie sich einen Weizenbauer vor, der in drei Monaten seine Ernte einbringt. Der Weizenbauer weiß nicht, wie der Preis für Weizen in drei Monaten sein wird und möchte einen Preisverfall absichern. Er kauft also eine Put-Option auf Weizen mit einem Ausübungspreis, der für ihn akzeptabel ist. Fällt der Weizen in drei Monaten unter diesen Preis, übt der Bauer seine Put-Option aus und verkauft den Weizen für den Ausübungspreis.

Ist der Weizenpreis in drei Monaten höher oder gleich dem vereinbarten Ausübungspreis kann der Bauer seinen Weizen ohne Ausübung der Option verkaufen und einen noch höheren Preis erzielen. Die Option lässt er damit verfallen.

Soweit die theoretischen Geschäftsgrundlagen eines Hedgefonds. Das Eingehen von Long und Short Positionen erlaubt einem Hedgefonds, theoretisch in jeder Marktlage Geld zu verdienen. Fällt die Börse und der Hedgefonds hat auf fallende Kurse gesetzt, verdient er Geld. Steigt die Börse und er hat auf steigende Kurse gesetzt, verdient er auch Geld. Bedeutet das, dass ein Hedgefonds immer Geld verdient?

Nein, leider nicht. Das Management des Hedgefonds muss die Marktlage richtig einschätzen können. Spekuliert der Hedgefonds auf fallende Kurse und der Markt steigt, dann fallen Verluste an. Macht der Hedgefonds über eine gewisse Zeit mehr Verlust als Gewinn, dann wird es eng und der Hedgefonds muss im Zweifelsfall geschlossen werden. Ein weiteres Problem vieler Hedgefonds ist ihre hohe Kreditaufnahme, denn oft spekuliert ein Hedgefonds nicht nur mit dem eigenen Geld, sondern er leiht sich zusätzlich Geld, um damit sein Eigenkapital zu hebeln. Geht alles gut, und die Spekulation ist erfolgreich, erhöht das Fremdkapital den Gewinn, geht es nach hinten los, erhöht es den Verlust. Kredit zur Spekulation wirkt wie ein Brandbeschleuniger, hohen Gewinnchancen stehen auch sehr hohe Risiken gegenüber. Wofür eignet sich also ein Hedgefonds?

Sie können in einen Hedgefonds investieren, um beispielsweise Ihr Portfolio etwas robuster gegen Kursausschläge zu machen. Stellen Sie sich vor, Sie haben 90.000 Euro in Aktien investiert und sind damit eine Long Position eingegangen, und 10.000 Euro in einen Hedgefonds, der auch Short Positionen eingeht.

Fallen die Aktienkurse, dann bietet Ihr Hedgefonds einen gewissen Puffer, denn er kann theoretisch auch in einem fallendem Markt Geld verdienen. Daher bietet sich ein Hedgefonds für einen Investor höchstens als Beimischung für das eigene Portfolio an. Als tragende Säule für eine Geldmaschine ist er ungeeignet! Außerdem können Sie auch Ihr Portfolio direkt absichern und eine Put Option kaufen, das ist günstiger, und Sie wissen dann, was Sie tun.

Die zweite Anlageform der alternativen Investments sind sogenannte Private Equity Gesellschaften (außerbörsliches Eigenkapital). Diese auch Beteiligungsgesellschaften genannten Pools erhalten Geld von vermögenden Personen und Institutionen um sich damit an Unternehmen zu beteiligen. Im Prinzip sind sie wie Aktienfonds, nur mit dem Unterschied, dass sie nicht börsennotiert sind und somit nicht den strengen Auflagen unterliegen, die damit verbunden sind. Der Markt der Private Equity Gesellschaften ist sehr breit gestreut. Es gibt Gesellschaften, die investieren in junge, aufstrebende Unternehmen und versorgen diese mit Kapital, damit diese ihr Geschäft aufbauen und Mitarbeiter einstellen können. Andere Gesellschaften konzentrieren sich darauf, in Not geratene Unternehmen umzustrukturieren und wieder in die Gewinnzone zu führen. Es gibt aber auch Gesellschaften, die Firmen kaufen, um diese buchstäblich „auszusaugen". Dabei ist es eine gängige Methode, ein mehr oder weniger solides Unternehmen über einen Kredit zu kaufen, den diese Firma dann bedienen muss. Im Prinzip finanziert das Unternehmen damit seine eigene Übernahme. Der Fall des Sanitärherstellers Grohe machte 2005 Schlagzeilen, als eine Private Equity Gesellschaft dieses Prinzip zur Übernahme von Grohe umsetzte und damit die „Heuschrecken" Debatte in Deutschland auslöste.

Generell sind Private Equity Gesellschaften nicht immer Heuschrecken. Es gibt viele Gesellschaften, die als Risikofinanzierer für neue Geschäftsideen auftreten und damit die Entwicklung neuer Produkte und die Schaffung von Arbeitsplätzen fördern.

In den USA sind diese Wagnisfinanzierer sehr erfolgreich und ohne sie gäbe es heute keine Unternehmen wie Apple oder Google. Aufgrund der fehlenden Möglichkeiten als Kleinanleger in Private Equity Gesellschaften zu investieren, fallen diese für unsere Geldmaschine leider - oder zum Glück - aus.

## Produkte, die Ihnen Ihre Bank empfiehlt

Produkte, die Ihnen Ihre Bank empfiehlt, sind zwar keine gängige Anlageklasse, aber doch haben sie alle eines gemeinsam. All diese Produkte zeichnen sich durch hohe Kosten, welche durch die hohen Verwaltungsgebühren verursacht werden, sowie durch ein ungünstiges Chance-Risiko-Verhältnis aus.

Zu diesen Produkten gehören zum Beispiel die Riesterrente, Lebensversicherungen, Zertifikate, Schiffsfonds, aber auch Investmentfonds. Warum empfiehlt Ihnen die Bank diese Produkte?

Weil ein Interessenkonflikt bei der Bank besteht. Sie gehen zu Ihrer Hausbank und erwarten eine unabhängige Beratung, welche auf Ihre persönliche Lebenssituation zugeschnitten ist. Leider sind die Anreize bei Banken nicht auf diese Zielstellung ausgerichtet, sondern auf die Erzielung möglichst hoher Umsätze. Ein Bankberater steht heute unter einem ungeheuren Druck, möglichst viele, für die Bank gewinnbringende Produkte an den Mann zu bringen. Daher ähnelt das Beratungsgespräch bei vielen Banken auch eher einem Verkaufsgespräch als einer Beratung. Die Produkte, die hohe Provisionen und Gebühren für die Bank erzielen, werden bevorzugt an den Kunden verkauft. Mit der Folge, dass Ihnen Produkte angedreht werden, die in vielen Fällen ungeeignet sind. Ein Mitarbeiter bei der Bank ist kein Berater, sondern ein Verkäufer der bankeigenen Produkte!

# Kapitallebensversicherungen und Riesterrenten

Kapitallebensversicherungen und Riesterrenten sind solche Produkte, die gerne an den Kunden verkauft werden. Bei Riesterrenten gibt es eine Vielzahl an unterschiedlichen Produkten, die mal mehr, mal weniger Rendite und Sicherheit bieten. Gemein ist diesen Produkten, dass sie oft nur mit finanzmathematischem Studium und 10 Jahren Wallstreet-Erfahrung zu überschauen sind! Gerade bei Riester-geförderten Rentenversicherungen hat sich die Finanzindustrie eine eigene Geldmaschine geschaffen. Die Gebühren und laufenden Kosten sind so hoch, dass von den eingezahlten Beiträgen in den ersten Jahren gerade einmal die Verwaltungsgebühren bezahlt werden können.

Laut einer Untersuchung der BaFin, der Bundesanstalt für Finanzdienstleistungsaufsicht, aus dem Jahre 2002, werden rund 25 Prozent der eingezahlten Lebensversicherungsbeiträge für Verwaltungs- und Abschlusskosten aufgebraucht. Hinzu kommen noch die Kosten für das eigentliche Investment. Dadurch kann man locker mit 30 Prozent und mehr Kosten für eine Lebensversicherung rechnen. Geld, das erst mal weg ist und durch das eigentliche Investment wieder hereingeholt werden muss - und genau da beißt sich die Katze in den Schwanz!

Nach Berechnungen der Wirtschaftswoche muss man ein biblisches Alter von 90 Jahren erreichen, um überhaupt in den Genuss einer positiven Rendite auf die eingezahlten Beiträge zu kommen! (Wirtschaftswoche, 2011)

Was macht die Versicherung mit dem restlichen Geld, das nicht für die Verwaltung verwendet wird? Sie legt das Geld am Kapitalmarkt, vorzugsweise in Anleihen von Staaten und Unternehmen, an. Dies sind Anlagen, die in der heutigen Zeit wenig Rendite abwerfen und dazu noch hochriskant sein können.

Versicherungen dürfen in Deutschland maximal 35 Prozent ihres Vermögens in Aktien halten, da der Aktienmarkt vom Gesetzgeber als unsicher eingestuft wird. Aktuell liegt die Aktienquote der deutschen Versicherungen bei knapp 3 Prozent (Stand Herbst 2012). Das heißt, Versicherungen sind die größten Inhaber von Staatsanleihen. Weiterhin stellt sich die Frage, was passiert, wenn Schuldenschnitte für überschuldete Staaten beschlossen werden, dann macht die Versicherung Verluste und muss die Überschüsse, die man Ihnen als Anleger bei Vertragsabschluss in Aussicht gestellt hatte, wieder einkassieren. Sie bleiben also auf dem Garantiezins hängen. Dieser liegt bei Altverträgen aus den 1990ern bei rund vier Prozent, bei Neuverträgen werden gerade einmal 1,25 Prozent (Stand: Sommer 2015) garantiert! Das insgesamt niedrige Zinsniveau, das durch die Notenbanken künstlich erzeugt wird, führt bei den Versicherungen zu einem Anlagenotstand, den die Anleger, die Lebensversicherungen und Riesterrenten abgeschlossen haben, durch Entwertung ihrer Beiträge bezahlen.

## Aktien- und Rentenfonds

Aktien- und Rentenfonds, die auch unter dem Begriff Investmentfonds zusammengefasst werden, sind gern verkaufte Produkte der Banken. Investmentfonds bieten eine lukrative Einnahmequelle für die Bank über die Verwaltungs- bzw. Managementgebühr, dabei ist das Management eines Aktienfonds keine Raketenwissenschaft! Alles, was ein Fondsmanager tut, ist Aktien und/oder Anleihen nach verschiedenen Kriterien zu kaufen und zu verkaufen. Dabei versuchen die Fondsgesellschaften den Eindruck zu vermitteln, dass ein professioneller Fondsmanager mehr vom Investieren versteht als ein privater Investor.

Dem mag auch so sein, bloß spielt das am Kapitalmarkt kaum eine Rolle! Die Renditen der Fonds liegen meist unter denen der Vergleichsindizes. Warum ist das so? Ganz einfach, Fondsmanager sind auch nur Menschen und folgen dem Herdentrieb, wie jeder andere auch. Hinzu kommen mehrere Designprobleme der Investmentfonds. Ein Investmentfonds darf nur eine begrenzte Menge an liquiden Mitteln in der Kasse halten. Er muss den Großteil des Geldes sofort investieren. Leider kaufen Kleinanleger gerade in boomenden Aktienmärkten Fondsanteile und stellen damit dem Fonds weitere liquide Mittel zur Verfügung. Diese muss der Fonds dann zu Höchstkursen investieren. Er kann nicht antizyklisch handeln und warten, bis die Kurse wieder fallen, um günstig einzukaufen. Im Gegenteil, der Investmentfonds verstärkt durch seinen Kauf noch den Preisauftrieb. Umgekehrt verhält es sich bei fallenden Kursen. Viele Kleinanleger ziehen dann ihr Geld aus einem Fonds ab und lösen damit eine Verkaufswelle des Fonds aus, was die Kurse noch weiter in die Tiefe rauschen lässt.

Investmentfonds verstärken also das Auf und Ab an der Börse und verhalten sich prozyklisch. Sie kaufen Aktien bei hohen Kursen und verkaufen bei niedrigen Kursen. Aber Geld verdient man an der Börse genau umgekehrt, günstig kaufen und hoch verkaufen!

Ein weiteres Problem von Investmentfonds ist ihre schiere Größe. Beliebte Fonds haben nicht selten ein Fondsvolumen von mehreren Milliarden Euro. Dieses Geld muss auch investiert werden, dadurch bleiben als Anlagemöglichkeiten nur noch sehr große liquide Titel übrig. Viele Fonds dürfen nur maximal 5 Prozent des Anlagevermögens in einen Titel stecken und sind dadurch gezwungen, sehr viele Positionen, oft bis zu mehreren hundert, in großen Unternehmen zu halten. Das Risiko ist groß, dass dabei nicht nur Perlen ins Portfolio geraten.

Das Abschneiden eines Fonds wird immer in Relation zu seinem Vergleichsindex gemessen. Ein in Deutschland investierender Aktienfonds muss sich zum Beispiel mit dem DAX messen. Bei einem Fonds mit beispielsweise 20 Titeln schwankt die Rendite natürlich stärker als bei einem Fonds mit 200 Titeln im Portfolio. Der 20 Titel große Fonds hat eine hohe Chance, Renditen zu erzielen, die weit über dem des Vergleichsindex liegen, und er wird wahrscheinlich auch Renditen erzielen, die darunter liegen. Selbst ein noch so guter kleiner Fonds, der sich auf wenige Titel konzentriert, wird auch mal Jahre haben, die unterdurchschnittlich ausfallen. Wohingegen der 200 Titel umfassende Fonds eher eine durchschnittliche Rendite einfahren wird, die nicht stark von seinem Vergleichsindex abweichen wird.

Fonds, die zwei oder drei Jahre ihrem Vergleichsindex hinterherhinken, werden durch Anleger mit dem Entzug von Anlagegeld bestraft. Daher besteht ein Anreiz für das Fondsmanagement, viele Titel und damit auch schlechtere Titel ins Portfolio zu holen, nur um nicht zu sehr vom Vergleichsindex abzuweichen. Kleinere Portfolios mit ausgesuchten Perlen haben kaum eine Chance, weil die Masse der Privatanleger nicht bereit ist, die Schwankungen der Rendite mitzumachen. Hier liegt der riesige Vorteil, den langfristig orientierte Privatanleger gegenüber Professionellen haben. Sie können mit einem ausgesuchten, langfristig orientierten Portfolio eine höhere Rendite erzielen als professionelle Fondsmanager. Ein Privatanleger, der einen Anlagehorizont von 20 Jahren hat, kann ohne Probleme in Krisenzeiten Perlen zu Spottpreisen einkaufen und warten, bis sich die Marktlage wieder verbessert. Und das tut sie immer, nach jeder Krise kommt ein Boom, immer! Der Zeitvorteil, den ein privater Investor hat, ist der Nachteil des Profis.

Dieser muss seine Zahlen jedes Quartal vorlegen und darf sich nicht zu sehr von seinem Vergleichsindex entfernen. Ist er zu weit darunter, wird er gnadenlos abgestraft. Der Druck auf die Profis ist enorm, sie müssen jedes Quartal einen Erfolg vermelden.

Ein weiteres Problem beim Investieren in Investmentfonds besteht in den hohen Kosten, die Ihnen das Fondsmanagement, teils sehr versteckt, in Rechnung stellt. Dabei betrachten wir hier noch nicht einmal die hohen Ausgabeaufschläge von bis zu 5 Prozent, die Ihnen beim Kauf von Fondsanteilen direkt abgezogen werden, sondern nur die jährlichen Betriebskosten des Fonds. Je nach Fonds zahlen Sie eine Managementgebühr und weitere Gebühren für Transaktionskosten, für Verwaltungskosten etc. Insgesamt betragen die Kosten von Investmentfonds zwischen 2 und 4 Prozent des Fondsvermögens pro Jahr, und diese werden direkt aus dem Fondsvermögen entnommen. Hierzu ein Beispiel: Ein Aktienfonds hat ein Anlagevermögen von 100 Euro und erzielte im letzten Jahr eine Rendite von 8 Prozent vor Abzug der Kosten. Das bedeutet, das Fondsvermögen beträgt 108 Euro. Bei 2,2 Prozent Verwaltungsgebühr macht das Gesamtkosten von 2,38 Euro. Bleibt unter dem Strich eine Nettorendite von 5,62 Prozent übrig! Über einen längeren Zeitraum macht sich diese Renditeschmälerung durch die Fondsgebühren richtig bemerkbar.

Angenommen, Sie haben vor 50 Jahren über einen Investmentfonds, der in Aktien des S&P 500 investiert, 1.000 US Dollar angelegt. Bei einer jährlichen Fondsgebühr von 2,2 Prozent wären daraus 193.000 US Dollar geworden. Nicht schlecht, oder?

Hätten Sie die Aktien aber direkt gekauft und liegen gelassen, dann wären daraus 517.000 US Dollar geworden! Das bedeutet, 321.000 US Dollar an Management- und Verwaltungsgebühren hat Ihnen die Fondsgesellschaft abgezogen, ohne dass Sie das richtig mitbekommen. Das sind 62 Prozent an Gebühren!

2,2 Prozent jährliche Gebühr klingt nicht viel, aber über einen langfristigen Anlagezeitraum summiert sich das zu einer beträchtlichen Summe. (Bogle, 2000)

Sie können in Investmentfonds investieren, um Ihre Geldmaschine aufzubauen, aber seien Sie sich der hohen Kosten bewusst! Diese schmälern Ihre Rendite erheblich. Wesentlich einfacher und kostengünstiger ist immer ein direktes Investment ohne Zwischenhändler wie Investmentfonds. Ein direktes Investment in Qualitätsunternehmen ist wesentlich günstiger und auch mit weniger Risiken behaftet als eine Investition in einen Aktienfonds.

Eine günstige Alternative zu Aktienfonds sind ETFs, Exchange Traded Funds. Diese bilden einen Index wie den DAX ab und benötigen kein teures aktives Management. Kein Wunder, dass ETFs über die letzten Jahre immer mehr in Mode gekommen sind und den klassischen Aktienfonds den Rang ablaufen. Aber auch hier ist Vorsicht geboten, viele ETFs halten nicht die Aktien, die sie eigentlich nachbilden sollen, sondern Derivate. So ist es schon vorgekommen, dass Anleger einen ETF auf einen europäischen Index gekauft haben und anschließend feststellen mussten, dass dieser ein Derivat auf einen japanischen Atomkonzern in seinem Portfolio hatte.

Eine implizite Annahme, die jeder Anleger macht, der in breit gefächerte Aktienfonds oder einen ETF investiert, ist, dass die gesamtwirtschaftliche Entwicklung positiv verläuft. Meine These ist, dass das aufgrund der Probleme des Geldsystems und der angespannten Ressourcenlage zunehmend schwieriger wird. Das bedeutet, dass die Auswahl von geeigneten Anlagen in Zukunft wieder mehr Analyse erfordern wird, als es in der Vergangenheit nötig war. Faktoren wie Ressourceneffizienz werden einen höheren Stellenwert in der Bewertung von Unternehmen spielen als heute. Daher werden breitangelegte Investments wie ETFs nicht mehr die Renditen bieten können, die man in der Vergangenheit gesehen hat.

## KAPITEL 10

# Gold – Fluch oder Segen

*Gold wird aus dem Boden in Afrika, oder sonst wo ausgegraben. Dann schmelzen wir es, vergraben es erneut und bezahlen Leute dafür, dass sie es bewachen. Es hat keinen Nutzen.*
-Warren Buffett

Gold wird in der Industrie, mal abgesehen von der Schmuckherstellung, so gut wie nicht als Ressource eingesetzt. Die industrielle Nachfrage nach Gold ist sehr gering. Man kann es nicht essen, kein Auto damit betanken und es wirft auch keine Zinsen oder Dividenden ab, wenn man es in seinem Tresor bunkert. Es ist ein lebloser, kaum produktiv nutzbarer Stoff. Und dennoch beflügelt kein Metall die Wünsche und Sehnsüchte so sehr wie Gold. Schon seit der Antike vertrauen Menschen auf Gold als Wertaufbahrungs- und Zahlungsmittel. Von den ersten Goldmünzen unter König Krösus, ca. 560 v. Chr., bis zur Goldmark des Deutschen Kaiserreiches von 1890, wurde Gold immer wieder als Zahlungsmittel verwendet.

Auch heute ist Gold, gerade aufgrund der unübersichtlichen Lage an den Finanzmärkten, wieder gefragter denn je. Obwohl es keine mehr oder weniger sinnvolle Verwendung für Gold gibt, ist es in vielen Regionen der Erde ein Objekt der Begierde. Sein Wert ist psychologischer Natur und der Tatsache geschuldet, dass es nur eine begrenzte Menge an Gold auf der Erde gibt, und dass ein beträchtlicher Aufwand betrieben werden muss, um es ans Tageslicht zu fördern. Gold besitzt daher einen inneren Wert, der zumindest so hoch ist wie die Förderkosten. Regierungen können Gold nicht mal eben wie Papiergeld herstellen, daher war Gold historisch immer ein recht gutes Wertaufbewahrungsmittel. Immer, wenn die Kaufkraft einer Papiergeldwährung durch die Inflation zerstört wurde, erlebte Gold eine Renaissance. Aber auch Gold wurde immer wieder das Ziel von Entwertungen. Als es noch keine Druckerpressen gab, wurde der Goldgehalt in Münzen immer wieder herabgesetzt, um mehr Münzen prägen zu können. Im Endeffekt wurde eine Inflation in Gang gesetzt und somit Schulden entwertet.

In der Zeit von 1914 bis 1919 kam es in den USA zu der letzten bekannten großen Goldinflation. Hintergrund war die hohe Menge an Goldimporten als Zahlungsmittel für Rüstungsgüter, die an die Kriegsparteien des 1. Weltkrieges geliefert wurden. Goldmünzen verloren in Relation zu der Entwicklung der Großhandelspreise innerhalb von nur 6 Jahren über 75 Prozent ihrer Kaufkraft. (Zarlenga, 2002, S. 548)

Der Preis bzw. der Wert von Gold bestimmt sich aus Angebot und Nachfrage. Ist sehr viel Gold als Zahlungsmittel im Umlauf, sinkt auch dessen Kaufkraft. Gold ist daher, genauso wie jedes andere rohstoffbasierte Geldsystem, kein Allheilmittel, um den Geldwert stabil zu halten!

Gold kann als Anker für die Geldschöpfung dienen, aber auch in der Vergangenheit nutzten Regierungen immer wieder die Vertrauensbildung eines Goldstandards, um mehr Papiergeld zu drucken, als durch Gold gedeckt werden konnte. Ein Goldstandard führt nicht automatisch zu einer stabilen Währung. Auf dem Weltmarkt wird Gold in US Dollar pro Unze (ca. 28,34 Gramm) gehandelt. Das sogenannte Goldfixing findet zweimal täglich am Londoner Bullion Market statt und wird von fünf Bullionbanken, darunter auch die Deutsche Bank und die französische Société Générale, durchgeführt. Eine Bullionbank ist eine für den Goldhandel zertifizierte Bank, die für Kunden die Einlagerung und den Handel von Gold durchführt.

Beim Goldfixing werden alle Kauf- und Verkaufsangebote für physisches Gold zusammen mit den Preisvorstellungen von den Bullionbanken gesammelt. Ein „fixing" ergibt sich, sobald sich ein Gleichgewicht zwischen Verkaufs- und Kaufangeboten einstellt. Ist ein Preis gefunden, so dient er als Referenzpreis für Goldminenbetreiber, Investoren, Zentralbanken und auch für Goldhändler. Für den physischen Kauf von Gold, und der sollte vorrangig betrieben werden, ist das Goldfixing in London maßgeblich.

Grafik 10.1: Goldpreis - 1 Unze Gold in USD

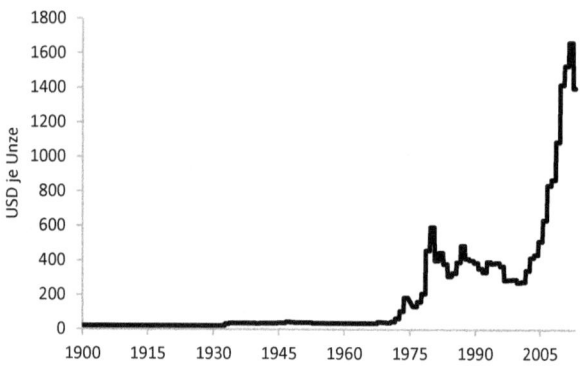

Seit dem Zusammenbruch des Bretton-Woods-Systems und der Aufgabe der Golddeckung im Jahr 1971 unterliegt der Goldpreis dem Zusammenspiel von Angebot und Nachfrage. Nach Freigabe des Goldpreises kam es bis zum Beginn der 1980er zu einem starken Anstieg. Darauf folgte eine Schwächeperiode, die bis 2002 anhielt. Seit 2004 erleben wir einen exponentiellen Anstieg des Goldpreises.

Quelle: The National Mining Association

## Papiergold und Preismanipulation

Ein weiterer Umschlagplatz für Gold ist die New Yorker Comex, die größte Warenterminbörse der Welt. Dort können Future-Kontrakte auf Gold und Gold-Zertifikate gehandelt werden. Auch tummeln sich mehrere Anbieter von Gold-Fonds im Markt. Aber Vorsicht, gerade bei Gold-Fonds weiß man nie, ob bei ihnen auch wirklich physisches Gold hinterlegt ist, und wenn ja, ob die Menge auch zur vollen Deckung der Papierforderung ausreicht. Bei einem Fonds oder einer anderen Form von Papierforderung erhält man einen Anspruch auf Gold. Es ist nicht sicher, ob jeder Anspruch auch durch die entsprechende physische Menge gedeckt ist.

Tatsächlich übersteigt die Menge an Goldforderungen die tatsächliche Menge an Gold um ein Vielfaches. Laut Schätzungen beträgt das Verhältnis von Papiergold zu tatsächlichen Gold 100:1. (Commodity Online, 2011) und (King World News, 2010) Bullionbanken sind dafür bekannt, sich Gold von den Zentralbanken zu leihen. Man könnte es auch eine verdeckte Rettungsaktion der Zentralbanken nennen. Denn physisches Gold wird für eine recht geringe Ausleihgebühr an die Bullionbanken verliehen, aber diese halten es nicht in ihren Tresoren, sondern verkaufen es weiter, bzw. versuchen, damit ihren Erfüllungsverpflichtungen nachzukommen. Das physische Gold verschwindet und wird meist von asiatischen Investoren aufgekauft. Aber es wird noch interessanter, das von der Zentralbank geliehene Gold wird um ein Vielfaches aufgepumpt. Für jede Unze Gold werden 100 Unzen Papiergold ausgestellt und an Investoren verkauft.

Solange nicht viele Anleger gleichzeitig auf die Idee kommen, ihre Goldzertifikate in physisches Gold einzutauschen, funktioniert der Goldmarkt ähnlich wie die Illusion des Geldsystems. Das Verhältnis zwischen Bargeld und Buchgeld liegt im gesamten Euroraum bei ungefähr 1:12. Das bedeutet, nur jeder zwölfte Euro auf dem Girokonto ist durch eine echte Banknote gedeckt. Im Goldmarkt ist das Missverhältnis zwischen Forderung und Deckung um einiges höher und daher können schon kleinere Erschütterungen ein größeres Beben auslösen.

In der Tat kam es im April 2013 zu einem technischen Default bzw. Bank Run auf die niederländische Bank ABN AMRO. ABN AMRO liefert ihren Kunden seit April kein physisches Gold mehr, sondern nur noch den Gegenwert in Papiergeld. (Deutsche Wirtschafts Nachrichten, 2013) Wahrscheinlich waren mehrere Kunden der ABN AMRO in Folge der Zypernkrise verunsichert und baten um Lieferung ihrer Goldreserven, worauf die Bank indirekt eingestehen musste, dass nicht genügend Gold vorrätig ist.

Wenig später folgte die zweite niederländische Bank, mit Wirkung zum 1. September 2013 erklärte die Rabobank, ihren Kunden kein physisches Gold mehr zu liefern. Der Londoner Goldmarkt ist mit einem Handelsvolumen von ca. 5,4 Billionen US Dollar pro Jahr der größte Rohstoffmarkt der Welt. (King World News, 2010) Sollten die Bank Runs auf Bullionbanken andauern, dann stehen wir vor einem Zusammenbruch des Papiergoldmarktes. Die Auswirkungen wären vergleichbar mit dem Platzen der amerikanischen Immobilienblase.

Der jüngste Einbruch des Goldpreises im April 2013 ist vermutlich auf mehrere große Anleger zurückzuführen, die ihre Papierforderungen in echtes Gold eintauschen wollten. So forderten mehrere Regierungen, darunter die Deutsche und die Venezolanische, dass ihre Goldreserven von ihrem Lagerort bei der amerikanischen Notenbank FED wieder nach Hause geholt werden sollten. Auch kam es nach der Zypernkrise und der wachsenden Unsicherheit zu einer steigenden Nachfrage nach physischem Gold, gerade in China und Indien stieg die Nachfrage rasant an. (Max Keiser, 2013) Aber den Goldforderungen steht durch das Goldleasing-System nicht genügend echtes Gold gegenüber. Die einzige Möglichkeit, den Goldforderungen nachzukommen, besteht im Ankauf von Gold von anderen Anlegern. Enorme Verkaufsangebote von Papiergold wurden in den Markt gepumpt, der Goldpreis wurde gedrückt. In der Folge rutsche der Goldpreis innerhalb weniger Wochen von seinem Allzeithoch auf 1.200 US Dollar ab und büßte ca. 30 Prozent ein. Die Goldanleger waren aufgeschreckt und veräußerten ihre physischen Bestände, die dann von Großinvestoren günstig gekauft werden konnten.

Dass der Goldmarkt schon seit Jahren manipuliert wird ist ein offenes Geheimnis unter Insidern. Aber selbst von offizieller Stelle wird eine Manipulation des Goldpreises bestätigt, auch wenn es dort anders formuliert wird.

Alan Greenspan, ehemaliger Vorsitzender der FED, bestätigte im Jahr 1998 bei einer Anhörung vor dem amerikanischen Kongress, dass die Notenbanken „bereit sind, die Menge an verliehenem Gold zu steigern, sollte der Preis steigen." (Federal Reserve, 1998) Die FED und auch die EZB haben kein Interesse an einem allzu stark steigenden Goldpreis, denn ein hoher Goldpreis unterminiert das Vertrauen in das Papiergeldsystem.

## Wer besitzt Gold?

Die größten goldproduzierenden Länder sind China, Australien und die USA. Die größten Förderunternehmen sind Barrick Gold aus Kanada, AngloGold Ashanti aus Südafrika und Newmont Mining aus den USA.

Laut Schätzungen beträgt die Gesamtmenge an bis jetzt gefördertem Gold ca. 171.000 Tonnen, das entspricht etwa dreieinhalb Olympiaschwimmbecken voller Gold.

Die größten Eigentümer von Gold sind die amerikanische Notenbank FED, die Deutsche Bundesbank und der Internationale Währungsfonds IMF. Allein die Top 10 der institutionellen Goldeigentümer besitzen 15 Prozent aller Goldvorräte. Hinzu kommen noch große Fonds und andere institutionelle Anleger und, nicht zu vergessen, die Goldproduzenten selbst, die Gold dann anbieten, wenn der Preis entsprechend hoch ist. Der Markt für Gold ist also hauptsachlich in der Hand großer Spieler, die Angebot und Nachfrage nach eigenem Gutdünken steuern können.

Als kleiner Anleger begibt man sich hier in ein Haifischbecken. Aber dennoch sollte Gold zur Kaufkrafterhaltung gerade in Zeiten von hoher Unsicherheit und hemmungslosem Gelddrucken in einem Portfolio zumindest in kleinen Teilen vertreten sein. In der Währungsgeschichte gab es immer einen Wechsel zwischen goldgedeckten Währungen und ungedeckten, reinen Papiergeldwährungen. Sollte dieses Muster weiterhin gültig sein, so wird die nächste Währung wieder durch Gold gedeckt. Aber auch hier ist Vorsicht angebracht. Sollte Gold wieder als Währung fungieren, dann hat der Staat kein Interesse daran, dass Gold im Besitz seiner Bürger ist. Wenn Sie Gold kaufen, versuchen Sie, unter dem Radar der staatlichen Erfassung zu bleiben, und deponieren Sie es nicht bei einer Bank, nicht einmal die Schweizer Banken sind mehr sicher!

## Der Wert von Gold

Die Frage, ob Gold teuer oder billig ist, ist eine Frage der Betrachtungsweise! Generell gilt Gold als Mittel, um die Kaufkraft zu erhalten, da der Goldpreis meist den Anstieg des Preisniveaus widerspiegelt. Die Frage ist bloß, wie misst man das Preisniveau? Wird die Teuerungsrate anhand des offiziellen Konsumenten-Preis-Index (CPI) ermittelt, so ist Gold überbewertet, da die offizielle Inflation niedrig ist. Setzt man die gefühlte Inflation, die ungefähr der doppelten offiziellen Inflation entspricht, als Grundlage an, so ist Gold auch bei 1.300 US Dollar pro Unze leicht überbewertet. Nimmt man jedoch die von den Notenbanken seit 2008 geschaffene Geldmenge als Grundlage, so müsste eine Unze Gold 10.000 US Dollar kosten. So gesehen ist Gold nicht zu teuer.

Betrachtet man außerdem die Förderkosten der großen Minen, die in etwa bei 1.000 bis 1.400 US Dollar pro Unze liegen, so ergibt sich eine theoretische Preisuntergrenze bei dieser Barriere. Denn für eine Mine macht es keinen Sinn, unterhalb der Förderkosten zu produzieren, womit das Angebot an Gold sinkt und der Preis wieder über diese Barriere steigt.

Inflation ist nicht gleich Inflation, sondern sie spiegelt sich unterschiedlich in den Preisen wider. Nicht alle Preise reagieren gleichmäßig stark auf eine Ausweitung der Geldmenge. Steigende Preise sind ein Symptom für Inflation und nicht dessen Ursache. Inflation entsteht ausschließlich über eine Erhöhung der Geldmenge durch die Zentralbanken und durch die Kreditschöpfung der privaten Banken. Seit dem Zusammenbruch der New Economy 2002 erfolgte eine weltweite Erhöhung der Geldmenge durch die Zentralbanken, die alles vorangegangene in den Schatten stellt. Auf jede Krise der letzten 20 Jahre wurde mit einer Ausweitung der Geldmenge reagiert, aber so richtig in Fahrt kam die Notenpresse erst 2009 in Folge der Finanzkrise. Kein Wunder, dass sich der Goldpreis seit dem mehr als verdreifachte.

Der Goldpreis reagiert damit auf die Ausweitung der Geldmenge, sprich Inflation, mit einem Anstieg. Trifft mehr Geld auf eine begrenzte Menge an Gold, muss der Goldpreis unweigerlich steigen, denn eine Unze ist immer noch eine Unze. Der Nutzen, den man aus Gold bezieht, ist immer noch der Gleiche, nur die Menge an Euro bzw. Dollar hat sich verändert.

Eine beliebte Methode, um einen Eindruck zu gewinnen, wie teuer bzw. billig ein Vermögenswert ist, ist, ihn durch den Preis eines anderen Vermögenswertes zu teilen. Gold bietet sich hier aufgrund seiner Eigenschaft als Wertaufbewahrungsmittel an, denn Gold kann nicht wie Papiergeld künstlich erzeugt werden. Allein um die Inflation zu kompensieren, muss ein Vermögenswert pro Jahr um die Inflationsrate steigen, um seine Kaufkraft zu erhalten.

Daher ist ein historischer Vergleich von nominellen Preisen einer Papierwährung immer fragwürdig! Setzt man aber den Preis des Vermögenswertes in Relation zu einem anderen Vermögenswert wie Gold oder Öl, dann lassen sich auch historische Vergleiche anstellen. Grafik 10.2 zeigt den Kursverlauf des Dow Jones Index, der die 30 größten amerikanischen börsennotierten Unternehmen umfasst, geteilt durch den Goldpreis in Unze je US Dollar. Die Grafik zeigt, wie viele Unzen Gold historisch nötig waren, um eine Aktie des Dow Jones zu kaufen. Ein hoher Wert bedeutet, man musste viele Unzen Gold auf den Tisch legen, um eine Aktie zu kaufen. Ein niedriger Wert bedeutet das Gegenteil.

Grafik 10.2: Dow Jones in Goldpreisen

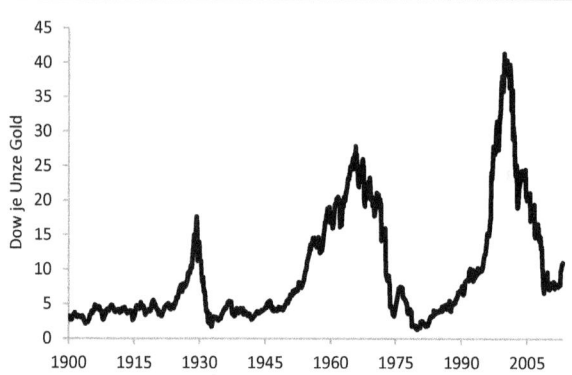

Der Wert des Dow Jones Index wird durch den Preis einer Unze Gold geteilt. Damit erhält man die Menge an Unzen, die nötig ist, um einen Anteil des Dow Jones zu kaufen.
Quelle: The National Mining Association

Bei der Betrachtung des Dow Jones in Goldpreisen fällt ein gewisses Muster auf. Es scheint einen historischen Durchschnitt zu geben, der in etwa bei 5 Unzen je Aktie liegt.

Außerdem gab es drei Perioden, in denen es starke Abweichungen vom Durchschnitt gab, d.h. das langfristige Gleichgewicht zwischen dem Preis einer Unze Gold und dem Preis einer Aktie verschob sich. 1929 musste man 18 Unzen Gold ausgeben, um eine Aktie des Dow Jones kaufen zu können, danach pegelte sich der Wert wieder bei seinem historischen Durchschnitt ein. Was war passiert?

Der Dow Jones Index stieg im Jahr 1929 beflügelt durch eine Kreditblase und massive Aktienspekulation auf bis dato ungesehene Höchststände. Als dann am 29. Oktober 1929, auch bekannt als *Schwarzer Freitag*, die Aktienblase platzte, stürzten die Kurse in die Tiefe. Ein Anleger der 1929 Aktien des Dow Jones Index zu Höchstkursen gekauft hatte, musste 30 Jahre warten, um seine Verluste auszugleichen.

Die nächste große Boom-Phase war die Nachkriegszeit. Die Bevölkerung in den USA wuchs, die Nachfrage nach Konsumgütern stieg und der Dow Jones Index erklomm 1966 ein neues Hoch. Für eine Aktie des Dow Jones Index musste man 1966 ganze 28 Unzen Gold auf den Tisch legen. Darauf folgte mit den 1970ern ein Jahrzehnt, dass durch Ölkrisen, einen Anstieg der Arbeitslosigkeit und hohe Inflation gekennzeichnet war. Der Dow Jones Index bewegte sich seitwärts, während der Goldpreis durch die Decke ging. Mit dem Zusammenbruch des Bretton-Woods-Systems und dem Ende der Golddeckung des US Dollar, stieg der Preis einer Unze Gold von 44 US Dollar im Jahr 1971 auf sagenhafte 594 US Dollar im Jahr 1980. 1980 kostete eine Aktie des Dow Jones Index genau eine Unze Gold. Auch in Deutschland zogen in den 1970ern die ersten wirtschaftlichen Gewitterwolken auf, die offizielle Inflationsrate stieg bis auf 7 Prozent, Konjunkturprogramme führten zu einer Ausweitung der staatlichen Verschuldung, zwar immer noch auf niedrigem Niveau, aber dennoch kriselte es in der Wirtschaft. Gold stellte in dieser Phase einen sicheren Zufluchtsort dar.

In den 1980ern ließ die von Präsident Reagan auch als Reaganomics benannte Strategie der Deregulierung und Steuersenkungen den Dow Jones Index zu einer Kursrally ansetzen, die fast 20 Jahre andauern sollte. Abgesehen von ein paar Rückschlägen wie dem Schwarzen Montag 1987, ging es stetig bergauf. Regierungen hatten sich vom Gold verabschiedet, die Zentralbanken zeigten wenig Interesse an Gold und unter Privatanlegern wurde man für verrückt erklärt, wenn man 1999 anstatt der Deutschen Telekom eine Unze Gold gekauft hätte. Der Goldpreis fiel von seinem Höchststand bei 594 US Dollar im Jahr 1980 auf 276 US Dollar im Jahr 2001. Gleichzeitig stieg der Dow Jones von 800 auf 11.400 Punkte. Für eine Aktie musste man im Jahr 2001 sagenhafte 45 Unzen Gold bezahlen. Aktien, und insbesondere Internet-Aktien, wurden zu astronomischen Preisen gehandelt und gleichzeitig war Gold irrsinnig unterbewertet.

Seit dem Zusammenbruch der Dot.com Blase 2002 befindet sich Gold wieder im Aufwärtstrend. Unterstellt man, dass das Verhältnis von Dow Jones Index und Goldpreis wieder sein historisches Gleichgewicht bei ca. 5 Unzen je Aktie erreicht, ergeben sich zwei mögliche Szenarien. Entweder der Goldpreis hält sein Niveau bei etwa 1.400 US Dollar je Unze, was einen Fall des Dow Jones Index um 50 Prozent auf ungefähr 7.000 Punkte impliziert. Oder aber, wir gehen davon aus, dass der Dow Jones, und damit auch die anderen Aktienindizes wie der Dax, nominell fair bewertet sind, dann müsste eine Unze Gold ca. 3.000 US Dollar kosten!

Solange die Notenbanken die Geldschleusen öffnen und immer mehr Dollar und Euro erzeugen, desto wahrscheinlicher ist ein weiterer Anstieg des Goldpreises.

Gold ist eine Angstwährung, je größer die Unsicherheit, desto teurer ist Gold. Außerdem ist Gold ein beliebtes Spekulationsobjekt, das die Sehnsüchte vieler Anleger nach schnellem Reichtum anfeuern kann wie kein anderer Vermögensgegenstand. Deshalb kann der Goldpreis innerhalb kürzester Zeit in die Stratosphäre gepusht werden und genauso schnell wieder nach unten rauschen. Daher ist Gold nicht als langfristiges Investment zu empfehlen.

Irgendwann wird auch Gold wieder aus der Mode kommen und dann sollten Sie eher in produktives Vermögen wie Aktien investieren als in ein lebloses Stück Metall. Aber solange die Unsicherheiten im Finanzsystem andauern, ist es nicht verkehrt, einen kleinen Teil des Vermögens in Gold zu parken und wenn es nur zur Beruhigung des eigenen Gewissens dient.

KAPITEL 11

# Qualitätsunternehmen

*Es ist besser einen kleinen Anteil eines Diamanten zu besitzen, als einen ganzen Glasstein.* -Warren Buffett

Mit Aktien verhält es sich wie mit Private Equity Gesellschaften, es gibt gute und schlechte. Von den abertausenden weltweit gehandelten Aktien gibt es viele, die Sie in den Ruin treiben können, aber nur eine geringe Anzahl an Unternehmen, die für das Ziel eines langfristigen Vermögensaufbaus geeignet sind. Wir nennen sie Qualitätsunternehmen. Als erstes stellt sich die Frage, was ein Qualitätsunternehmen von allen anderen unterscheidet. Qualitätsunternehmen sind Unternehmen, die schon seit längerer Zeit erfolgreich am Markt operieren. Sie bestehen teilweise seit über 100 Jahren und haben Regierungswechsel, Staatspleiten, Inflation und Kriege überstanden.

Sie haben bewiesen, dass sie sowohl in konjunkturell guten Zeiten, als auch in Rezessionsphasen Geld verdienen können. Die Produkte, die sie herstellen, sind meistens Dinge des täglichen Bedarfs.

Es sind einfache Produkte, die nicht viel kosten, und daher ohne großes Überlegen vom Konsumenten gekauft werden. Wenn Sie sich ein Auto anschaffen, dann überlegen Sie dreimal, ob Sie einen so hohen Teil Ihres Einkommens dafür opfern. Beim Kauf einer Zahnbürste denken Sie jedoch wahrscheinlich kaum über den Preis nach. Sie kaufen die Zahnbürste einfach. Je geringer der Preis eines Produktes ist, desto weniger Gedanken machen Sie sich beim Kauf. In einer Rezessionsphase, in der die Konjunktur einbricht, Arbeitnehmer entlassen werden, und jeder den Gürtel enger schnallen muss, werden die Wenigsten sich ein neues Auto kaufen, sondern den alten Wagen noch einmal reparieren und ihn noch ein bis zwei Jahre weiter fahren, bis sich die Einkommenssituation wieder verbessert hat. Die Zahnbürste kaufen Sie dagegen immer, egal ob Rezession oder Boom-Phase. Qualitätsunternehmen sind dadurch resistenter gegen konjunkturelle Schwankungen. Sie verdienen immer ein wenig Geld, egal ob Schuldenkrise, Eurokrise, Ölkrise oder sonst eine Krise.

Außerdem haben Qualitätsunternehmen ihre Geschäftsprozesse über die Jahre so verfeinert, dass das Geschäftsmodell auch ohne große Mitwirkung des Managements funktioniert. Diese Unternehmen sind nicht von einem Starmanager abhängig, der große Produktvisionen generieren muss, um das Unternehmen am Laufen zu halten. Qualitätsunternehmen sind durch ihr etabliertes Geschäftsmodell und ihre effizienten Geschäftsprozesse unabhängig von schillernden Managern. Denken Sie an Apple, was wäre Apple ohne Steve Jobs, den Gründer von Apple, der maßgeblich verantwortlich war für die Entwicklung von iPhone und iPad.

Warren Buffett sucht und investiert vorzugsweise in Unternehmen, die im Zweifelsfall auch von einem „Schinkenbrot" geleitet werden können.* Das sind Unternehmen, deren Erfolg nicht vom Knowhow eines Starmanagers abhängt, und die langfristig wachsen können. Als langfristiger Investor sind wir auf der Suche nach Unternehmen, die genau das bieten. Wir brauchen Unternehmen, die kontinuierlich immer ein bisschen mehr Geld verdienen als im Vorjahr, deren Geschäftsmodell funktioniert, und die im Zweifelsfall auch von einem Schinkenbrot gemanagt werden können. Die Wachstumsraten dieser Unternehmen sind eher gering, dafür aber beständiger als bei anderen Unternehmen, und das ist ein großer Vorteil. Erstens sorgt das dafür, dass Qualitätsunternehmen nicht so im Scheinwerferlicht der Analysten und Medien stehen, was verhindert, dass die große Masse der Anleger - ich sage absichtlich nicht Investoren - diese Unternehmen je nach aktueller Stimmungslage kauft und verkauft. Die Kurse dieser Unternehmen sind dadurch weniger Schwankungen ausgesetzt. Zweitens ist eine geringere Wachstumsrate meist nachhaltiger als ein explosives Wachstum. Bei einem schnellen Wachstum ist nach geraumer Zeit der Markt gesättigt, und genauso schnell wie das Unternehmen wuchs, schrumpft es dann wieder. Denken Sie an den Handyhersteller Nokia, der Ende der 1990er Jahre schwindelerregende Wachstumsraten verzeichnen konnte und deren Aktienkurs während dieser Zeit in astronomische Höhen stieg. Als dann die New Economy Blase platzte und der Absatz von Handys anfing zu stagnieren, sanken auch die Gewinne und die Aktie fiel ins Bodenlose.

---

* Die Biographie von Alice Schroeder über Warren Buffett: *Das Leben ist wie ein Schneeball*, ist ein Muss für jeden angehenden Investor und zugleich ein spannendes Porträt der amerikanischen Wirtschaftsgeschichte des 20. Jahrhunderts.

Es kam noch einmal zu einem Aufbäumen des Unternehmens bis 2008, aber dann wurden die alten Nokia-Handys durch Smartphones von Apple und Samsung verdrängt. Das Apple iPhone lässt ein Nokia-Handy funktionell einfach alt aussehen. Nokia hatte die Entwicklung verschlafen, das Unternehmen und die Aktie dümpeln seitdem vor sich hin.

## Mauerblümchen und Sexikonen

Qualitätsunternehmen stellen meist Produkte und Dienstleistungen für den täglichen Bedarf her und sind damit resistenter gegen technische Trends. Damit sind wir bei dem Thema, was braucht der Mensch? Die Antworten sind da so vielschichtig wie die Menschen. Aber einigen wir uns erst einmal auf die Grundbedürfnisse. Wir alle benötigen eine Unterkunft, Nahrungsmittel, Energie zum Kochen und Heizen, Kleidung, Mobilität, Dinge des persönlichen Bedarfs wie Zahnbürsten, Duschbad, Putzmittel aller Art - obwohl bereits hier die Meinungen auseinander gehen können! Das sind die notwendigen Dinge, die Sie für Ihr tägliches Leben benötigen, egal, ob die Konjunktur brummt oder wir in einer Rezession sind. Natürlich werden wir alle bei niedrigeren Einkommen die eine oder andere Einsparung machen, und anstatt des teuren Markenwaschmittels lieber zu einem Noname-Produkt greifen. Das ändert jedoch nichts an der Tatsache, dass wir das Produkt benötigen und es daher auch kaufen.

Unternehmen, die diese Produkte herstellen, sind meistens langweilig und geradezu unsexy. Sie werden selten in den Nachrichten behandelt, weil eine Story über das neueste iPhone die Zuschauer natürlich mehr interessiert als ein Waschmittel. Daher kommen diese Unternehmen in den Nachrichten so gut wie nicht vor.

Sie sind die Mauerblümchen, die erst unter ihrer Schale richtig sexy sind. Dagegen sind Unternehmen wie Apple oder Facebook die Vorreiter der technologischen Avantgarde, die Sexikonen. Keiner versteht, wie diese Unternehmen eigentlich Geld verdienen, zumindest bei Facebook. Aber sie bieten eine Story, die die Fantasie beflügelt, nach dem Motto „Mit unserer neuen Technologie spinnen wir aus Baumwollfasern Gold". Diese Anregung der Fantasie sorgt auch dafür, dass Anleger bereit sind, einen hohen Preis für diese Unternehmen zu zahlen.

Dabei sollten Sie als langfristig orientierter Investor immer vorsichtig sein mit Geschäftsmodellen, die allein auf einem momentanen technologischen Vorteil gegenüber der Konkurrenz oder einer speziellen Technologie beruhen. Was passiert, wenn ein Konkurrent durch eine Neuentwicklung die bisherige Technik obsolet macht? Erinnern Sie sich nur einmal an die Musikkassette, die in den 1970ern das Maß aller Dinge für Musikfans war. Was wäre passiert, wenn Sie 1970 die Aktie eines ausschließlich Musikkassetten produzierenden Unternehmens gekauft hätten? Analysten hätten Ihnen natürlich zum Kauf geraten und Wachstumsprognosen für den Verkauf von Musikkassetten abgegeben, die Ihnen die Dollarzeichen in die Augen getrieben hätten. Nur zehn Jahre später wurde die Compact Disk (CD) von Philips eingeführt, mit der bekannten Konsequenz, dass die Musikkassette vom Markt verdrängt wurde. Ihr vor 10 Jahren hochgejubeltes Unternehmen wäre brutal abgestürzt. Die CD wiederum wurde Anfang der Jahrtausendwende durch das Internet überflüssig, als sich legale und illegale Downloadportale etablierten. Dies hatte weitreichende Konsequenzen, nicht nur für die CD-Produzenten, sondern auch für die gesamte Musikindustrie. Ein Musiker verdient heute nicht mehr durch den CD-Verkauf oder über die Downloadportale, sondern über Liveauftritte. Entsprechend hoch sind auch die Ticketpreise.

Nostalgiker besitzen vielleicht noch heute Kassettendecks in ihren HiFi-Anlagen, aber ein Markt, in dem Unternehmen Geld verdienen können, ist das schon lange nicht mehr. Der Wunsch der Menschen nach Musik, und danach, diese überall genießen zu können, hat sich über die Jahre nicht verändert, wohl aber das technische Medium, dass dies möglich macht. Auch in 10 Jahren werden wir wohl noch Musik hören, aber keiner weiß, in welcher Form! Wer weiß heute, welches Unternehmen dann das entsprechende Produkt anbietet?

Das Internet als Übertragungsmedium für Informationen hat eine Vielzahl von Geschäftsmodellen, die auf Informationsübertragung basieren, radikal verändert. Noch vor 15 Jahren hatten Zeitungen die Deutungshoheit über das Weltgeschehen, heute kann man über einen Blog seine Interpretation der Ereignisse fast zum Nulltarif an eine Anzahl von Lesern bringen, die die Auflage jeder in Deutschland gedruckten Zeitung übersteigt! Der Bedarf der Menschen nach Informationen hat sich nicht verringert, nur das Medium, über welches wir unsere Informationen bekommen, ist ein anderes.

Selbst der Einzelhandel sieht sein Geschäftsmodell durch das Medium Internet bedroht. Gerade standardisierte Produkte, die keiner größeren Beratung bedürfen, können über Onlineshops viel preisgünstiger verkauft werden als über den Laden um die Ecke. Der Versandhändler Amazon, ursprünglich als Buchhandel gestartet, bietet mittlerweile alles an, von Cloudcomputing bis zur Babynahrung. Einzelhändler, die sich allein auf die Vermittlung von Produktinformationen, anstatt auf die Schaffung eines Einkaufserlebnisses des Kunden zur Generierung von Umsätzen verlassen, kommen immer mehr in Bedrängnis. Dabei tüfteln die Onlineshopbetreiber ständig an ihren Systemen, um das virtuelle Einkaufserlebnis für den Kunden so real wie möglich zu gestalten.

Produkte werden virtuell in 3D abgebildet, Chats mit Kundenberatern werden angeboten, die Lieferung der Produkte findet am nächsten Tag statt. Das alles soll ein Einkaufserlebnis bieten, dass jenem in einem realen Laden so nah wie möglich kommt, aber zu einem Bruchteil der Kosten des Einzelhändlers um die Ecke.

Sie sehen, die Welt ist komplexer geworden und der technologische Fortschritt verändert die Art, wie wir unsere Bedürfnisse befriedigen können. Die Bedürfnisse nach Unterhaltung, Nahrung, Unterkunft etc. ändern sich kaum, dafür aber die Art, wie wir sie zufrieden stellen. Unternehmen, die ihre Produkte sehr nah an die Grundbedürfnisse angelehnt herstellen, haben eine gute Chance, auch in 10 Jahren noch am Markt zu sein. Ein Waschmittelproduzent wird sein Waschmittel immer absetzen, egal ob der Kunde es in einer Drogerie oder einen Onlineshop kauft. Solange keine Technologie entwickelt wird, die es jedem Haushalt erlaubt, Waschmittel in der Mikrowelle herzustellen, haben Waschmittelhersteller gute Aussichten.

## Was zeichnet Qualitätsunternehmen aus?

Wie wir gesehen haben, zeichnen sich Qualitätsunternehmen durch eine gewisse Beständigkeit aus. Sie verdienen konstant Geld mit ihren Produkten. Sie sind Marktführer auf ihrem Gebiet und haben eine lange Unternehmenstradition mit einem soliden Geschäftsmodell, das auch in stürmischen Marktphasen Bestand hat.

Die Produkte, die sie herstellen, sind weltweit nachgefragt und unter einer starken Marke bekannt. Denken Sie an Produkte wie Coca-Cola, Maggi oder Ariel Waschmittel. Sie wissen sofort, welche Produkte gemeint sind, und es entsteht sofort ein Bild in Ihrem Kopf.

Wenn ich beispielsweise an Coca-Cola denke, erscheint vor meinem geistigen Auge immer gleich der Coca-Cola Truck mit dem Weihnachtsmann! Unternehmen, die solche starken Marken besitzen, sind sehr gut aufgestellt, um im globalen Wettbewerb gegen aufstrebende Unternehmen zu bestehen. Ihre Marken schützen sie, denn ein Wettbewerber braucht Jahre, wenn nicht Jahrzehnte, um diese Bilder in den Köpfen der Konsumenten zu erzeugen, damit diese im Supermarkt eher zu Coca-Cola als zu einem Konkurrenzprodukt greifen.

Sie bewegen sich in Wachstumsmärkten und besitzen gute Aussichten auf stetig moderat steigende Verkaufserlöse. Wachstumsmärkte, in denen Zuwachsraten von jährlich 12 Prozent und mehr erreicht werden, sind zu risikoreich und nicht geeignet für Firmen, nach denen wir suchen. Das klingt paradox, aber solche Wachstumsmärkte können nur über einen kurzen Zeitraum so schnell wachsen. Denken Sie an die Diskussion des exponentiellen Wachstums, bei 12 Prozent jährlichem Wachstum verdoppelt sich der Absatz nach sechs Jahren! Das ist langfristig schlicht nicht haltbar. Wir suchen dagegen nach Märkten, die langsamer, dafür aber langfristiger wachsen können.

Die Produkte dieser Unternehmen gehören meist, aber nicht ausschließlich, zu den Dingen des täglichen Bedarfs. Qualitätsunternehmen stellen reale Produkte und Dienstleistungen für reale Menschen her. Sie kreieren keine Derivate oder Lease-Back Verträge, womit die meisten Investmentbanken schon mal durch das Raster fallen, sondern greifbare Produkte, die im Supermarkt oder über andere Vertriebsformen zu kaufen sind.

# Finanzielle Stärke

Die finanzielle Stärke ist eine Grundeigenschaft von Qualitätsunternehmen. Im Grunde besteht ein Unternehmen nur, um Geld zu verdienen. Man kann tausend Gründe anführen, wofür es Unternehmen gibt, wie z.b. um Produkte herzustellen, ein Bedürfnis zu befriedigen, Mitarbeiter in Lohn und Brot zu bringen oder Ausbildungsplätze zu schaffen. Letztendlich aber zählt nur, dass das Unternehmen mehr Geld einnimmt, als es ausgibt! Ist das nicht der Fall, dann ist auch alles andere nicht umsetzbar. Schauen Sie sich die finanziellen Daten des Unternehmens, das Sie für Ihre Geldmaschine kaufen möchten, genau an. Sie wollen ein Geschäft kaufen, und bevor Sie das machen, sollten Sie etwas Zeit in die Begutachtung des Geschäftes investieren. Wussten Sie, dass der durchschnittliche Deutsche mehr Zeit mit der Recherche nach einem Auto verbringt als mit der Analyse seiner Vermögensverhältnisse? Nehmen Sie sich die Zeit und investieren Sie ein paar Stunden, um so viele Informationen über das Unternehmen zu sammeln, wie Sie kriegen können. Die meisten Unternehmen haben einen eigenen Investor Service im Internet, wo Sie alle Geschäftsberichte finden.

## Sehr gute Marktposition

Qualitätsunternehmen sind meist die Marktführer in ihrem Segment, sie haben das Monopol. Egal auf welchem Kontinent der Erde Sie sind, wenn Sie in eine Bar oder ein Restaurant gehen, ist die Wahrscheinlichkeit sehr hoch, dass Sie dort Coca-Cola bestellen können. Diese Monopolstellung bedeutet auch Preissetzungsmacht. Preiserhöhungen können eher vollzogen werden, daher sind Qualitätsunternehmen auch ein recht guter Inflationsschutz. Denn höhere Kosten in der Produktion können auch an den Endverbraucher weitergegeben werden.

## Niedrige Verschuldung

Qualitätsunternehmen zeichnen sich durch eine niedrige Verschuldung aus. Man kann es auch so ausdrücken, dass die Schulden eines Unternehmens nie größer als das Eigenkapital sein sollten. Die Quote Schulden zu Eigenkapital sollte nicht größer als 100 Prozent sein.

Niedrige Schulden bedeuten, dass ein Unternehmen auch in wirtschaftlich schwierigen Zeiten seinen Verpflichtungen nachkommen kann. Als langfristiger Investor möchten Sie kein Unternehmen in Ihrem Portfolio haben, das in einer Rezessionsphase in finanzielle Schwierigkeiten gelangt, weil die Schulden zu hoch sind.

## Starker Cash Flow

Qualitätsunternehmen zeichnen sich außerdem durch einen starken Cash Flow aus. Die Einnahmen eines Unternehmens sollten nicht nur dafür ausreichend sein, die Kredite des Unternehmens zu bedienen, sie sollten auch hoch genug sein, um Investitionen zu tätigen, und damit den Grundstein für zukünftige, steigende Einnahmen zu legen. Des Weiteren müssen aus den laufenden Einnahmen auch die Dividenden gezahlt werden. Die Ausschüttungsquote sollte kleiner als 60 Prozent sein, um nicht zu viel Kapital für Investitionen zu verbrauchen, und um zu garantieren, dass auch nächstes Jahr noch Dividenden ausgeschüttet werden können. Bei bestimmten Unternehmen wie Versorgern kann die Ausschüttungsquote auch höher sein, da diese Unternehmen sich meist in gesättigten Märkten bewegen, wo die Wachstumsaussichten eher begrenzt sind. Letztendlich muss das Unternehmen abwägen, ob es jetzt Dividenden auszahlt, oder das Geld lieber investiert, damit in Zukunft höhere Umsätze und damit höhere Gewinne erzielt werden können.

## Gutes Management

Gutes Management ist ein eher weicher Faktor, der sich leider nicht so gut quantifizieren lässt wie die Quote Schulden zu Eigenkapital, aber dennoch ist ein gutes Management wichtig. Dabei ist es wichtig, zu verstehen, dass gutes Management nicht am Vorhandensein eines Starmanagers festgemacht werden sollte. Gutes Management bedeutet, dass fähige und integre Leute mit Visionen das Unternehmen leiten und eine langfristige Entwicklung im Blick haben. Gutes Management bedeutet auch, dass das Unternehmen durch gute Geschäftsprozesse nicht auf Starmanager angewiesen ist. Es klingt paradox, aber gutes Management ist dann gut, wenn es sich selber überflüssig macht.

## Langfristige Entwicklung

In wirtschaftlich schlechten Zeiten trennt sich bei Unternehmen die Spreu vom Weizen. Schauen Sie sich an, wie sich das Unternehmen in einer Rezession geschlagen hat. Sind die Umsätze massiv eingebrochen oder gab es nur ein paar Dellen im Geschäftsbetrieb? Idealerweise verdiente das Unternehmen in der Rezession sogar mehr Geld als in der Boom Phase. Als langfristiger Investor sind Sie auf der Suche nach Unternehmen, die sich gut schlagen, wenn andere in Bedrängnis kommen. Zyklische Unternehmen wie Autobauer oder Anlagenbauer scheiden da meist aus, weil sie in Boom Phasen viel Geld verdienen, aber in Rezessionszeiten massive Verluste hinnehmen müssen. Ihre Auftragslage hängt sehr stark vom konjunkturellen Umfeld ab. Wohingegen ein Insolvenzverwalter als absoluter Antizykliker zu verstehen ist. In wirtschaftlich schwierigen Zeiten verdient er mehr Geld als in konjunkturell guten Zeiten.

Qualitätsunternehmen zeichnen sich durch eine robuste Entwicklung auch in Krisenzeiten aus. Die Produkte und Dienstleistungen, die sie verkaufen, hängen nicht so stark vom konjunkturellen Umfeld ab. Der Markt für ihre Produkte wächst immer beständig. Meist sind diese Produkte die Platzhirsche im Verkaufsregal. Die Umsätze und Gewinne wachsen kontinuierlich und bilden damit die Grundlage für ein langfristiges, investorenfreundliches Dividendenwachstum.

Kapitel 12

# Dividenden – der Schlüssel zum Erfolg

*Dividende gut, alles gut.* -Unbekannt

Dividenden sind der eigentliche Schlüssel zum erfolgreichen Investieren mit Aktien. Eine Dividende ermöglicht einen langfristigen Vermögensaufbau, ohne dass man als Anleger ständig dem Auf und Ab an der Börse Beachtung schenken muss. Sie bietet Beständigkeit und Planungssicherheit, zwei Aspekte, die gerade für die Altersvorsorge unabdingbar sind. Als Eigentümer einer Aktie ist man Miteigentümer eines Unternehmens. Damit geht auch ein Anspruch auf einen Teil der erwirtschafteten Gewinne einher. Diese Gewinne werden bei Aktien in Form von Dividenden ausgeschüttet. Pro Aktie wird eine Dividende ausgeschüttet, je mehr Aktien Sie besitzen, desto höher der Gesamtbetrag, der an Sie ausgeschütteten Dividenden.

Jedes Jahr wird auf der Hauptversammlung des Unternehmens beschlossen, wie hoch der Anteil des Gewinns sein soll, welcher an die Aktionäre ausgeschüttet wird. Der Rest des Geldes wird vom Unternehmen genutzt, um Rücklagen zu bilden oder neue Investitionen zu tätigen.

# Dividendenwachstum ist das Salz in der Suppe

Eine Geldmaschine für einen langfristigen Vermögensaubau benötigt nicht nur Unternehmen, die kontinuierlich eine Dividende auszahlen, sondern vor allem Unternehmen, die ihre Dividende kontinuierlich steigern.

Dividendenwachstum führt zu zwei wesentlichen Punkten, die erfolgreiches Investieren ausmachen. Zum einen wachsen mit steigenden Dividenden auch die Einnahmen, die ein Anleger auf seine bestehenden Aktien erhält, und zum anderen führen steigende Dividenden auch zu einem steigenden Aktienkurs! Nehmen wir zwei festverzinsliche Anleihen. Für Anleihe A erhalten Sie 50 Euro pro Jahr, während Anleihe B 100 Euro pro Jahr auszahlt. Welche Anleihe wäre teurer? Natürlich Anleihe B, denn unter gleichen Bedingungen würde eine Anleihe, die doppelt so viel einbringt, auch doppelt so viel kosten. Der entscheidende Punkt ist, dass *die Höhe der Einnahmen den Wert der Anlage bestimmt*. Dieses universelle Gesetz gilt für alle Anlagen und Vermögenswerte, je mehr Einnahmen eine Aktie oder Immobilie produziert, desto teuer wird sie auch. Je mehr Einnahmen produziert werden, desto höher steigt der Wert der Anlage. Dadurch wird eine Aktie, die stetig steigende Dividenden an seine Aktionäre ausschüttet, mit der Zeit im Wert ansteigen!

Mit dem Dividendenwachstum steigen die Einnahmen an und die Aktie wird durch die steigenden Dividendenausschüttungen immer wertvoller.

Die Ausschüttung von stetig steigenden Dividenden kann nicht oft genug betont werden, denn sie signalisiert, dass ein Unternehmen Gewinne macht, dass das Geschäftsmodell funktioniert, und dass es seitens des Managements ein Vertrauen in die Zukunftsfähigkeit des Unternehmens gibt, andernfalls würde man keine Dividenden ausschütten bzw. es käme zu Kürzungen der Auszahlung. Denn eines will ein Management um keinen Preis, Dividenden kürzen oder noch schlimmer, komplett streichen. Denn eine Kürzung führt zu einem fallenden Aktienkurs des Unternehmens und da ein nicht unwesentlicher Teil der Managementboni an die Entwicklung des Aktienkurses gebunden ist, wird eine Dividendenkürzung solange wie möglich vermieden. Kommt es dann aber zu einer Dividendenkürzung, ist das ein Alarmsignal für einen Anleger. Dividendenkürzungen sind jedoch eher die Ausnahme als die Regel, zumindest bei Qualitätsunternehmen.

Dividenden sind greifbare Zahlungen, ähnlich wie Mieteinnahmen oder Zinsen eines Tagesgeldkontos. Die Auszahlung von Dividenden ist unabhängig von Medienhype, Börseneuphorie oder anderen psychologischen Einflüssen. Die Auszahlung hängt allein vom Unternehmenserfolg ab. Keine Bilanzierungstricks oder wohlwollende Berichterstattung der Medien beeinflussen diese Zahlung.

Bei den heutigen Bilanzierungspraktiken einiger Unternehmen können Milliardengewinne ausgewiesen werden, ohne dass sich ein Cent in der Kasse befindet. Eine Dividende ist ehrlich, denn nur dort, wo reales Geld verdient wird, kann auch Geld als Dividende ausgezahlt werden. Eine Dividendenzahlung macht es für Unternehmen schwierig, ihr Geschäftsmodell auf Betrug aufzubauen.

Das 2001 aufgrund von Bilanzfälschungen in die Insolvenz gegangene Energieunternehmen Enron zahlte, obwohl hunderte Millionen an Bilanzgewinnen ausgewiesen wurden, niemals eine Dividende an seine Aktionäre. Noch im Dezember 2000 wurde Enron an der Börse mit über 60 Mrd. US Dollar bewertet. Nur ein Jahr später lösten sich die Marktkapitalisierung von Enron und mit ihr die Vermögen der Enron-Aktionäre in Luft auf. Eine stetige Dividendenzahlung ist zwar kein Garant dafür, nie einem Betrugsfall aufzusitzen, aber sie macht es für Unternehmen schwierig, Luftbuchungen als reale Gewinne zu verkaufen.

Ein weiterer Vorteil von Unternehmen, welche Dividenden auszahlen, ist der eintretende Disziplinierungseffekt des Managements. Hat ein Unternehmen über die letzten Jahre eine solide Dividendenpolitik betrieben, so zieht dieses Unternehmen eine besondere Art von Anlegern an, meistens langfristig orientierte Investoren, die ein dauerhaftes Engagement wollen. Für diese Anleger ist die Beständigkeit der Dividendenausschüttung ein wichtiger Grund für ihr Engagement. Ein Management muss daher am Anfang des Geschäftsjahres immer auch mit dem Posten der Dividendenausschüttung rechnen. Diese Ausgabe, die feststeht, diszipliniert das Management, unnötige Ausgaben und teure Prestigeprojekte zu unterlassen.

## Dividendenaristokraten

Erfolgreiches Investieren ist einfach, wenn man sich die Macht des Dividendenwachstums zu Nutze macht. Für unsere Geldmaschine benötigen wir Unternehmen, die über eine solide Dividendenvergangenheit verfügen. Wir wollen Unternehmen, die über viele Jahre immer steigende Dividenden auszahlten. Was bedeutet das?

Ganz einfach, das Unternehmen hat in der Vergangenheit gut gewirtschaftet und Gewinne erzielt. Es hat somit bewiesen, dass es langfristig Geld verdienen kann und einen Teil der Gewinne an die Eigentümer wieder zurückzahlt. Somit ist das tägliche Auf und Ab des Aktienkurses für einen Dividendeninvestor unerheblich, solange das Unternehmen steigende Gewinne und somit auch steigende Dividenden vorweisen kann. Wir suchen nach Unternehmen, die eine Dividendenentwicklung vorweisen können, die der folgenden Grafik entspricht.

Grafik 12.1: Dividendenwachstum der Coca-Cola Aktie

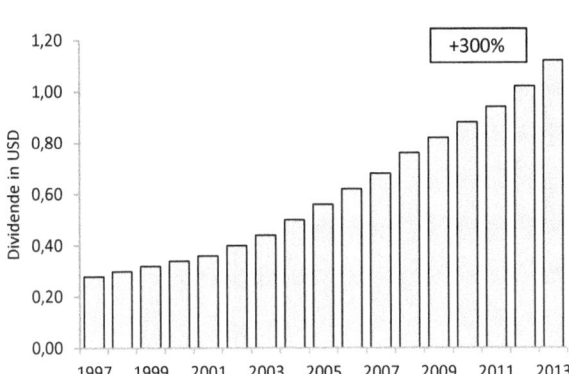

Von 1997 bis 2013 betrug das Dividendenwachstum stolze 300 Prozent, (eine geometrische Durchschnittsrendite von 8,5 Prozent pro Jahr). Damit lag das jährliche Dividendenwachstum über der Inflationsrate.
Quelle: The Coca-Cola Company und eigene Berechnungen

Wir streben ein kontinuierliches Dividendenwachstum an. Dabei gehen wir nicht davon aus, dass die Dividende jedes Jahr steigen muss, es wird auch mal Jahre geben, in denen die Dividende konstant gehalten wird.

Über einen längeren Zeitraum sollte sich die Dividendenentwicklung wie in der Grafik 12.1 darstellen. Wir möchten keine Unternehmen, die sehr stark an ihr konjunkturelles Umfeld gebunden sind. Zyklische Unternehmen machen in guten Jahren hohe Gewinne, die sie dann auch an ihre Aktionäre wieder ausschütten. Aber genauso streichen Zykliker ihre Dividenden wieder zusammen, wenn die Konjunktur und damit ihre Auftragslage wieder abflaut. Die nachfolgende Grafik stellt die Dividendenentwicklung einer zyklischen Aktie exemplarisch dar.

Grafik 12.2: Dividendenentwicklung eines Zyklikers

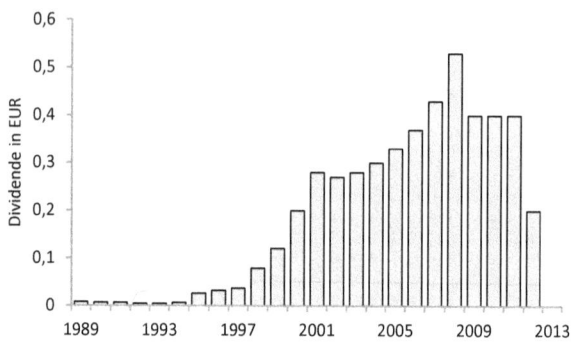

Dividendenentwicklung der Nokia-Aktie. Nokia kürzte 1990, 1992, 2002, 2009 und 2012 die Dividende, für 2013 wurde keine Dividende gezahlt.
Quelle: Nokia, Eigene Darstellung

Man kann als Investor auch mit Zyklikern Geld verdienen, aber für unsere Geldmaschine sind diese Aktien ungeeignet, da sie ein besonderes Timing für den Einstieg voraussetzen. Für unsere Geldmaschine benötigen wir konstant gewinnbringende Unternehmen, die über steigende Dividendenausschüttungen unsere Geldmaschine zum Laufen bringen.

Eine Frage, die sich oft stellt, ist: „Wo findet man geeignete Dividenden-Aktien und wie wählt man die richtigen aus?" Denn mit dem wahllosen Kauf von Dividenden-Aktien ist es nicht getan. Ein eigenes Dividenden-Portfolio erfordert eine gewisse Planung und Beobachtung des Marktes um interessante Dividenden-Aktien auch zu günstigen Preisen erwerben zu können. Statistiken wie das Kurs-Gewinn-Verhältnis und die Dividenden-Rendite (siehe *Kapitel 13: Der Wert eines Unternehmens*) sollten bei der Auswahl von geeigneten Dividenden-Aktien unbedingt berücksichtigt werden. Dabei sollte für einen langfristigen Investor nicht der aktuelle Wert sondern die historische Entwicklung im Vordergrund stehen. Da sich viele Finanzplattformen eher auf kurzfristige Unternehmensnachrichten, real-time Aktienkurse und technische Analyse konzentrieren und die längerfristigen Unternehmenstrends außer Acht lassen, habe ich unter www.derinvestor.net ein Portal für Dividenden-Aktien aufgebaut, das die wichtigsten Kennzahlen berechnet und Unternehmenstrends graphisch darstellt. DERINVESTOR hilft Ihnen bei der Auswahl und Bewertung von Dividenden-Aktien mit aktuellen Statistiken und Kennzahlen für über 400 Titel, welche in drei Gruppen unterteilt sind:

## Dividenden-Champions

Diese Unternehmen verfolgen schon seit Jahrzehnten eine erfolgreiche Dividendenpolitik. In diese Gruppe schafft es ein Unternehmen, wenn es mehr als 25 Jahre stetig steigende Dividenden vorweisen kann. Zu den Dividenden-Champions gehören Unternehmen wie der Zahnpasta- und Haushaltswarenproduzent Colgate-Palmolive, die Restaurantkette McDonalds und auch Coca-Cola. Diese Unternehmen gehören zu den absoluten Schwergewichten.

Dividenden-Champions sind vergleichbar mit großen Containerschiffen, selbst größere Stürme überstehen sie ohne nennenswerte Schäden.

## Dividenden-Anwärter

Zu den Anwärtern zählen Unternehmen, die mindestens 10 Jahre in Folge steigende Dividenden auszahlten. Darunter fallen Unternehmen wie der Sportartikelhersteller Nike, der Logistikkonzern FedEx und auch der Softwaregigant Microsoft. Diese Unternehmen sind auf dem Sprung zum Dividenden-Champion.

## Dividenden-Herausforderer

Dividenden-Herausforderer schütten seit mindestens 5 Jahren steigende Dividenden aus und stehen am Anfang einer langfristigen Dividendenpolitik. Zu den Dividenden-Herausforderern zählen zum Beispiel der Ketchup-Hersteller H. J. Heinz oder der Chiphersteller Intel.

Was Ihnen vielleicht auffallen wird, ist der Umstand, dass viele der aufgeführten Unternehmen aus den USA kommen. Das hat mehrere Gründe. Die USA sind immer noch die größte Volkswirtschaft der Erde, in welcher viele große, am Kapitalmarkt gelistete Unternehmen ansässig sind. Außerdem besitzen die USA eine ausgeprägte Kapitalmarkttradition, in der es zur Unternehmenskultur gehört, die Unternehmenseigentümer an den Gewinnen teilhaben zu lassen, und in der die Steigerung des Unternehmenswertes für die Aktionäre eine hohe Priorität genießt. Dieser auch als *Shareholder Value* bekannte Ansatz wird von vielen US Unternehmen seit Jahrzehnten erfolgreich verfolgt.

Außerdem gibt es unter den US Firmen viele Konsumgüterhersteller, deutsche Firmen dagegen sind meistens als Industrieausrüster tätig, d.h. sie stellen Investitionsgüter her, die sehr stark den konjunkturellen Schwankungen unterliegen. Dadurch folgen die Gewinne von deutschen Unternehmen meist einem zyklischen Muster, d.h. hohe Gewinne und Verluste wechseln sich ab. Für eine langfristige Dividendenstrategie sind die meisten deutschen Aktiengesellschaften wie die Autobauer oder die Maschinenbauer ungeeignet. Ihr Geschäftsmodell ist zyklischer als das von Coca-Cola oder Colgate-Palmolive. In Deutschland kann man wahrscheinlich nur die Münchner Rückversicherung oder den Konsumgüterhersteller Henkel zu den Dividendenaktien zählen. Außerdem verfolgen kontinental europäisch geprägte Unternehmen meist keine so starke Dividendenpolitik. Die Dividendenhistorie ist nicht sehr lang und kann damit kaum als verlässlicher Gradmesser für die Zukunft herangezogen werden.

Aus all diesen Gründen werden Sie in einem guten Dividendenportfolio, bis auf wenige Ausnahmen, kaum europäische Unternehmen finden! Wenn Sie jetzt denken „Das ist ja toll! Wie kann ich denn in Deutschland in US Unternehmen investieren?", dann kann ich Ihnen diese Bedenken nehmen, denn alle großen US Unternehmen werden auch an deutschen Börsen in Euro gehandelt. Sollte ein Unternehmen einmal nicht über eine deutsche Börse gehandelt werden, bieten die Direktbanken mittlerweile auch den Handel an der NYSE, der New Yorker Börse, an.

## Die Macht der Dividenden

Machen wir einmal ein Gedankenspiel und stellen wir uns vor, wir sparen jedes Jahr genügend Geld, um uns für 1.000 US Dollar Aktien des Unternehmens Coca-Cola zu kaufen. (Ich verwende US Dollar Kurse, aber Sie können auch in Euro, mal 0,7, rechnen) Jedes Jahr im Januar kaufen wir für 1.000 US Dollar Coca-Cola Aktien. Wir machen keine Chartanalyse oder handeln auf Empfehlungen eines Analysten oder kaufen, weil das Kurs/Gewinnverhältnis gerade günstig ist. Nein, wir kaufen immer am ersten Handelstag des Jahres. Eine einfache Strategie, ohne viel Chi-Chi! Nehmen wir weiterhin an, wir hätten damit im Januar 1997 begonnen und unsere ersten 39 Coca-Cola Aktien gekauft. Der Kurs stand damals bei 25,94 US Dollar. Im folgenden Jahr hätten wir wieder für 1.000 US Dollar Coca-Cola Aktien gekauft, diesmal hätten wir nur 29 Aktien bekommen, da der Kurs auf 33,47 US Dollar pro Aktie gestiegen war.

Insgesamt hätten wir bei dieser Verfahrensweise 630 Aktien seit 1997 gekauft und bei einem Kurs von 41,42 US Dollar (Stand: Sommer 2014) pro Aktie wäre das Portfolio heute 26.081 US Dollar wert. Das Portfolio hätte uns 17.000 US Dollar gekostet und wir hätten einen Kursgewinn von 9.080 US Dollar, was einer Gesamtrendite von knapp 54 Prozent bzw. einer Rendite von ca. 3,3 Prozent pro Jahr entspricht. Das ist jetzt keine weltbewegende Rendite, aber wenn man bedenkt, dass in dieser Zeit die Dotcom-Blase platzte, die Rezession von 2008 große Vermögenswerte an der Börse in Staub auflöste und viele Anleger in der letzten Dekade keine positive Rendite erzielen konnten, dann sind 3,3 Prozent Rendite pro Jahr gar nicht so schlecht.

So weit, so gut. Nun bringen wir aber die Magie der Dividenden mit ins Spiel und rechnen noch einmal neu. Für jede Coca-Cola Aktie in unserem Besitz erhalten wir eine Dividende.

Diese lag im Jahr 1997 bei 0,28 US Dollar pro Aktie. Bei 39 Aktien, die wir Anfang des Jahres 1997 kauften, hätten wir also 10,92 US Dollar an Dividendenzahlungen bekommen. Wir nehmen an, dass wir dieses Geld zusätzlich in Aktien von Coca-Cola im nächsten Jahr investiert hätten. Also hätten wir im Jahr 1998 für 1.010,92 US Dollar Aktien gekauft. Diese hätten im Jahr 1998 20,79 US Dollar an Dividenden erbracht, welche wiederum für den Kauf neuer Aktien verwendet wurden und so weiter. Sie ahnen sicherlich, worauf das hinausläuft? Unser Vermögen verzinst sich exponentiell!

Durch die reinvestierten Dividenden können wir im Folgejahr mehr Aktien kaufen, welche dann wiederum mehr Dividenden einbringen, was wiederum mehr Geld zum Kauf neuer Aktien generiert. Kurz, wir haben einen Zinseszinseffekt! Die schwarz gestrichelte Linie in der nachfolgenden Grafik 12.3 zeigt die Portfolioentwicklung, wenn die Dividenden nicht reinvestiert werden (exkl. Div). Die durchgängig schwarze Linie zeigt die Wertentwicklung, wenn die Dividenden reinvestiert werden (inkl. Div). Beide Linien beziehen sich auf die rechte vertikale Achse. Zur Veranschaulichung ist noch die Entwicklung der Dividendenzahlungen pro Coca-Cola Aktie im Durchschnitt pro Jahr seit 1997 dargestellt (gepunktete Linie), welche sich auf die linke vertikale Achse bezieht.

Grafik 12.3: Portfolioentwicklung Coca-Cola

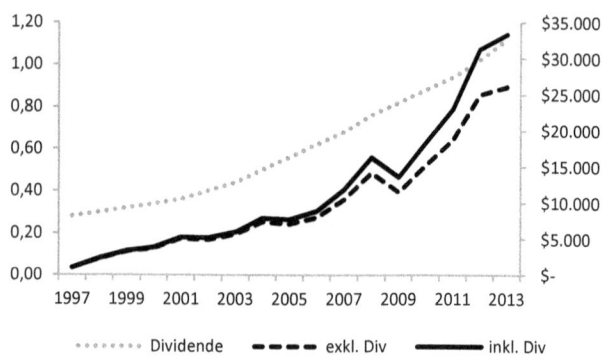

Quelle: Eigene Darstellung

Werden die Dividenden nicht reinvestiert, dann hat unser Coca-Cola Portfolio im Sommer 2014 einen Wert von 26.081 US Dollar, bei 17.000 investierten US Dollar. Zusätzlich haben wir noch über den gesamten Zeitraum 3.639 US Dollar an Dividenden eingenommen. Macht schlussendlich 29.720 US Dollar an Vermögen oder 75 Prozent Rendite über 17 Jahre, was durchschnittlich 4,41 Prozent pro Jahr entspricht.

Haben wir die Dividenden aber immer wieder reinvestiert und damit mehr Coca-Cola Aktien gekauft, dann können wir uns über 33.303 US Dollar freuen, oder 96 Prozent Rendite über 17 Jahre, bzw. 5,65 Prozent pro Jahr!

Die Differenz aus 33.303 und 29.720 macht 3.583 US Dollar. Diesen zusätzlichen Betrag bei der Reinvestition der Dividenden verdanken wir allein dem Zinseszinseffekt! Das einzige, was wir tun mussten, ist, das zusätzlich durch Dividenden eingenommene Geld wieder in Coca-Cola Aktien anzulegen und abzuwarten.

Durch Reinvestieren der Dividende, zusätzlich zu den jährlichen 1.000 US Dollar, haben wir eine Rendite von 96 Prozent, wohingegen wir ohne Reinvestition der Dividende auf 75 Prozent gekommen wären. Sie sehen den gravierenden Unterschied! Und es kommt noch besser. Je länger Sie den Zinseszinseffekt für sich arbeiten lassen, desto stärker können Sie von ihm profitieren. Wenn Sie Grafik 12.3 noch einmal betrachten, dann werden Sie feststellen, dass die gestrichelte Linie, also ohne Dividenden Reinvestition, und die durchgängig schwarze Linie, mit Dividenden Reinvestition, bis zum Jahr 2005 fast gleichauf sind. Erst nach 9 Jahren sehen wir, wie der Wert beider Portfolios immer stärker auseinanderdriftet. Der Zinseszinseffekt benötigt also ein paar Jahre, um seine Wirkung richtig entfalten zu können.

## Investieren für Faule

Erinnern Sie sich noch an Kapitel 8 und die Diskussion über den Zinseszinseffekt, und wie man ihn nutzt, um Vermögen aufzubauen? Der Kauf eines Qualitätsunternehmens wie Coca-Cola und das Reinvestieren der Dividenden nutzt genau diesen Zinseszinseffekt, um Ihr Vermögen zu vermehren. So einfach ist es! Wenn Sie sich nicht groß mit dem Thema Investieren auseinandersetzen wollen, dann empfehle ich Ihnen, sich ein paar Qualitätsunternehmen zu suchen und Geld anzusparen, das Sie dann nutzen, um regelmäßig diese Aktien zu kaufen. Dabei werden Sie mal zu hohen Kursen und mal zu niedrigen Kursen kaufen, aber das ist egal. Setzen Sie sich einen Stichtag, beispielsweise den ersten Handelstag im Januar, an dem Sie kaufen, egal, wie die Kurse stehen. Folgen Sie diesem System über mehrere Jahre und Sie werden erstaunt sein, welche Wirkung der Zinseszinseffekt in Ihrem Portfolio bewirkt.

Wichtig ist natürlich, dass Sie die ausgezahlten Dividenden immer wieder mit investieren und nicht ausgeben! Dieser Weg ist einer der sichersten, günstigsten und einfachsten Wege, um langfristig ohne viel Aufwand ein ordentliches Vermögen aufzubauen. Sicher ist er, weil Sie nur große, etablierte Unternehmen kaufen, die bewiesen haben, dass sie über einen langen Zeitraum Geld verdienen können. Diese Unternehmen produzieren reale Produkte, die immer gekauft werden, egal ob Schuldenkrise, Rezession oder sonst eine Katastrophe gerade vor der Tür steht. Die Chancen stehen gut, dass Qualitätsunternehmen aufgrund ihrer finanziellen Stärke, ihrer Charakteristik und der Marktpositionierung ihrer Produkte auch in Zukunft noch Geld verdienen.

Günstig ist diese Methode, weil Sie Ihr Geld in die eigene Hand nehmen. Sie sind nicht auf ein teures Fondsmanagement oder einen Finanzberater angewiesen. Da eine Dividendenstrategie nicht auf Spekulationsgewinne der Aktie ausgerichtet ist und im Prinzip eine einmal erworbene Aktie nicht verkauft wird, entstehen kaum Transaktionskosten und keine Besteuerung der Kursgewinne beim Verkauf. Die Kapitalbasis wächst, ohne groß besteuert zu werden. Erst, wenn Sie Aktien verkaufen, werden die realisierten Kursgewinne besteuert. Je öfter Sie verkaufen, desto höher ist Ihre effektive Besteuerung, da Ihr Kapital jedes Mal beim Verkauf besteuert wird, und somit Ihr Schneeball durch die Abgeltungssteuer immer wieder abgeschmolzen wird. Ein häufiges Umschichten des Portfolios ist der sicherste Weg, um der beste Kunde Ihrer Bank zu werden. Je mehr gehandelt wird, desto mehr Gebühren fallen an, und desto mehr Geld verdient Ihre Bank an Ihnen.

Einfach ist diese Methode des Investierens, weil sie Ihnen nicht viel Arbeit abverlangt. Sie müssen nicht ständig den Aktienmarkt beobachten und abwarten, bis sich eine Kaufgelegenheit ergibt. Sie kaufen immer zu einem festen Datum.

Viele Studien haben gezeigt, dass der Einstiegspunkt für einen Kauf mit zunehmender Haltedauer der Aktie immer weniger ins Gewicht fällt. Da Sie ein langfristiger Investor sind, ist der Einstiegspunkt (fast) egal. Da wir es vorrangig auf die Dividenden des Unternehmens abgesehen haben, spielen die Kurse der Aktie nur eine untergeordnete Rolle.

Außerdem müssen Sie keine Geschäftsberichte en Detail studieren und sich mit Finanzkennzahlen auseinandersetzen. Alles, was Ihnen abverlangt wird, ist, sich eine Liste mit geeigneten Qualitätsunternehmen zu erstellen, die Sie dann mit Beharrlichkeit über einen langen Zeitraum kaufen. Sie sind damit auf einem langen, aber sicheren Weg zum Aufbau einer eigenen Geldmaschine.

Kurz gesagt könnte man den oben vorgestellten Weg auch als „Investieren für Faule" bezeichnen, da er keine großen Anstrengungen abverlangt, aber doch zielführend ist. Sie fragen sich jetzt sicherlich, warum das „Investieren für Faule" in den Finanzzeitschriften so wenig diskutiert wird? Ganz einfach, eine Zeitschrift erscheint regelmäßig, und der Redakteur muss immer zusehen, dass er neues Material findet, mit welchem er die Seiten füllen kann. Mit der Strategie „Investieren für Faule" könnte man genau eine Ausgabe füllen, was macht man aber mit den restlichen Ausgaben des Jahres? Genau, man schreibt über den gerade neuesten Trend der Anleger, sei es Gold, Immobilien oder Zertifikate, und verleitet damit weitere Anleger in teils übertreuerte Produkte zu investieren. Der Herdeneffekt in Reinform! Außerdem sind Finanzzeitschriften, wie alle anderen Medien auch, abhängig von ihren Werbekunden. Schlagen Sie einmal eine Finanzzeitschrift auf, egal ob EURO, Focus Money, Der Aktionär oder Börse Online, und achten Sie darauf, wer darin Werbung schaltet. Eine nicht repräsentative Studie meiner Finanzzeitschriften des Jahres 2013 ergab, dass 67 Prozent aller Werbeanzeigen, die in diesen Zeitschriften geschaltet wurden, von Banken, Fondsgesellschaften und Versicherungen stammen.

Man kann nur mutmaßen, aber es liegt sicherlich nicht im Interesse dieser Anzeigenkunden, dass eine Zeitschrift, über die sie Werbung schalten, eine Anlagestrategie thematisiert, die das eigene Geschäftsmodell überflüssig macht. Banken und Fondsgesellschaften leben davon, den Eindruck zu vermitteln, dass Investieren schwierig und kompliziert und ohne ihre Hilfe gar nicht zu bewerkstelligen ist.

So gesehen dienen auch die Artikel in diesen Zeitschriften dazu, den Leser über ein Investmentthema anzufüttern und ihm dann gleich das entsprechende Produkt der Bank oder Fondsgesellschaft XY anzubieten.

Fassen wir abschließend noch einmal die Strategie „Investieren für Faule" zusammen:

1) Kaufen Sie nur Qualitätsunternehmen, deren Produkte eine gute Chance haben, auch in 30 Jahren noch gekauft zu werden. Produkte, die sehr nah an den Grundbedürfnissen der Menschen angelehnt sind, wie Kleidung, Essen, Energie, Dinge des täglichen Bedarfs etc., sind hier das Stichwort. Kaufen Sie nichts, was Sie nicht verstehen und auch nicht selber kaufen würden.

2) Kaufen Sie nur Unternehmen, welche regelmäßig Dividenden auszahlen und ihre Anleger somit direkt am Unternehmenserfolg beteiligen. Dabei sollte das Unternehmen über die letzten Jahrzehnte bewiesen haben, dass es kontinuierlich seine Gewinne und damit auch seine Dividenden steigern konnte.

3) Machen Sie sich einen Plan, wie viel Geld Sie regelmäßig zurücklegen können. Wichtig ist, darauf zu achten, dass Sie dieses Geld langfristig nicht benötigen. Dabei sind mit langfristig mindestens 10 Jahre gemeint. Nutzen Sie dieses Geld und kaufen Sie regelmäßig, zum Beispiel am ersten Handelstag des Jahres, Aktien Ihrer Qualitätsunternehmen. Bauen Sie sich so über die Jahre ein Portfolio auf, das zwischen 8 und 20 Unternehmen umfassen sollte. Bei weniger als 8 Positionen ist Ihr Portfolio hohen Schwankungen ausgesetzt, bei mehr als 20 Titeln verlieren Sie den Überblick, und das Risiko, dass unter vielen Titeln auch mal kein Qualitätsunternehmen dabei ist, steigt dramatisch an. Denn seien wir ehrlich, es gibt nur eine begrenzte Zahl von Qualitätsunternehmen. Die überwiegende Masse der Unternehmen ist das Papier nicht wert, auf dem die Aktie gedruckt ist. Qualität geht hier eindeutig vor Masse.

4) Reinvestieren Sie die erhaltenen Dividenden und kaufen Sie regelmäßig neue Aktien Ihrer Qualitätsunternehmen. Führen Sie Buch über alle Transaktionen. Mit der Zeit werden Sie feststellen, dass 20 Prozent Ihrer im Portfolio enthaltenen Aktien für 80 Prozent der Rendite sorgen werden. (siehe Paretoprinzip aus Kapitel 2). Finden Sie diese Aktien und gewichten Sie diese Unternehmen höher, indem Sie bevorzugt in diese Aktien reinvestieren. Das dürfte Ihrem Zinseszinseffekt noch einmal richtig Dampf machen!

5) Abwarten, Tee trinken und Ihre Geldmaschine für sich arbeiten lassen!

## KAPITEL 13

# Der Wert eines Unternehmens

*Reich wird, wer in Unternehmen investiert, die weniger kosten, als sie wert sind. - Warren Buffett*

Dieses Zitat von Warren Buffett klingt zwar trivial, aber es bringt die Sache auf den Punkt. Nur, wer ein Unternehmen günstiger einkauft, als es wert ist, wird eine Rendite erzielen können, die weit über dem Durchschnitt liegt. Im vergangenen Kapitel wurde aufgezeigt, wie man eine hohe Rendite einfahren kann, wenn man dem Preis der Aktie überhaupt keine Beachtung schenkt. Über einen langen Anlagezeitraum, in dem man regelmäßig Anteile kauft, spielt das einzelne Datum, an dem man kauft, eine eher untergeordnete Rolle. Möchte man jedoch eine höhere Rendite erzielen, dann muss man sich mit dem Thema Unternehmensbewertung, also was ist ein Unternehmen wert, auseinander setzen. Das Ziel ist es, zu erkennen, wann ein Unternehmen günstig und wann zu teuer ist.

## Was ist ein Unternehmen wert?

Das Geheimnis erfolgreichen Investierens ist es, herauszufinden, was etwas wert ist und dann viel weniger dafür zu bezahlen. So gesehen wollen wir zwar den Mercedes, aber wir wollen nicht den Mercedespreis bezahlen.

Für einen Investor besteht der Wert eines Investments aus den Erträgen, die das Investment für ihn generiert, und aus dem potentiellen Verkaufserlös des Investments selbst. Man spricht in diesem Zusammenhang auch vom Ertragswert und Substanzwert eines Unternehmens. Angenommen, Sie wollen einen Zeitungsladen um die Ecke kaufen, welcher Ihnen nach Abzug aller Kosten 10.000 Euro pro Jahr einbringt. Wir gehen davon aus, dass der Zeitungsladen nie aus der Mode kommt und in den nächsten 30 Jahren beständig 10.000 Euro pro Jahr für Sie erwirtschaftet. Sie erhalten also über einen Zeitraum von 30 Jahren insgesamt 300.000 Euro. Intuitiv wissen wir, dass eine Auszahlung von 10.000 Euro pro Jahr über die nächsten 30 Jahre nicht dasselbe wert ist, wie 300.000 Euro heute in einem Betrag ausgezahlt. Wo liegt der Unterschied? Nun, Sie könnten die 10.000 Euro, die Ihnen pro Jahr ausgezahlt werden, bei einer Bank zu einem festen Zinssatz anlegen, und das Geld würde sich über 30 Jahre weiterverzinsen. So gesehen sind 10.000 Euro, die wir heute erhalten, nicht dasselbe, wie 10.000 Euro, die wir nächstes Jahr ausgezahlt bekommen. Sie könnten die heutigen 10.000 Euro auf ein Festgeldkonto schaffen, dass Ihnen theoretisch 6 Prozent Zinsen pro Jahr bringt. Im Laufe des Jahres würden Sie 600 Euro an Zinsen kassieren, somit könnten Sie nächstes Jahr 10.600 Euro anstatt 10.000 Euro Ihr eigen nennen. Somit sind 10.000 Euro, die Sie nächstes Jahr erhalten, weniger wert, als 10.000 Euro, die Sie heute in Ihren Händen halten. Wie viel weniger? Genau die 6 Prozent, die Sie erhielten, wenn Sie das Geld anlegen würden.

Somit sind 10.000 Euro, die Sie nächstes Jahr erhalten, heute genau 10.000 ÷ 1,06 = 9.434 Euro wert. Oder andersherum, 9.434 Euro heute angelegt bei 6 Prozent sind nächstes Jahr 10.000 Euro wert. Wie sieht es dann im zweiten Jahr aus? 10.000 Euro, die Sie in zwei Jahren erhalten, sind heute 8.900 Euro wert, denn 10.000 ÷ $1,06^2$ = 8.900 Euro. Somit sind die Einnahmen, die Sie aus dem Zeitungsladen erhalten, heute 9.434 Euro plus 8.900 Euro für das zweite Jahr, gleich 18.334 Euro wert. Erweitern wir diese Rechnung noch und betrachten auch die restlichen 28 Jahre, so ergeben die Einnahmen, die Sie über 30 Jahre beziehen würden, einen heutigen Wert, auch *Barwert* genannt, von 137.648 Euro!

$$137.648 = \frac{10.000}{1,06} + \frac{10.000}{1.06^2} + \cdots + \frac{10.000}{1,06^{30}}$$

10.000 Euro Einnahmen über einen Zeitraum von 30 Jahren sind dasselbe wie 137.648 Euro, die Sie heute in der Hand halten. Wenn all unsere Annahmen stimmen, d.h. wir erhalten jedes Jahr 10.000 Euro und können diese Einnahmen zu 6 Prozent verzinsen, und jemand würde uns den Zeitungsladen für 100.000 Euro anbieten, würden Sie ihn kaufen? Anders ausgedrückt, Sie zahlen jemandem 100.000 Euro und derjenige gibt Ihnen im Gegenzug 137.648 Euro, würden Sie das Geschäft machen?

## Der Barwert bei ewiger Laufzeit

Im obigen Beispiel sind wir davon ausgegangen, dass der Zeitungsladen über die nächsten 30 Jahre immer einen konstanten Gewinn einbringen wird. Stellen wir uns nun einmal vor, der Zeitungsladen wird länger als 30 Jahre bestehen und damit auch über einen längeren Zeitraum Gewinne erwirtschaften.

Da aber niemand weiß, wie lange genau, gehen wir davon aus, dass der Zeitungsladen ewig bestehen wird.* Die Formel für die Berechnung des Barwertes vereinfacht sich dann auf.

$$Barwert = Gewinn * Multiplikator$$

$$Barwert = Gewinn * \frac{1}{Zins}$$

Somit ergibt sich bei 6 Prozent Zins und einem jährlichen Gewinn von 10.000 Euro ein Barwert von 166.667 Euro. Erweitern wir diese Berechnung und unterstellen wir, dass der Zeitungsladen seinen Gewinn pro Jahr um 2 Prozent steigern kann, wie verändert das die Berechnungsformel für den Barwert?

$$Barwert = Gewinn * \frac{1}{Zins - Gewinnwachstum}$$

$$250.000 = 100.000 * \frac{1}{0{,}06 - 0{,}02}$$

Bei einem moderaten Gewinnwachstum von 2 Prozent erhöht sich der Barwert auf stattliche 250.000 Euro. Daraus lässt sich schlussfolgern: bei gegebenem Zins ist der Barwert eines Unternehmens höher, je höher das Gewinnwachstum! Natürlich unterstellt diese Formel, dass das Gewinnwachstum kleiner sein muss als der Zins.

---

* Eine gewagte Annahme, die aber in der Finanzwissenschaft gemacht wird, wenn man nicht weiß, wie lange ein Unternehmen existieren wird.

# Der innere Wert der Coca-Cola-Aktie

Nachdem wir die Formel zur Berechnung des heutigen Wertes zukünftiger Einnahmen (Barwert) beleuchtet haben, können wir einen Schritt weiter gehen und anhand dieser Formel den inneren Wert, auch Fair Value genannt, für das Unternehmen Coca-Cola berechnen. Die Berechnung des Fair Value ist die klassische Disziplin von Value Investoren wie Warren Buffett. Sobald der innere Wert eines Unternehmens über dem an der Börse gehandelten Marktwert liegt, signalisiert das für Value-Investoren eine Kaufgelegenheit.

Bevor wir jedoch berechnen, was die Coca-Cola Company wirklich wert ist, müssen wir die Formel zur Berechnung des Barwertes ein wenig anpassen. Sind wir im obigen Beispiel noch davon ausgegangen, dass der Zins den alternativen Zins bei der Bank widerspiegelt, so stellt bei der Unternehmensbewertung der Zins die Kapitalkosten, also Zinskosten des Unternehmens, dar. Die Zinskosten sind die Zinsen, die das Unternehmen auf seine Kredite zahlen muss, um den Geschäftsbetrieb am Laufen zu halten. Warren Buffett verwendet zum Beispiel die Zinsen zehnjähriger US-Bonds als Referenz für die Kreditkosten eines Unternehmens und passt diese um ein paar Prozentpunkte an, um der Größe des Unternehmens, dessen Risiko und auch kurzfristigen Extremwerten gerecht zu werden. Die derzeit niedrigen Zinsen bei Staatsanleihen der USA und Deutschland sind nicht zuletzt auf das Gelddrucken der Notenbanken zurückzuführen und verzerren daher eine faire Bewertung von Unternehmen. Die Zinsen für zehnjährige US-Bonds lagen Anfang 2014 bei mageren 2 Prozent. Daraus würde sich ein Multiplikator von 50 ergeben. Würde man davon noch ein Gewinnwachstum abziehen, so ergäbe sich ein noch höherer Multiplikator.

Würde man nun den Gewinn pro Aktie mit solch einem hohen Multiplikator multiplizieren, so würde der faire Wert der Aktie in ungeahnte Höhen schießen. Daher macht es Sinn, den Multiplikator 1/(Zins-Gewinnwachstum) auf maximal 20 zu beschränken. Diese Beschränkung auf 20 ist eine konservative Annahme, die uns vor allzu rosigen Unternehmensbewertungen schützt. Lieber Unternehmen etwas konservativer als allzu optimistisch bewerten. Wenden wir die Formel nun auf die Bewertung der Coca-Cola Aktie an. Im Jahr 2013 lag der Gewinn je Aktie bei 1,95 US Dollar. Multipliziert mit 20 ergibt das einen fairen Wert von 39 US Dollar pro Coca-Cola Aktie. Im Sommer 2014 notierte die Coca-Cola Aktie um die 41 US Dollar. Somit war die Coca-Cola Aktie auf Basis der Gewinne aus dem Jahr 2013 leicht überbewertet.

Value-Investing gibt einem Investor eine fundierte Methode zur Bewertung eines Unternehmens über die Berechnung der Barwertmethode an die Hand. Der Barwert stellt dabei eine Richtgröße für die Bewertung dar. Liegt der aktuelle Kurs sehr stark über dem fairen Wert des Unternehmens, so ist das ein Indiz für eine Überbewertung der Ertragskraft an der Börse. Liegt der aktuelle Kurs weit unter dem berechneten fairen Wert, so kann dies eine günstige Kaufgelegenheit signalisieren.

## Probleme des Value-Investing

Wie bei allen Berechnungsformeln entscheiden die Werte, die in die Formel einfließen, über die Aussagekraft des Ergebnisses. Genau hier liegt das Problem des Value-Investing. Wir wissen nicht, wie die Zukunft aussehen wird. Wie werden sich die Gewinne in den nächsten Jahren entwickeln? Werden sie im Durchschnitt mit der angenommenen Wachstumsrate steigen können?

Wie werden sich die Zinsen bzw. Kapitalkosten für das Unternehmen entwickeln? All unsere Annahmen sind unsicher und je weiter wir in die Zukunft blicken, desto mehr steigt diese Unsicherheit. In der Tat ist es kaum möglich, auch nur die Gewinne eines Unternehmens für das kommende Quartal abzuschätzen, geschweige denn für das kommende Jahr. Die Prognosen der Analysten, egal wie gut diese informiert sind, liegen in den meisten Fällen weit daneben. Kurz, alle Informationen, die wir zur Bewertung eines Investments benötigen, sind unsicher.

Um das Problem der unsicheren Prognosen zu umgehen, bietet es sich an auf historische Durchschnittswerte zurückzugreifen. So stieg der Nettogewinn von Coca-Cola in den letzten 10 Jahren um durchschnittlich 14 Prozent, gleichzeitig sind die Dividenden um durchschnittlich 16 Prozent pro Jahr gestiegen. Innerhalb dieses Zeitraums gab es sowohl gute als auch schlechte Geschäftsjahre, aber im Durchschnitt ist die Entwicklung sehr positiv. Daher kann man davon ausgehen, dass auch in Zukunft eine ähnliche Entwicklung möglich sein wird. Da einzelne Geschäftsjahre sehr stark vom Durchschnitt abweichen können, verändern sich die Bewertungen sehr stark, wenn man nur mit den jeweils aktuellen Zahlen rechnet. Daraus ergibt sich eine Erklärung, warum Aktienkurse, die den Wert eines Unternehmens widerspiegeln (sollen), ständig auf neue Nachrichten reagieren. Denn jede neue Information kann die Bewertung verändern.

Da jeder Marktteilnehmer mit anderen Zahlen rechnet, (die Mehrheit rechnet gar nicht), kommt auch jeder zu einem anderen Ergebnis. Die einen sehen das Unternehmen Coca-Cola bei 39 US Dollar fair bewertet, wohingegen andere es nur mit 30 US Dollar bewerten. Manche sehen in der Coca-Cola Aktie ein Schnäppchen, während andere sie als übertuert empfinden. Treffen diese Marktteilnehmer nun an einer Börse aufeinander, dann spiegelt der Aktienkurs diese unterschiedlichen Bewertungen wider.

## Die Börse ist eine irrationale Wahlurne

An der Börse treffen die unterschiedlichsten Gruppen von Investoren und Spekulanten aufeinander und bewegen durch ihre Kauf- und Verkaufsorders die Aktienkurse. Die Börse ist vergleichbar mit einer Wahlurne. Durch Angebot und Nachfrage ergibt sich ein Preis, der die durchschnittliche Bewertung des Unternehmens widerspiegelt. Die Marktteilnehmer stimmen also über den Wert des Unternehmens ab. Kommen mehr Investoren hinzu, die das Unternehmen höher bewerten und die Aktie kaufen, dann steigt auch der Kurs, bis er eventuell das höhere Bewertungsniveau erreicht hat. Genauso umgekehrt, sehen die Investoren das Unternehmen als zu hoch bewertet an und verkaufen die Aktie bzw. halten sich mit Kauforders zurück, dann fällt der Aktienkurs, bis er eventuell die neue Konsensmarke erreicht. Die Gruppe der Investoren ist im Marktgeschehen die Gruppe, die erfahrungsgemäß für den geringsten Anteil an den Handelsumsätzen verantwortlich ist, sie basiert ihre Kauf- und Verkaufsorders auf einer fundierten Analyse des Unternehmens.

Ein Großteil der täglichen Handelsvolumina wird von Spekulanten erzeugt, denen die Fundamentaldaten des Wertes, auf den sie spekulieren, völlig egal sind. Darunter sind z.B. Charttechniker, die gerade ein Muster entdeckt haben und manuell eine Order abgeben, oder Hochfrequenzhändler, die über Hochleistungscomputer winzige Kursänderungen nutzen wollen, oder Shortseller, die die Aktie verkaufen, in der Hoffnung den Kurs nach unten drücken zu können. Vielleicht kommen dann noch ein paar Kleinanleger hinzu, die gerade einen Artikel in einer Finanzzeitschrift oder einem Blog gelesen haben und ins Marktgeschehen einsteigen. Sie alle treffen aufeinander und bestimmen durch ihre Aktivitäten den Kurs.

Geben wir in die Börse dann noch einen großen Schuss Emotionen, die hauptsächlich Angst und Gier der Marktteilnehmer widerspiegeln, so haben wir große Ausschläge der Kurse nach oben und unten. Der Kurs einer Aktie, oder eines anderen Wertes, ist daher kurzfristig nicht prognostizierbar. Zu viele unberechenbare Akteure mit unterschiedlichen Ansätzen machen es unmöglich, Kursprognosen abzugeben. Langfristig jedoch spiegelt der Kurs einer Aktie die Fundamentaldaten des Unternehmens wider. Ein Unternehmen, das keine Gewinne generiert, kann kurzfristig zu absurden Marktwerten gehandelt werden und genauso kann ein Unternehmen, dass Gewinne erwirtschaftet, mit einem sehr niedrigen Marktwert bewertet sein.

Der Markt ist kurzfristig immer irrational, langfristig aber sehr genau in der Bewertung von Geschäftsmodellen und deren Ertragskraft. Unternehmen, die Gewinne erwirtschaften, aber aus der Mode gekommen sind, werden langfristig wieder steigende Kurse sehen. Ist der Aktienkurs eines Unternehmens den Gewinnausschichten zu weit davon gelaufen, wird dieser auch wieder fallen und das Unternehmen damit wieder günstiger werden.

Leider lässt sich nicht bestimmen, was langfristig ist. Die Zeitspanne reicht hier von einigen Monaten bis hin zu mehreren Jahren. Niemand weiß, wann der Markt dreht und wie stark die Korrektur dann ausfällt.

Langfristig erfolgreich sind daher Investoren, die sich den kurzfristigen Impulshandlungen entziehen, ihre Kaufs- und Verkaufsentscheidungen auf Basis einer fundierten Analyse betreiben und in der Lage sind, ihre Investmententscheidung auch ein paar Jahre durchzuhalten.

Gewinne an der Börse sind Schmerzensgeld. Erst kommen die Schmerzen und dann das Geld. – André Kostolany

## Einfluss der Zinsen auf die Bewertung

Wir haben gesehen, dass die Bewertung eines Unternehmens von vielen zukünftigen und damit auch unsicheren Bedingungen abhängt. Ein wesentlicher Faktor bei der Bewertung ist der Zins, den wir erhalten, um unser Geld zu investieren bzw. der Zins, den Unternehmen für ihre Kredite aufbringen müssen. Dieser Zins wird in Deutschland von der Europäischen Zentralbank festgesetzt. Eine Bank nimmt diesen Leitzins, zieht davon noch einen großzügigen Teil als Kosten ab, und bietet den Rest dann als Verzinsung den Sparern an. Der Zins, zu dem man sein Geld investieren kann, stellt damit immer eine alternative Anlagemöglichkeit dar. Anstatt z.b. eine Aktie zu kaufen, können Sie Ihr Geld ja auch auf die Bank schaffen oder in ein anderes festverzinsliches Produkt investieren und dafür Zinsen (fast) ohne Risiko bekommen. Sicherlich erinnern Sie sich noch an unseren Zeitungsladen um die Ecke. Wir haben angenommen, dass wir 6 Prozent Zinsen pro Jahr bekommen. Was passiert nun, wenn der Leitzins sinkt und wir nun mit 2 Prozent anstatt 6 Prozent rechnen müssen? Nächstes Jahr ausgezahlte 10.000 Euro sind bei 2 Prozent Zinsen heute 9.804 Euro wert, während der heutige Wert bei 6 Prozent Zinsen 9.434 Euro ausmachen würde. Sie sehen, bei fallenden Zinsen steigt der heutige Wert zukünftiger Einnahmen. Genauso auch umgekehrt, bei steigenden Zinsen sinkt der heutige Wert von Einnahmen, die in der Zukunft liegen. Daher beeinflusst der Zinssatz die Investitionsentscheidungen, weil er den heutigen Wert zukünftiger Einnahmen verändert.

Niedrige Zinsen führen also dazu, dass der heutige Wert zukünftiger Einnahmen steigt. Die Einnahmen des Unternehmens, und damit der Wert des Unternehmens, sind bei niedrigen Zinsen höher, was dazu führt, dass auch höhere Kurse an der Börse bezahlt werden. Niedrige Zinsen beflügeln also die Börse, während bei steigenden Zinsen der Börse Geld entzogen und in festverzinsliche Anlagen investiert wird.

## Traditionelle Bewertungskriterien

Mit traditionellen Bewertungskriterien sind verschiedene Kennzahlen gemeint, die Ihnen helfen, zu entscheiden, ob ein Unternehmen günstig oder teuer am Markt gehandelt wird. Es gibt eine Vielzahl dieser Kennzahlen und ich werde hier nur die wichtigsten aufzeigen, die Ihnen helfen sollen, zu entscheiden, ob der Preis des Unternehmens attraktiv oder zu hoch ist. Das wohl bekannteste ist das Kurs-Gewinn-Verhältnis (KGV).

## Kurs-Gewinn-Verhältnis (KGV)

Das KGV wird gebildet, indem der Kurs einer Aktie durch den Gewinn je Aktie geteilt wird.

$$KGV = \frac{Kurs}{Gewinn\ je\ Aktie}$$

Das KGV ist also ein Maß dafür, wie viel Gewinn wir erhalten, wenn wir zu einem bestimmten Preis kaufen. Angenommen, die Aktie notiert aktuell bei 100 Euro und der Gewinn je Aktie lag im vergangenen Jahr bei 10 Euro je Aktie, daraus ergibt sich ein vergangenes KGV von 100 / 10 = 10. Das KGV kann aber auch auf Basis zukünftiger Gewinne berechnet werden, dafür nimmt man eine Schätzung des zukünftigen Gewinns und teilt diesen durch den aktuellen Kurs. Aber wie wir bereits gesehen haben sind Schätzungen nur Schall und Rauch, geben Sie daher nicht so viel auf ein zu erwartendes KGV.

Ist der Gewinn je Aktie gestiegen und wir erhalten nun 12 Euro anstatt 10 Euro, und der Kurs der Aktie ist unverändert bei 100 Euro, dann fällt das KGV auf 100 / 12 = 8,3. Das bedeutet, je niedriger das KGV, desto günstiger ist die Aktie, desto mehr Gewinn erhalten wir für den aktuellen Preis. Angenommen, der Kurs der Aktie steigt auf 120 Euro und der Gewinn liegt unverändert bei 12 Euro je Aktie, dann ist das KGV unverändert bei 120 / 12 = 10. Das KGV zeigt also immer den relativen Wert eines Unternehmens an, indem es Gewinn und Unternehmenswert, also Aktienkurs, ins Verhältnis setzt.

Generell gilt, je höher die zu erwartende Wachstumsrate der Gewinne des Unternehmens, desto mehr sollte ein Investor auch bereit sein, dafür zu bezahlen. An der Börse werden daher auch Unternehmen mit höheren zu erwartenden Wachstumsraten mit einem höheren Marktwert gehandelt, was sich auch in einem höheren KGV widerspiegelt. Die folgende Grafik 13.1 zeigt die KGVs und die prognostizierten Wachstumsraten für ausgewählte Unternehmen.

Grafik 13.1: KGV und Wachstumsraten

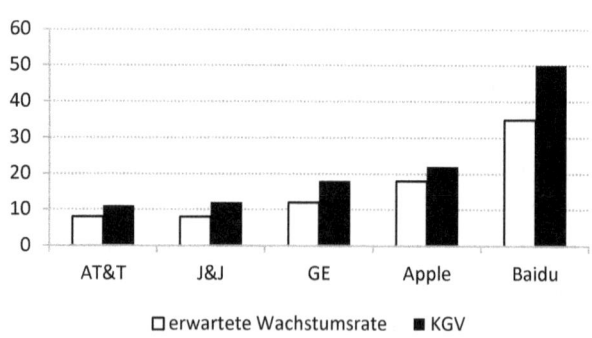

Quelle: : Eigene Recherche

Je höher die prognostizierte Wachstumsrate, desto höher auch das KGV. Ein Unternehmen wie AT&T, ein amerikanischer Telekommunikationskonzern, wächst nur noch sehr schwach. Anleger quittieren das geringe Wachstum mit einer niedrigeren Bewertung an der Börse und somit auch mit einem geringeren KGV als bei dem chinesischen Suchmaschinenanbieter Baidu, der mit dem fast 50-fachen seines Jahresgewinns bewertet wird. Hinzu kommt, dass Qualitätsunternehmen nie wirklich billig sind. Qualität hat immer seinen Preis. Nur unter extremen Ereignissen, wie wir sie 2008 gesehen haben, können auch Qualitätsunternehmen wie Coca-Cola kurzfristig spottbillig werden, aber das ist eher die Ausnahme als die Regel.

Eine weitere nützliche Interpretation des KGV ist die folgende: wie viele Jahre dauert es, bis das Unternehmen seinen Marktwert durch Gewinne erwirtschaftet hat? Bei einem KGV von 10 dauert es 10 Jahre, bis der Wert des Unternehmens durch die Gewinne völlig gedeckt ist. Wenn das Unternehmen 10 Jahre lang 10 Euro Gewinn ausschüttet, dann hat es nach 10 Jahren seinen Aktienkurs von 100 Euro komplett gedeckt.

Sie können auch den Gewinn je Aktie durch den Aktienkurs teilen, dann haben Sie die Gewinnrendite ausgerechnet. Diese ist also, für die, die sich noch an den Mathematikunterricht erinnern, die Inverse des KGV. 10 Euro Gewinn geteilt durch 100 Euro Aktienkurs ergibt eine Rendite von 10 Prozent.

Seien Sie aber vorsichtig bei der Anwendung des KGV, da es den *Gewinn pro Aktie* zur Berechnung heranzieht, welcher durch Bilanzierungstricks künstlich veränderbar ist. Außerdem ist das KGV eine Größe, die sich über die Jahre auch verändert. So lag in den 1980er Jahren das durchschnittliche KGV aller im deutschen Aktienmarkt gehandelten Unternehmen zwischen 8 und 12, in den 1990er Jahren wurden Unternehmen mit einem KGV zwischen 12 und 25 gehandelt. Die Unternehmen sind also insgesamt teurer geworden.

Wesentlich aussagekräftiger ist der ausgezahlte Cash Flow, also die Dividende, die wirklich an die Eigentümer überwiesen wurde, denn uns interessiert, was wirklich auf unserem Konto gutgeschrieben wird.

## Dividendenrendite

Damit sind wir bei einer der wichtigsten Kennzahlen für Dividendeninvestoren, die Dividendenrendite. Sie gibt an, wie hoch die Verzinsung des eingesetzten Kapitals wirklich ist. Die Dividendenrendite wird gebildet, indem die ausgezahlte Dividende je Aktie durch den Aktienkurs geteilt wird.

$$Dividendenrendite = \frac{Dividende\ je\ Aktie}{Kurs}$$

Bleiben wir bei dem obigen Beispiel und nehmen wir an, dass von den 12 Euro Gewinn je Aktie 6 Euro als Dividenden ausgeschüttet werden. Der Rest verbleibt im Unternehmen als Rücklage und für Investitionen. Somit haben wir eine Ausschüttungsquote von 50 Prozent. Teilen wir nun 6 Euro Dividende durch den Kurs von 120 Euro, dann erhalten wir eine Dividendenrendite von 5 Prozent. Das bedeutet, von 120 eingesetzten Euro fließen 6 Euro wieder zurück auf Ihr Konto, was einer Verzinsung von 5 Prozent entspricht.

Angenommen, Sie haben im Januar 2012 eine Aktie für 120 Euro gekauft und das Unternehmen zahlt Ihnen im August für das abgelaufene Geschäftsjahr 6 Euro als Dividende aus. Ihre Verzinsung liegt im ersten Jahr bei 5 Prozent. Im Jahr 2013 hat das Unternehmen gut gewirtschaftet und beschließt, die Dividende auf 7 Euro zu steigern. Das bedeutet, dass Sie in 2013 eine Rendite von 5,8 Prozent

(7 / 120 = 5,8 Prozent) eingefahren haben. Bei kontinuierlich steigenden Dividenden steigt auch Ihre Rendite kontinuierlich an, da sie sich immer an dem Kaufkurs orientiert, den Sie einmal in der Vergangenheit gezahlt haben. Ihnen kann also der aktuelle Aktienkurs des Unternehmens egal sein, solange steigende Dividenden an Sie ausgezahlt werden. Bei einem Einstiegskurs von 120 Euro und einer Anfangsdividende von 6 Euro würde Ihr Kaufkurs nach 20 Jahren (120 / 6 = 20) vollständig durch die Dividenden gedeckt sein.

Da wir aber in Qualitätsunternehmen investieren, die in der Vergangenheit bewiesen haben, dass sie ihre Dividenden kontinuierlich steigern konnten, können wir davon ausgehen, dass auch in Zukunft höhere Dividenden ausgeschüttet werden. Somit erhalten Sie eine ständig steigende Rendite und Ihr Risikopuffer vergrößert sich, falls Sie einmal aufgrund unvorhergesehener Ereignisse Ihre Aktien verkaufen müssen.

Die Dividendenrendite zeigt Ihnen, wie hoch Ihre Verzinsung bei dem derzeitigen Preis für das Unternehmen ist. Sie ist damit eine der wichtigsten Kennzahlen für Dividendeninvestoren. Im Idealfall möchten wir ein Unternehmen kaufen, wenn die aktuelle Dividendenrendite sich auf einem historischen Hoch befindet.

Die Grafik 13.2 zeigt den Aktienkurs der Coca-Cola Aktie (graue Line), die Dividendenrendite (schwarze Line) und die Dividenden (schwarze gestrichelte Line) von 2004 bis 2012.

Grafik 13.2: Coca-Cola Entwicklung im Vergleich

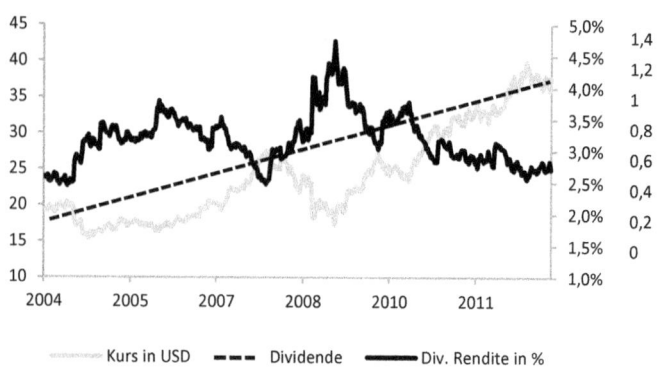

Der Aktienkurs (linke Skala), Dividendenrendite und die Dividendenentwicklung (rechte Skala) im Vergleich.
Quelle: Eigene Darstellung

Betrachten wir zunächst die schwarz gestrichelte Line, also die ausgeschüttete Dividende. Sie sehen, dass Coca-Cola seine Dividendenausschüttung kontinuierlich steigern konnte. Selbst der große konjunkturelle Einbruch von 2008, hatte keine negative Auswirkung auf die Dividendenzahlungen von Coca-Cola. Betrachten Sie nun den Aktienkurs, die graue Line. Hier sehen Sie, dass dieser teils großen Schwankungen unterworfen ist. In der Krise von 2008 brach der Kurs von 30 auf 20 US Dollar ein, erholte sich jedoch anschließend wieder und stieg auf den bisherigen Höchstkurs von etwas über 40 US Dollar im Jahr 2012. Man kann sagen, dass der Aktienkurs und die Dividende über den betrachteten Zeitraum eine steigende Tendenz aufweisen, wobei der Aktienkurs sehr viel stärker schwankt als die Dividende. Würden wir uns in einer rein rationalen Welt bewegen, wo jeder Marktteilnehmer rational alle Informationen bewerten würde, dann müsste der Aktienkurs viel stärker der Dividendenlinie folgen. Denn Dividenden sind an uns geleistete

Zahlungen, und deren kontinuierlicher Anstieg würde erwarten lassen, dass der Preis, den wir bereit sind, dafür zu zahlen, auch kontinuierlich steigen müsste. Dies ist jedoch nicht der Fall, der Aktienkurs bewegt sich mal kaum vom Fleck, dann steigt er stark an und fällt auch genauso schnell wieder. Hier spiegeln sich die unterschiedlichen zukünftigen Erwartungen der Marktteilnehmer und ihre Emotionen wider. Im April 2009, als die Coca-Cola Aktie ihren Tiefpunkt erreichte, titelte der Spiegel „Weltkrisen 1929/2009 - Wiederholt sich die Geschichte doch?" und verglich direkt die damalige Wirtschaftslage mit der großen Depression von 1929.

Die Stimmung der Anleger war am Tiefpunkt angelangt. Wer sich mitreißen ließ von der notorischen Schwarzmalerei, der bekam Panik und verkaufte schlagartig alle Aktien, um sein Geld in Sicherheit zu bringen. Die Coca-Cola Aktie rauschte mit dem Gesamtmarkt in die Tiefe. Auch Coca-Cola musste in dieser konjunkturell schwierigen Phase Umsatzeinbußen von 3 Prozent gegenüber dem Vorjahr hinnehmen. Hätte man allerdings eine rationellere Sichtweise an den Tag gelegt, dann wäre einem aufgefallen, dass die Umsatzrückgänge bei weitem nicht so dramatisch waren, als dass sie einen Kurseinbruch von 30 Prozent gerechtfertigt hätten. Aber die Stimmung war so schlecht, dass man von einer tiefen Depression für die nächsten Jahre ausging, obwohl die Zahlen zumindest bei Coca-Cola dies nicht rechtfertigten. Der Kurs brach ein, obwohl Coca-Cola nur geringe Gewinneinbußen hinnehmen musste und seine Dividende sogar noch steigern konnte. Die Dividendenrendite (schwarze Line) stieg auf historisch hohe 4,7 Prozent.

Bei sachlicher Betrachtung war dies ein idealer Einstiegspunkt zum Kauf. Jeder, der sich mit der Geschichte von Rezessionen beschäftigt, stellt fest, dass diese auch mal ein Ende finden. Was 2009 nicht absehbar war, war, dass das Pendel dann so schnell wieder umschwingen und die Weltwirtschaft wieder einigermaßen zügig in Schwung kommen würde. Natürlich hat die Politik des billigen

Geldes, die alle großen Notenbanken der Welt nach 2008 initiierten, eine nicht unwesentliche Rolle bei der schnellen Erholung der Wirtschaft und der Aktienmärkte gespielt.

Als langfristig orientierter Investor stellen solche Krisen ideale Einkaufsmöglichkeiten dar. Die Aktienkurse von Qualitätsunternehmen werden dann durch die allgemeine Stimmung in die Tiefe gerissen, und man kann sie zu Spottpreisen kaufen. Sie kaufen dann den Mercedes zum Preis eines Fiats!

Aber selbst wenn sich Ihnen nicht die Chance bietet, in Krisen günstig zu kaufen, dann stellt die Dividendenrendite eine gute Möglichkeit zum Timen des Kaufes dar. Immer, wenn die aktuelle Dividendenrendite eines Qualitätsunternehmens über ihrem historischen Durchschnitt, sagen wir der letzten 5 Jahre, liegt, dann signalisiert das eine günstige Gelegenheit. Liegt die Dividendenrendite jedoch unter diesem Durchschnitt, dann sollte man mit dem Kauf abwarten.

Aber Vorsicht, ziehen Sie daraus nicht den Schluss, alle Unternehmen zu kaufen, die gerade eine hohe Dividendenrendite aufweisen. Bei Nicht-Qualitätsunternehmen kann eine hohe Dividendenrendite große Probleme signalisieren. Der fallende Aktienkurs kann zukünftige Probleme im Geschäftsmodell signalisieren, was die Auszahlung zukünftiger Dividenden gefährden kann. Man muss immer unterscheiden, ob die derzeitige hohe Dividendenrendite aufgrund eines einmaligen Ereignisses zustande kommt, das für die zukünftigen Geschäftsaussichten keine Rolle spielt, oder ob es das Geschäftsmodell nachhaltig beeinträchtigen kann. Ist letzteres der Fall, dann sollten Sie von diesem Unternehmen die Finger lassen. Entscheidend sind immer die zukünftigen Wachstumsperspektiven. Sind diese gut und das Unternehmen kann beständig weiterwachsen, dann kann man eine niedrigere derzeitige Dividendenrendite in Kauf nehmen, da dieser momentane Nachteil durch die Dividendensteigerungen über die Jahre wieder ausgeglichen wird. Es besteht somit immer ein gewisser Konflikt zwischen hohen Dividendenrenditen im Hier und Jetzt und den zukünftigen Wachstumsperspektiven. Sind die Wachstumsperspektiven sehr gut und hohe Steigerungsraten zu erwarten, dann wird die derzeitige Dividendenrendite eher niedriger sein. Sind die Wachstumsperspektiven schlecht, dann kann die derzeitige Dividendenrendite sehr hoch sein. Qualitätsunternehmen liegen meist in der Mitte dieser beiden Extreme. Ihre Wachstumsaussichten sind gut und von moderaten Steigerungsraten gekennzeichnet. Die Dividendenrendite ist daher auch entsprechend moderat. Ein großes Unternehmen wie Coca-Cola kann einfach nicht mehr so schnell wachsen wie ein Startup. Es ist am Markt etabliert und fährt Gewinne im Hier und Jetzt ein.

## Buchwert

Der Buchwert eines Unternehmens ist eine weitere Kennzahl, die gerne zur Bewertung eines Unternehmens herangezogen wird. Der Buchwert eines Unternehmens ist im Prinzip der derzeitige Marktwert aller Vermögenswerte des Unternehmens. Also alles, was das Unternehmen an Maschinen, Inventar, Grundstücken, Bargeld etc. besitzt. Man kann sich den Buchwert als den Wert vorstellen, den das Unternehmen morgens um 6 Uhr hat, bevor die Mitarbeiter ins Unternehmen kommen und die Maschinen anschalten, um Produkte herzustellen. Der Buchwert als solcher ist für uns Investoren nicht so interessant. Erst wenn man den Buchwert ins Verhältnis zum Marktwert, also dem Wert, mit dem das Unternehmen an der Börse gehandelt wird, setzt, wird es interessant. Dieses Verhältnis wird auch *Kurs-Buchwert Verhältnis* genannt, dabei wird der Aktienkurs durch den Buchwert pro Aktie geteilt.

Ist der Wert kleiner als 1, dann bedeutet das, dass das Unternehmen an der Börse mit einem geringeren Wert „bewertet" wird, als die Summe seiner Vermögenswerte wert ist. Ist das *Kurs-Buchwert Verhältnis* gleich 1, dann entspricht die Bewertung an der Börse genau dem Wert der Aktiva des Unternehmens. Ist das *Kurs-Buchwert Verhältnis* größer als 1, dann bewertet die Börse das Unternehmen höher als den Wert seiner materiellen Aktiva. Für uns als Investoren ist somit ein niedriges *Kurs-Buchwert Verhältnis* ein Indiz für ein günstiges Unternehmen. Aber Vorsicht, es gibt Unternehmen, deren größter Vermögenswert keine Maschinen oder andere dingliche Aktiva sind, die in der Bilanz ausgewiesen werden. Der wichtigste und wertvollste Vermögenswert der Coca-Cola Company ist die Marke Coca-Cola selbst. Die Marke Coca-Cola wurde über Jahre durch intensive Vermarktung aufgebaut und ist weltweit bekannt. Bei der Berechnung des Buchwertes werden immaterielle Vermögenswerte, wie der Wert von Marken nicht berücksichtigt. Deshalb wird das *Kurs-Buchwert Verhältnis* bei Coca-Cola auch immer höher sein als bei einem Unternehmen, das auch Zuckerwasser mit Koffein herstellt, aber sich nicht Coca-Cola nennen darf.

Oder denken Sie an die vielen fähigen Mitarbeiter in einem Unternehmen. Diese werden nicht als Wert in der Bilanz aufgeführt und sind somit nicht Teil der Betrachtung des *Kurs-Buchwert Verhältnisses*. Was wäre ein Unternehmen aber ohne seine Mitarbeiter?

Sie sehen, das *Kurs-Buchwert Verhältnis* ist eine sehr grobe Kennzahl, die zwar durchaus eine Rolle bei der Bewertung des Unternehmens spielen sollte, dessen Anwendung aber auch immer im Kontext betrachtet werden muss. Letztendlich dienen alle hier vorgestellten Bewertungsmethoden dazu, herauszufinden, wie das Unternehmen aktuell bewertet ist. Dabei lassen sich zwei verschiedene Ansätze zur Bewertung verfolgen.

Zum einen kann man das aktuelle KGV und die Dividendenrendite mit den historischen Werten vergleichen, oder man vergleicht diese mit dem aktuellen KGV und der Dividendenrendite anderer Unternehmen aus derselben Branche. Der erste Ansatz ist dann sinnvoll, wenn Sie sich für ein Unternehmen entschieden haben und eine günstige Kaufgelegenheit ausmachen wollen. Der zweite Ansatz ist dagegen nützlich, um eine Auswahl vergleichbarer Unternehmen einander gegenüber zu stellen. Wichtig ist hier die Vergleichbarkeit der ausgewählten Unternehmen, versuchen Sie nicht, eine Internetsuchmaschine wie Baidu mit einem Pharmazie- und Konsumgüterhersteller wie Johnson & Johnson zu vergleichen.

## Die magische Formel für hohe Renditen

Lowell Miller, ein professioneller Dividendeninvestor, formulierte in seinem Buch *The Single Best Investment* diese einfache Erfolgsformel für eine langfristig hohe Gesamtrendite:

Qualitätsunternehmen
+ hohe aktuelle Dividendenrendite
+ stetiges Dividendenwachstum
= hohe Gesamtrendite

Was wir unter Qualitätsunternehmen verstehen, haben wir bereits ausgiebig dargelegt. Im Folgenden noch einmal die wichtigsten Punkte, welche ein Qualitätsunternehmen auszeichnen.

1) Stellt Produkte des täglichen Bedarfs her!
2) Besitzt starke Produktnamen, die Marktführer sind!
3) Verdient auch in Rezessionen Geld!
4) Hat eine lange Dividendentradition!
5) Hat bewiesen, dass es kontinuierlich die Dividende steigern kann!

Eine hohe aktuelle Dividendenrendite bedeutet, sie sollte über dem historischen Durchschnitt der letzten 5 Jahre liegen. Dabei ist der absolute Wert unerheblich, er kann 2 Prozent oder 5 Prozent betragen. Wichtig ist, dass das Geschäftsmodell des Unternehmens intakt ist und gute langfristige Aussichten hat. Je höher die aktuelle Dividendenrendite, desto besser. Dadurch stellen Sie sicher, dass Sie einen Rabatt beim Kauf des Unternehmens verbuchen können. Denken Sie daran, wir möchten den Mercedes, aber nicht den Mercedeslistenpreis bezahlen. Das stetige Dividendenwachstum sorgt dafür, dass unsere erzielte Dividendenrendite beständig ansteigt. Mit jeder Dividendenerhöhung steigt auch unsere Dividendenrendite. Angenommen, Sie haben am ersten Handelstag des Jahres 1997 für 1.000 US Dollar 39 Aktien der Coca-Cola Company gekauft. Dafür zahlt Ihnen Coca-Cola 10,64 US Dollar an Dividende im ersten Jahr, das entspricht einer Rendite von 1,06 Prozent. Im zweiten Jahr erhalten Sie 11,4 Dollar an Dividende, oder 1,14 Prozent (11,4 / 1.000 = 1,14%). Im Jahr 2012 hätten Sie dann 38,76 Dollar an Dividenden erhalten, was 3,88 Prozent Rendite auf ihre 1.000 Dollar Investition entspricht. Wo erhalten Sie zurzeit 3,88 Prozent Zinsen auf eine relativ sichere Anlage?

Es ist sehr unwahrscheinlich, dass die Leute aufhören, Coca-Cola zu trinken! Aber es kommt noch besser, diese 39 Aktien von Coca-Cola, die Sie 1997 gekauft haben, haben Ihnen über die Jahre insgesamt 350 Dollar an Dividenden eingebracht. Das heißt, selbst wenn die Aktie seitdem um 30 Prozent gefallen wäre, hätten Sie keinen Vermögensverlust hinnehmen müssen, da die Dividende den Kursverlust ausgeglichen hätte.

In jedem Fall ist die Dividende für einen langfristigen Investor das A und O. Kaufen Sie nur Unternehmen, die bewiesen haben, dass sie über einen langen Zeitraum Dividenden auszahlen können.

Natürlich ist die vergangene Entwicklung kein Garant für den zukünftigen Erfolg, aber die Chancen stehen dann sehr gut!

Coca-Cola zahlt seinen Anlegern seit 1920 ununterbrochen eine Dividende aus und seit 1963 wird diese auch noch stetig gesteigert. Keine Große Depression, kein 2. Weltkrieg, keine Ölkrise, keine Finanzkrise konnten diese Auszahlung stoppen! Welche Geldanlage kann Ihnen diese Kontinuität bieten? Keine Staatsanleihe, Rentenversicherung oder Immobilie ist so solide!

## Ein paar Worte zum Verkauf von Aktien

Als langfristiger Dividendeninvestor wollen wir im Prinzip so gut wie nie verkaufen. Das unterscheidet uns von den anderen 90 Prozent an der Börse. Der typische Anleger kauft eine Aktie und hofft darauf, dass diese im Laufe der Zeit steigt und er sie dann mit Gewinn verkaufen kann. Der typische Anleger pflanzt sozusagen ein paar Samen und wenn der Baum groß geworden ist, nimmt er die Axt und holzt den Baum wieder zusammen.

Ein langfristiger Dividendeninvestor dagegen pflanzt seinen Samen und wartet, bis der Baum Früchte trägt. Trägt der Baum Früchte, erntet er diese und sät Sie erneut aus. Im nächsten Jahr werden es mehr Früchte und er kann sie wieder ernten. Mit der Zeit wird aus einem Baum ein ganzer Wald, der irgendwann so viele Früchte trägt, dass man von diesen leben kann. So gesehen hat ein Dividendeninvestor kein Interesse daran einen Baum zu fällen.

Aber leider gibt es Situationen, in denen ein Baum zum Beispiel krank wird und keine Früchte mehr tragen kann, dann ist es Zeit, ihn zu fällen. Bei einem Unternehmen wäre dies der Fall, wenn das Geschäftsmodell des Unternehmens in Schwierigkeiten gerät, die seinen langfristigen Erfolg gefährden. Für uns als Dividendeninvestoren würde das eine Kürzung oder die komplette Einstellung der Dividendenzahlungen bedeuten. Sollte ein Unternehmen in Ihrem Portfolio in diese Schwierigkeiten geraten, dann zögern Sie nicht, sich von ihm zu trennen. Wichtig ist natürlich, zu unterscheiden, ob es sich nur um kurzfristige Schwierigkeiten handelt oder ob diese den langfristigen Bestand des Unternehmens gefährden. Da wir aber eine Strategie verfolgen, die geringe Risiken beinhalten und Vermögensverluste minimieren soll, empfehle ich Ihnen, im Zweifelsfall zu verkaufen und sich ein anderes Qualitätsunternehmen zu suchen. Spekulieren Sie nicht auf einen Turnaround des Unternehmens, das kann nach hinten losgehen.

KAPITEL 14

# Die Psychologie des Investierens

*Die Börse reagiert gerade mal zu zehn Prozent auf Fakten. Alles andere ist Psychologie. - André Kostolany*

Als langfristiger Investor kaufen Sie ein Unternehmen mit dem Ziel, Einkommen durch die Ausschüttung von Gewinnen zu erzielen. Sie kaufen ein Unternehmen nicht, um auf einen Anstieg des Aktienkurses zu spekulieren. Mit der Zeit wird der Aktienkurs des Unternehmens mit dessen steigenden Gewinnen auch in die Höhe gehen, aber das ist nur die Sahne auf dem Kuchen. Denken Sie daran, wir wollen den Kuchen. Diese Strategie ist sicherer als eine Spekulation auf steigende Aktienkurse.

Man kann zwei unterschiedliche Herangehensweisen bei der Bewertung von Aktien unterscheiden. Die erste ist eine Abschätzung nach dem Motto „Was ist das Unternehmen wirklich wert?", auch Fundamentalanalyse oder Value-Investing genannt.

Es gibt bei der Fundamentalanalyse verschiedene Bewertungsmethoden, bei allen ergibt sich am Ende der Bewertung ein innerer Wert. Dies ist der Wert, den das Unternehmen hat bzw. haben sollte. Dabei können sich innerer Wert und Marktwert, also der Wert, der an der Börse notiert wird (Aktienkurs mal Anzahl der Aktien), stark unterscheiden. Wird der innere Wert eines Unternehmens höher berechnet als sein gegenwärtiger Börsenwert, dann ist das ein Kaufsignal. Die These, die dahinter steht, ist, dass die Marktteilnehmer irgendwann diese Diskrepanz zwischen innerem Wert und derzeitigem Börsenwert erkennen und daraufhin dieses Unternehmen kaufen und damit den Aktienkurs nach oben treiben.

Haben Sie eine Fundamentalanalyse eines Unternehmens gemacht und der von Ihnen berechnete Wert des Unternehmens ist größer als der derzeitig gehandelte, dann kaufen Sie das Unternehmen und hoffen darauf, dass der Markt seinen Fehler erkennt und das Unternehmen höher bewertet. Trifft das ein und der Markt erkennt seinen Fehler, dann machen Sie einen Gewinn. Im Endeffekt suchen Sie also nach unterbewerteten Aktien.[*] Warren Buffett perfektionierte diese Methode über Jahrzehnte und wurde damit zu einem der erfolgreichsten Fundamentalinvestoren überhaupt. Er gilt als das Orakel von Omaha, seiner Geburtsstadt, und hat durch seinen spektakulären Erfolg Kultstatus erreicht.

Leider basiert diese Methode auf der Annahme, dass Sie etwas wissen, was viele andere Marktteilnehmer nicht wissen, nämlich, dass das Unternehmen in Wahrheit viel mehr wert ist, als sein gegenwertiger Börsenwert.

---

[*] Benjamin Graham gilt als Begründer der Fundamentalanalyse, auch bekannt als Value Investing, und als Lehrmeister von Warren Buffett. Sein 1949 erstmals erschienenes Buch *The Intelligent Investor* ist ein zeitloser Klassiker für erfolgreiche Investoren und ist auch auf Deutsch unter dem Titel *Intelligent Investieren: Der Bestseller über richtige Anlagestrategie* im Finanzbuch Verlag erschienen.

Weiterhin nehmen Sie an, dass der Markt irgendwann auch zu dieser Erkenntnis kommen wird, aber bitte erst, wenn Sie die Aktie schon billig gekauft haben.

Als Warren Buffett seine Investorenkarriere in den 1950ern begann, war das auch oft der Fall. Die Informationen über Unternehmen waren nicht so schnell verfügbar wie im Internetzeitalter. Der junge Warren Buffett war dafür bekannt, das Moody's Manual, ein Journal mit allen wichtigen Informationen über Aktiengesellschaften, kurz nach der Erscheinung nächtelang durchzuarbeiten, um nach unterbewerteten Unternehmen zu fahnden. Heute sind über das Internet alle wichtigen Unternehmensinformationen sofort für jeden auf der Welt verfügbar. Egal, ob kleiner Privatanleger oder Fondsmanager, die Informationen sind die gleichen, nur die Schlüsse, die sie daraus ziehen, sind unterschiedlich. Daher liegt der Schlüssel zum erfolgreichen Investieren heute nicht so sehr auf dem Informationsvorsprung, sondern eher auf der richtigen Interpretation der Datenlage.

Die Chance, dass Sie über die offiziellen und legalen Wege eine Information bekommen, die andere nicht haben, ist sehr gering. Sie können davon ausgehen, wenn Sie einen „heißen" Tipp zu einer Aktie oder irgendeinem anderen Anlageprodukt bekommen, dass der Tippgeber ein Eigeninteresse verfolgt. Entweder versucht er, Ihnen einen Schrottwert als Gold anzupreisen, oder aber er hat schon gehandelt und versucht, den Kurs in eine bestimmte Richtung zu pushen, um Geld zu verdienen. Hüten Sie sich vor „Gurus", deren Eigeninteressen liegen meist im Verborgenen!

Kritiker sagen, dass es heute keine unterbewerteten Aktien im Sinne von Warren Buffett mehr gibt. Da jeder alle Informationen hat, verwerten kann und entsprechend handelt, bildet der Aktienkurs auch zu jedem Zeitpunkt alle vorhandenen Informationen ab.

Diese, auch als *Effiziente Markthypothese* bekannte, Einschätzung der Funktionsweise von Finanzmärkten wurde Anfang der 1970er durch das Buch *A Random Walk Down Wall Street* des Princeton Ökonoms Burton Gordon Malkiel populär. Laut *Effizienter Markthypothese* würden Anleger ein Unternehmen, das kurzzeitig unterbewertet ist, verstärkt kaufen und damit die Unterbewertung eliminieren. Ähnlich auch bei Unternehmen die überbewertet sind. Hier würden Anleger den Wert verkaufen und damit eine Korrektur des Aktienkurses einleiten. Leider stimmen viele Erfahrungswerte und Studien nicht mit der *Effizienten Markthypothese* überein. So zeigten Studien, dass Aktien im Monat Januar und am Wochentag Montag besser abschnitten als in allen anderen Monaten und an allen anderen Wochentagen. Außerdem legten Aktien mit niedrigem Kurs-Buch-Verhältnis eine bessere Performance hin als Aktien mit einem hohen Kurs-Buch-Verhältnis. Diese Ergebnisse lassen sich nur sehr schwer mit der *Effizienten Markthypothese* in Einklang bringen. Auch Spekulationsblasen, wie zum Jahrtausendwechsel oder bei den amerikanischen Immobilien zu Beginn des neuen Jahrtausends, stehen in starkem Widerspruch zu einem effizienten, auf rationalen Entscheidungen fußendem Markt. In der Wirklichkeit haben nicht alle Anleger dieselben Informationen und sie reagieren auch nicht rational darauf. Die Finanzmärkte sind nicht effizient, sondern kurzfristig immer irrational!

## Menschen agieren irrational

Unzählige Studien zeigen, dass Menschen irrational agieren.[*] So bewerten Menschen den eigenen Besitz oft höher, als wenn derselbe Besitz sich im Eigentum eines anderen befindet. Die Konsequenz ist eine unterschiedliche Bewertung von Vermögenswerten durch den Käufer und Verkäufer. Oder Anleger versuchen, Verluste, die sie mit einer Aktie gemacht haben, auszusitzen, indem sie darauf spekulieren, dass dieselbe Aktie in geraumer Zeit den Einstiegskurs wieder erreicht. Wenn beispielsweise eine Aktie um 50 Prozent gefallen ist, dann muss sich der Kurs verdoppeln, um erneut das Ausgangsniveau zu erreichen. Wie steht die realistische Chance, dass eine Aktie, mit der man Schiffbruch erlitten hat, wieder um 100 Prozent steigt?

Auch Spekulationsblasen sind Ausdruck menschlicher Irrationalität. Dabei ist es für den Einzelnen oft nicht möglich zu erkennen, dass man sich irrational verhält, denn der Einzelne imitiert das Verhalten der Gruppe. Ist die Gruppe der Meinung, dass es ein gute Entscheidung ist, amerikanische Immobilien-Anleihen oder Internetaktien zu kaufen, dann entsteht oft eine Sogwirkung, die schnell zu einer Hysterie werden kann.

> Die massenpsychologischen Reaktionen sind an der Börse die gleichen wie im Theater: Einer gähnt, und in kürzester Zeit gähnt jeder. Einer hustet, sofort hustet der ganze Saal. -André Kostolany

Es gibt einen eklatanten Unterschied zwischen dem Preis eines normalen Konsumgutes und dem Preis eines Spekulationsobjektes. Steigt bei einem Konsumgut der Preis, dann führt das in der Regel zu einer sinkenden Nachfrage.

---

[*] Besonders empfehlenswert sind die Ergebnisse des Psychologen Dan Ariely, die er in seinem Buch *Predictably Irrational* zusammenfasst.

Bei Objekten, die als Spekulationsobjekte herhalten können, (dazu zählt im Prinzip jeder Vermögensgegenstand) verhält es sich umgekehrt, je stärker der Preis des Spekulationsobjektes steigt, desto größer wird die Nachfrage. Fällt der Preis eines Spekulationsobjektes, dann wird auch die Nachfrage fallen. Letztendlich führt menschliche Irrationalität, die hauptsächlich durch Gier und Verlustangst geprägt ist, zu kurzfristigen Trends, die sich verstärken bis sie einen Umkehrpunkt erreichen und ins Gegenteil umschlagen.

Eine Aktie, die an vier aufeinanderfolgenden Tagen im Kurs gefallen ist, wird höchstwahrscheinlich auch am fünften Tag fallen. Genauso auch eine Aktie, die sich im Aufwärtstrend befindet, auch sie wird kurzfristig eher steigen als fallen. Aber langfristig, also über mehrere Jahre betrachtet, fällt der reale Wert einer Aktie ins Gewicht, was dazu führt, dass Aktien, die in der Vergangenheit sehr gut gelaufen sind, und bei denen die zukünftigen Erwartungen dem realen Wert weit davon gelaufen sind, wieder auf den Boden der Tatsachen zurückkommen werden. Umgedreht werden Aktien, die der Markt vernachlässigt hat, steigen und enorme Kursgewinne produzieren.

Über- und Unterbewertungen von Aktien sind allgegenwärtig und eröffnen einem Investor die Chance, eine Rendite zu erwirtschaften, die über der des gesamten Marktes liegt. Ein verhageltes Quartalsergebnis eines guten, ansonsten soliden Unternehmens kann den Aktienkurs kurzfristig nach unten treiben, weil Anleger panikartig verkaufen und nicht die langfristigen Implikationen im Blick haben. Sind die zukünftigen, langfristigen Aussichten des Unternehmens immer noch gut, dann können Sie bei solch einem Ereignis das kurzfristig unterbewertete Unternehmen günstig einkaufen und auf eine Erholung setzen. Das setzt natürlich voraus, dass Sie über eine gewisse emotionale Stabilität verfügen und sich nicht von der Panik oder Gier der Masse anstecken lassen.

Wenn dann die Marktteilnehmer wieder erkennen, dass ihre Verkaufsaktionen überstürzt waren und das Unternehmen wieder auf einem guten Kurs ist, dann wird der Kurs auch wieder nach oben drehen.

## Die Luftschloss-Theorie

John Maynard Keynes, ein berühmter Volkswirt und erfolgreicher Investor, formulierte den als „Luftschloss-Theorie" bekannten Investmentansatz 1936 in seinen Veröffentlichungen. Keynes formulierte es so: anstatt mit der fundamentalen Bewertung von Wertpapieren viel Zeit zu verschwenden, sollte man versuchen, zu antizipieren, wie sich die große Masse der Anleger in Zukunft verhalten wird. Dabei zeigt sich in steigenden Aktienmärkten und dem damit verbundenen Optimismus immer eine Tendenz der Anleger, ihre Hoffnungen auf Luftschlösser zu bauen. Je höher der Aktienkurs eines Unternehmens gestiegen ist, desto rosiger werden meist auch die zukünftigen Aussichten gesehen.

Erinnern Sie sich noch an die New Economy? Das war die Zeit Ende der 90er und Anfang der Zweitausender Jahre, als das Internet Einzug hielt. Alle Bedingungen einer Spekulationsblase waren erfüllt. Kredite waren billig, das Internet versprach, die Art wie wir leben und wirtschaften zu revolutionieren. Somit war eine gute Story vorhanden und leichtgläubige Anleger, die in ihrer Lebenszeit noch kein Platzen einer Spekulationsblase erlebt hatten, dachten, sie könnten mit Internetaktien schnell reich werden.

Wahnwitziger Optimismus führte zu Marktkapitalisierungen für Unternehmen der New Economy im Milliardenbereich. Firmen, die gerade einmal ein paar Jahre alt waren und irgendwas mit „E-Commerce" machten, wurden zu Stars an der Börse.

Diese Firmen schrieben keine Gewinne und hatten weder ein nennenswertes Anlagevermögen noch ein erfahrenes Management. Alles, was sie besaßen, waren nahezu grenzenlose Wachstumsaussichten. Wenn Ihre Firma dieses Jahr noch 10 Millionen Euro Verlust macht, aber ihr Umsatz wächst zwei- bis dreistellig, dann können Sie das Thema Gewinne und deren Ausschüttung an die Aktionäre erst einmal hinten anstellen und vertrösten Ihre Anteilseigner auf die Zukunft. Traditionelle Bewertungsmethoden scheitern, wenn Sie Unternehmen analysieren, die keine realen Sachwerte, wie z.B. Maschinen, Grundstücke oder Vorräte, besitzen. Wie bewerten Sie ein Unternehmen wie Google in der Anfangsphase, als Google aus den zwei Gründern Larry Page und Sergey Brin, sowie einem Algorithmus zur Katalogisierung von Webseiten bestand? Welchen Wert würden Sie dafür ansetzen? Kann man abschätzen, wieviel Geld man mit der Webseitensuche verdienen kann? Sie sehen, es ist schwierig und erfordert Phantasie, sich das vorzustellen. Aber genau Phantasie ist der springende Punkt. Sie können damit gar nichts verdienen oder vielleicht mehrere Milliarden Dollar. Wenn etwas neu ist, gibt es keine Erfahrungswerte, auf denen man seine Bewertung beruhen lassen kann. Man stochert im Dunkeln.

Daniel Kahneman, Psychologe und Nobelpreisträger, zeigte in mehreren Studien, dass Menschen sich und ihre Fähigkeiten konsequent überschätzen und zu optimistisch handeln. (Kahneman, 2011) Wie oft haben Sie ein Projekt begonnen, bei dem Sie mit einer Dauer von ein bis zwei Monaten gerechnet haben, und das im Endeffekt viel länger dauerte als ursprünglich geplant. An der Börse ist das genauso, eine gute Story kann zu Unternehmensbewertungen führen, die jenseits von Gut und Böse liegen. Facebook wurde bei seinem Gang an die Börse mit rund 100 Milliarden US Dollar bewertet!

Ein Unternehmen, bei dem man nicht weiß, wie es eigentlich Geld verdient, und dessen Bilanz bei traditioneller Bewertung bei weitem keine Marktkapitalisierung in dieser Größenordnung rechtfertigen würde. Aber die Anleger sahen das anders und glaubten an die Wachstumsstory. Sechs Monate nach Börsengang der Facebook-Aktie stellte sich die Ernüchterung ein. Die Wachstumsprognosen waren zu optimistisch und der Kurs der Aktie sank um fast 40 Prozent, auch wenn er sich seitdem wieder erholt hat. Eine Katastrophe für Anleger der ersten Stunde, die an das Luftschloss Facebook geglaubt hatten. Gerade im Bereich der sozialen Netzwerke erleben wir zurzeit eine Spekulationsblase, die der Dotcom-Blase in nichts nachsteht. Unternehmen wie Groupon, LinkedIn oder Zynga werden, wenn sie überhaupt Gewinne ausweisen, teilweise mit dem 900fachen ihres Jahresgewinns bewertet. (Es würde 900 Jahre dauern, bis der Unternehmenswert durch Gewinne gedeckt wäre!) Es ist absehbar, dass auch diese Spekulationsblase platzen wird, aber niemand weiß, wann!

Erfahrene Spekulanten stimmen ihre Handelsstrategien auf die emotionalen Eskapaden der Anleger ab und beziehen regelmäßig Gegenpositionen zu der aktuell vorherrschenden Stimmung der Masse. Sie erkennen Spekulationsblasen und handeln entsprechend, sie schwimmen immer gegen den Strom und verdienen damit gutes Geld. Von Keynes ist bekannt, dass er sich jeden Morgen eine Stunde Zeit nahm, um seine Handelspositionen für den Tag zu platzieren. Er versuchte dabei, die Reaktion der Anleger auf aktuelle Informationen über die Wirtschaft und über einzelne Unternehmen an der Börse vorherzusagen, und platzierte seine Kauf- und Verkaufsorders entsprechend. Keynes konnte damit ein beachtliches Vermögen verdienen und gilt als einer der wenigen Ökonomen, die auch gleichzeitig erfolgreiche Investoren sind. Wobei man bei dieser Methode eher von Spekulieren als von Investieren sprechen muss. Für angehende Investoren ist dieses Verfahren nicht zu empfehlen, da es ein Gespür für den Markt und die Richtung, die er einschlägt, voraussetzt, welches nur sehr wenige Menschen entwickeln und profitabel nutzen können. Außerdem setzt diese Methode eine gewisse Einzigartigkeit im Denken und große Beharrlichkeit voraus. Stellen Sie sich vor, der Aktienmarkt bricht ein, und alle schreien wie wild um sich. Können Sie dann die nötige geistige und emotionale Stabilität aufbringen und in dieser turbulenten Marktphase Aktien kaufen? Genauso verhält es sich auch umgekehrt. Können Sie, wenn alle Party schreien, der DAX wieder mal ein Allzeithoch erklommen hat und die Bildzeitung aufruft, Aktien zu kaufen, Positionen verkaufen und auf fallende Kurse wetten? Sie müssen schon ein wirklicher Individualist sein, um sich dem sozialen Sog zu entziehen, und mit solch einer Strategie langfristig erfolgreich zu sein. Interessanterweise verdanken die meisten erfolgreichen Spekulanten und Investoren ihren Erfolg, ihrer Neigung gegen den Strom zu schwimmen.

## Das Asperger-Syndrom und Erfolg

Als der Häusermarkt in den USA boomte und alle Party schrien, nahmen die ersten Hedgefonds Gegenpositionen ein und antizipierten den Zusammenbruch des Häuser- und Kreditmarktes. (Lewis, 2011) Die beiden Fondsmanager, die als erste den Zusammenbruch vorhersahen und entsprechende Positionen in ihren Fonds einstellten, Steve Eisman und Dr. Michael Burry, sind beide absolute Individualisten und zumindest von Dr. Michael Burry ist offiziell bekannt, dass er am Asperger-Syndrom leidet.

Eine Krankheit, bei der der Erkrankte Schwächen in der sozialen Interaktion zeigt und meist eine Inselbegabung und ein Interesse für eine bestimmte Aktivität auffällig ist. Auch Warren Buffett zeigt Symptome des Asperger-Syndroms.

Von allen dreien ist bekannt, dass sie sich tage- und nächtelang mit Zahlen und Geschäftsberichten beschäftigen können. Wenn Sie mal einen Geschäftsbericht über einhundert Seiten gelesen haben, dann können Sie nachvollziehen, was das bedeutet. Nach spätestens zwanzig Seiten werden Ihnen die Augen zufallen und Sie müssen sich sehr überwinden und mit Unmengen an Kaffee aufputschen, um bis zum Ende durchzuhalten. Das ist einer der Gründe, warum die meisten Anleger nicht die Geschäftsberichte lesen. Sie sind schlicht zu langweilig und nur wenige Menschen können durch die Schönfärberei der Zahlen hindurchblicken und zu einer objektiven Einschätzung kommen. Für Asperger-Erkrankte sind Geschäftsberichte eine wahre Freude. Hier können sie ihrem Drang nach Routine und Systemen nachgeben und sich voll auf die Informationen konzentrieren. Asperger-Erkrankte zeigen ein Gespür für Details, was bei der Fülle an Informationen, die in Geschäftsberichten publiziert werden, sehr hilfreich ist. Da, wo die meisten Menschen abschalten und nicht mehr aufnahmefähig sind, legen Asperger-Erkrankte erst richtig los. Ein weiterer Aspekt dieser Krankheit, die mangelnde soziale Interaktion, ist bei Investitionsentscheidungen ein weiterer ungeheurer Vorteil. Asperger-Erkrankte zeigen kein ausgeprägtes Interesse, mit anderen Menschen zu kommunizieren, und leben meist sehr zurückgezogen. Sie geben nicht viel auf die Meinungen der Anderen, diese sind für sie einfach nicht relevant. Als Folge davon werden ihre Investitionsentscheidungen auch nicht durch andere beeinflusst. Das ständige Rauschen der Medien, Arbeitskollegen, Freunde und Familie beeinflusst sie nicht. Sie treffen ihre Entscheidung auf Basis der Informationen, die ihnen vorliegen, und nicht auf Grundlage der Interpretation der Fakten aus ihrer Umgebung.

Bedeutet das nun, dass „normalen" Menschen keine glanzvolle Investorenkarriere bevorsteht?

Nein, das bedeutet nur, dass „normale" Investoren nicht versuchen sollten, sich auf Gebiete zu wagen, in denen sie nicht ihre Stärken haben. Wenn Sie, so wie ich, zu den 99 Prozent gehören, die beim Studium eines Jahresabschlusses einschlafen, dann sollten Sie nicht versuchen, aus dem Jahresabschluss in detektivischer Kleinstarbeit Details herauszuarbeiten, die dann die Basis Ihrer Investmententscheidung sind. Lesen Sie den Geschäftsbericht quer und erfassen Sie die wichtigsten Informationen. Wieviel Umsatz konnte generiert werden, wie haben sich die Kosten entwickelt, haben irgendwelche besonderen Ereignisse das Geschäft positiv oder negativ beeinflusst? Nutzen Sie Ihren gesunden Menschenverstand! Was ging rein ins Unternehmen und was kam am Ende raus! Die Details überlassen Sie Leuten wie Warren Buffett, für einen normalen Investor reicht der grobe Überblick.

Wenn Sie diesen Überblick haben, dann sind Sie den meisten anderen Marktteilnehmern schon einen gewaltigen Schritt voraus.

## Tennis- oder Charttechnik

Es ist eine Eigenschaft des menschlichen Gehirns, Daten zu extrapolieren. Unser Gehirn berechnet ständig aufgrund eingehender Informationen über unsere Sinne, wie die Welt um uns herum im nächsten Moment aussehen könnte, und entwickelt ein Handlungsszenario, das immer wieder durch neue eingehende Informationen korrigiert wird. Hätten wir nicht diese Fähigkeit, dann könnten wir keine Ballsportart spielen.

Unser Gehirn berechnet aufgrund mehrerer wahrgenommener Punkte die Flugbahn des Balles und ahnt (extrapoliert) den Aufschlagpunkt des Balles. Diese Fähigkeit erlaubt es uns, Tennis zu spielen. Da wir die Flugbahn des Balles berechnen können, können wir auch dorthin laufen und den Ball schlagen.

Unser Gehirn nutzt dasselbe Vorgehen auch bei der Betrachtung eines Aktiencharts, und das ist ein Problem. Im Gegensatz zum Tennisspiel, das den physikalischen Gesetzen unterliegt, die sich auf der Erde nicht ändern, unterliegen die Bewegungen von Aktienkursen keinen physikalischen Gesetzen, sondern werden über ein komplexes Zusammenspiel von Informationen und Emotionen der Marktteilnehmer ermittelt. Wobei sich dieses komplexe Zusammenspiel immer wieder verändert und damit das Ergebnis unvorhersehbar macht.

Es ist so gut wie unmöglich, Vorhersagen über die zukünftige Entwicklung des Aktienkurses auf Basis der vergangenen Kursentwicklung zu machen. Charttechniker, die nach Mustern in den Kursen suchen, um daraus Profit zu schlagen, liegen in den meisten Fällen daneben. Nichtsdestotrotz gibt es unter ihnen Spekulanten, die über die Jahre ein Gefühl für die Entwicklung an den Märkten entwickelt haben und intuitiv die Richtung einer Aktie oder des Marktes vorhersagen. Aber glauben Sie mir, diese Leute liegen genauso oft daneben, wie sie ins Schwarze treffen. Nur ganz wenige haben das Glück, damit über einen längeren Zeitraum Geld zu verdienen. Diese schreiben dann Bücher und halten Seminare über ihr Geheimrezept ab. Dabei täuschen sie sich selbst und ihre Zuhörer, denn sie sind meist nur *Narren des Zufalls* geworden.[*]

---

[*] Nassim Taleb prägt im gleichnamigen Buch den Begriff *Narren des Zufalls* um auf die Rolle des Glücks im Leben und an den Finanzmärkten aufmerksam zu machen.

Stellen Sie sich 1.000 Charttechniker vor, die glauben, aufgrund von Mustern in den vergangenen Aktienkursen zukünftige Aktienkurse vorhersagen zu können. Alle 1.000 beginnen ihre Karriere und handeln die Aktien aufgrund ihrer eigenen Prognosen.

Nehmen wir an, die Wahrscheinlichkeit, dass jeder die Aktienkursbewegung für den nächsten Tag richtig voraussagt, liegt bei 50 Prozent. Alle beginnen, zu handeln, und machen im Schnitt in 50 Prozent aller Fälle eine richtige Prognose, mit der sie Geld verdienen. In der anderen Hälfte der Fälle verlieren sie Geld. Nach einem Jahr sind 50 Prozent aller 1000 gestarteten Händler pleite, da sie das Pech hatten, immer nach falschen Prognosen gehandelt zu haben, und müssen aus dem Spiel ausscheiden. Bleiben 500 Händler für das zweite Jahr. Nach dem zweiten Jahr haben wieder 50 Prozent Gewinne gemacht und die andere Hälfte ist pleite, bleiben noch 250 übrig. Nach dem dritten Jahr sind wieder 50 Prozent pleite, bleiben noch 125. Bis nach ungefähr 10 Jahren nur noch ein Charttechniker übrig bleibt, wir nennen ihn Tom, alle anderen sind auf dem Weg zum Wohlstand auf der Strecke geblieben. Tom ist sich seiner Sache sicher und veröffentlicht ein Buch mit dem Titel: *„Wie ich mit Charttechnik reich wurde!".* Darin beschreibt er seine Methode, wie er über zehn Jahre nur richtige Prognosen durch seine Charttechnik erstellen konnte. Das Buch wird zu einem Bestseller in der *„Wie ich schnell reich werde"* Kategorie. Er wird zu Talkshows eingeladen und hält Vorträge. Bei Fragen nach seiner Referenz kann er zehn Jahre erfolgreiches Handeln anführen, in denen er immer richtig lag, und das überzeugt. In Wahrheit hat seine Charttechnik nicht viel damit zu tun, sondern er ist ein Narr des Zufalls geworden. Wenn Sie nur eine genügend große Menge an Personen mit identischen Fähigkeiten starten lassen, dann wird allein auf Basis des Zufalls nach einem langen Zeitraum einer übrig bleiben, der immer richtig lag.

Gerade wenn es um die Erklärung von Erfolg geht, wird die Rolle des Zufalls oft unterschätzt. Wir konzentrieren uns immer auf denjenigen, der es „geschafft" hat, und übersehen dabei die vielen, die auf dem Weg dorthin gescheitert sind.

Für jeden erfolgreichen Unternehmer, Fondsmanager, Spekulanten, Musiker, Schauspieler oder Investor gibt es Tausende, die gescheitert sind. Da Menschen immer im Nachhinein eine Erklärung für vergangene Ereignisse suchen und finden, wird Erfolg eher den eigenen Fähigkeiten und Fleiß zugerechnet, als den glücklichen Umständen. Larry King, bekannt geworden als Talkmaster bei CNN, drückte es so aus:

> Die, die alles erreicht haben und Glück nicht erwähnen, machen sich selbst etwas vor.*-Larry King

## Der Herdentrieb und Erfolg an der Börse

Der Mensch ist ein Herdentier. In prähistorischer Zeit entwickelte sich dieses Verhaltensmuster, welches damals eine wichtige Überlebensstrategie darstellte. Stellen Sie sich vor, Ihre Sippe ist auf der Jagd und plötzlich kommen alle panisch auf Sie zugerannt. Ihr erster Reflex ist, sich der Gruppe anzuschließen und mitzulaufen, obwohl Sie nicht wissen, warum oder wohin. Sie fragen nicht nach dem Grund, irgendeine Gefahr wird sicherlich bestehen, sonst würden die anderen ja nicht panisch weglaufen. Sie gehen davon aus, dass die anderen eine Information besitzen, die Sie nicht haben, und schließen sich daher der Gruppe an.

---

* Englisches Original: "Those who have succeeded at anything and don't mention luck are kidding themselves"

Wie sich herausstellte, war ein wildes Mammut durchgedreht und verfolgte Ihre Sippe. Sich der Gruppe anzuschließen, rettete Ihr Leben.

Wir haben eine natürliche Tendenz, das Verhalten unserer Umgebung zu kopieren. Wenn alle vor etwas weglaufen, dann fragen wir nicht lange, sondern laufen mit. Für Fragen war keine Zeit, Zögern konnte den Tod bedeuten, schnelles, instinktives Verhalten wurde mit Überleben belohnt. Dieses Phänomen wird auch als soziale Bewährtheit (Social Proof) bezeichnet. (Cialdini, 2007) Interessant ist dabei der Umstand, dass ein Verhalten überzeugender wird, je mehr Menschen es praktizieren. Das bedeutet, würden nur zwei Leute Ihrer Sippe auf Sie zukommen, dann würden Sie vielleicht noch zögern und abwarten. Wenn jedoch plötzlich 20 auf Sie einstürmen, zögern Sie nicht mehr, sondern laufen sofort mit. Je mehr Menschen sich entsprechend verhalten, desto überzeugender ist dieses Verhalten für uns.

Am Aktienmarkt, wie in vielen anderen Märkten auch, ist dieses Phänomen allgegenwärtig. Wir kaufen eine Aktie, weil andere sie kaufen. Wir verkaufen, weil andere verkaufen. Wir stürzen uns auf eine Aktie, weil viele Analysten sie hochjubeln. Wir kaufen Immobilien, weil alle anderen auch Immobilien kaufen. Wir verkaufen griechische Aktien, weil alle anderen verkaufen. Dadurch verstärken wir insgesamt die Ausschläge der Preise nach oben und unten, immer vor dem Hintergrund, dass wir denken, die anderen haben mehr Informationen als wir.

Der Aktienmarkt gleicht daher eher einem Manisch-Depressiven, der von Stimmungsschwanken, die von grenzenlosem Optimismus bis hin zu bodenlosem Pessimismus reichen, geprägt ist.

Genau hier liegt der eigentliche Grund, warum die meisten Marktteilnehmer, und ich sage bewusst nicht Investoren, am Aktienmarkt kein Geld verdienen.

Sie werden durch die Impulshandlungen, die uns seit Millionen von Jahren antrainiert wurden, in die Irre geführt. Wenn Sie am Aktienmarkt kaufen, wenn die Kurse mal wieder oben sind und grenzenloser Optimismus vorherrscht, dann sind Sie zu spät dran. Der Zug ist schon abgefahren. Bedenken Sie immer, dass hinter jedem Kauf auch ein Verkäufer steht. Sie steigen hoch ein und ein anderer steigt hoch aus, warum wohl? Kommt es dann zu einer Korrektur, und die Kurse rauschen in die Tiefe, bekommen die meisten Anleger Panik. Entweder verkaufen sie dann in einem fallenden Markt, was die Preise noch mehr in die Tiefe rauschen lässt, oder sie versuchen, den Kursverfall auszusitzen. Leider ist auch das Aussitzen meist keine gute Alternative. Anleger, die Ende 1999 in den DAX investierten, mussten ganze 8 Jahre aussitzen, um wieder dieselben Kurse zu sehen. Wenn man dann 2008 nicht rechtzeitig ausgestiegen ist, dann durfte man noch einmal 5 Jahre warten, um wieder eine schwarze Null zu sehen.

## Fakten, Fakten und nochmal Fakten

Sie müssen dieses Verhaltensmuster vermeiden. Eine wichtige Regel für erfolgreiche Investoren lautet: Verluste vermeiden! Der beste Weg, um Verluste zu vermeiden, liegt im günstigen Einkauf. Vermeiden Sie Trends, versuchen Sie, gegen den Strom zu schwimmen.

Wenn Sie in ein Unternehmen investieren, schauen Sie, wie ist seine Bewertung im historischen Vergleich. War das Unternehmen schon einmal billiger zu haben, oder teurer? Der Aktienkursverlauf gibt Ihnen hier nur bedingt Auskunft, denn er sagt nichts über die Gewinne bzw. Dividenden aus, die erwirtschaftet wurden.

Erst wenn Sie Gewinne / Dividenden und Aktienkurs ins Verhältnis stellen, können Sie erkennen, ob ein Unternehmen gerade teuer oder günstig zu haben ist.

Mit dem Kauf einer Aktie sind Sie Miteigentümer eines Unternehmens und Ihre Rendite hängt langfristig vom Unternehmenserfolg ab. Dabei besteht der Wert eines Unternehmens in der Ertragskraft des Unternehmens bzw. im Potenzial des Unternehmens, einen positiven Cash Flow für seine Eigentümer zu erzeugen.

Kurzfristig wird es immer zu Übertreibungen nach unten und oben kommen, das bedeutet, dass das Unternehmen und damit dessen Ertragskraft an der Börse zu niedrig oder zu hoch bewertet wird. Ein erfolgreicher Investor nutzt dieses Wissen und kauft Qualitätsunternehmen dann ein, wenn der Markt aufgrund von emotionalen Reflexen den Aktienkurs des Unternehmens in die Tiefe rauschen lässt. Dabei kann ein einmal verhageltes Quartalsergebnis oder ein makroökonomisches Ereignis wie die Eurokrise, eine günstige Einstiegsgelegenheit bieten. Krisen bieten immer große Chancen für Investoren, die an der Seitenlinie stehen und dann kaufen, wenn alle anderen verkaufen.

Erfolgreiche Investoren haben gelernt, Impulse wie Angst und Gier zu kontrollieren, und sich nicht nach dem Verhalten der Masse zu richten. Misstrauen Sie Ihren Emotionen was Geldanlagen betrifft, die Ratio muss in jedem Fall die Kontrolle behalten!

## KAPITEL 15

# Das Portfolio von derinvestor.net

Für den Aufbau eines eigenen Portfolios ist es oft sehr hilfreich ein Musterportfolio als Orientierungshilfe heranzuziehen. Unter www.derinvestor.net habe ich Ihnen ein Dividenden-Portfolio aufgelistet, welches aus großen Standard-Dividendentiteln besteht. Dieses Portfolio habe ich seit 2008 aufgebaut. Ich hatte das große Glück Ende 2008 und Anfang 2009 Aktien von Qualitätsunternehmen zu sehr günstigen Kursen kaufen zu können, daher sind die Renditen, die bis jetzt erzielt wurden, auch überdurchschnittlich hoch. Aber selbst wenn Sie nicht dieses Glück haben und etwas teurer einkaufen müssen, werden Sie erstaunt sein über die Rendite, die ein Portfolio mit „langweiligen" Standard-Dividendentiteln abwerfen kann.

Das Standardportfolio ist ein Musterportfolio, das eine Hilfestellung geben kann, aber nicht für jeden als Empfehlung anzusehen ist. Jeder Investor hat eine andere Anlagementalität und auch die persönliche Situation ist immer unterschiedlich. Eine Anlagestrategie sollte daher immer individuell auf den Investor abgestimmt sein.

## Das Dividenden-Portfolio

Das Ziel des Dividenden-Portfolios ist ein möglichst langfristiger Wertzuwachs, wobei Unternehmen ausgesucht werden, die stark in ihren Zielmärkten vertreten sind, eine solide Bilanz vorweisen, über Wachstumspotenzial verfügen und, in den meisten Fällen, Dinge des täglichen Bedarfs herstellen. Das Portfolio umfasst insgesamt 10 Titel. Alle Unternehmen sind schon sehr lange erfolgreich in ihren Märkten tätig und zählen zu den Schwergewichten der Dividendentitel, 6 der 10 Unternehmen wurden im 19. Jahrhundert gegründet! Das älteste Unternehmen, Colgate-Palmolive, besteht seit 1806, das jüngste Unternehmen, ConocoPhillips, entstand zwar erst 2002 durch den Zusammenschluss von Conoco Inc. und der Phillips Petroleum Company, beide Unternehmen konnten aber bis zur Fusion zu ConocoPhillips auf eine lange Unternehmenstradition zurückblicken. Die Conoco Inc. wurde 1875 und die Phillips Petroleum Company 1917 gegründet. Man kann mit gutem Gewissen davon ausgehen, dass das keine Zocker-Papiere sind!

Grafik 15.1: Das Dividenden-Portfolio

| Aktie | Kaufkurs | Stück | Kurs am 1.9.2014 | Kurs-gewinn | Dividenden gesamt |
|---|---|---|---|---|---|
| The Coca-Cola Company | 17,35 | 110 | 31,50 € | 82% | 487,54 € |
| Kimberly-Clark | 42,08 | 50 | 82,00 € | 95% | 644,40 € |
| Colgate-Palmolive | 44,77 | 50 | 49,30 € | 10% | 515,21 € |
| Johnson & Johnson | 39,37 | 50 | 78,60 € | 100% | 519,10 € |
| Procter & Gamble | 38,62 | 50 | 63,10 € | 63% | 472,09 € |
| McDonald's | 43,59 | 50 | 70,80 € | 62% | 593,81 € |
| Emerson Electric | 24,27 | 80 | 48,50 € | 100% | 539,80 € |
| Intel | 12,22 | 160 | 26,00 € | 113% | 550,26 € |
| Microsoft | 14,77 | 130 | 33,80 € | 129% | 444,15 € |
| ConocoPhillips | 40,62 | 50 | 61,24 € | 51% | 550,62 € |

Quelle: Eigene Darstellung

Der Wert des Portfolios ist seit Dezember 2008 um 79 Prozent gestiegen! Das entspricht einer geometrischen Rendite von 11,2 Prozent pro Jahr. Dividendenzahlungen wurden hierbei noch nicht berücksichtigt, die Rendite speist sich rein aus den höheren Aktienkursen.

Betrachtet man zusätzlich die über die fünfeinhalb Jahre ausgezahlten Dividenden von insgesamt 5.317 Euro, dann erhöht sich die Rendite auf 14 Prozent!

Lag die Dividendenrendite des Portfolios im Jahr 2009 noch bei 3,5 Prozent, so kletterte die Dividendenrendite im Jahr 2013 auf 5,1 Prozent, was auf eine jährliche Steigerung der Dividendenauszahlungen zurückzuführen ist. Die durchschnittliche geometrische Dividendensteigerung betrug 7,5 Prozent pro Jahr. Allein die Dividendensteigerungen führen dazu, dass die Kaufkraft des Portfolios bestehen bleibt, da die Dividendensteigerung über der Inflationsrate liegt. Damit ist ein durchdachtes, langfristig angelegtes Dividendenportfolio jeder anderen Anlageform vorzuziehen.

Bei Immobilien könnten Sie mit viel Glück auch 5,1 Prozent pro Jahr bekommen, aber nur mit weitaus höherem Arbeitsaufwand und Risiko. Um die Dividendenzahlungen müssen Sie sich nicht kümmern, sie werden automatisch auf Ihr Konto überwiesen. Ein weiterer großer Vorteil ist, dass Sie innerhalb weniger Sekunden Ihre Aktienanteile wieder verkaufen können, an eine Immobilien sind Sie hingegen mehrere Jahre, wenn nicht Jahrzehnte, gebunden.

Aber unser Ziel ist es nicht, einmal erworbene Qualitätsaktien zu verkaufen, sondern sie zu halten, solange das langfristige Geschäftsmodell und damit die Ausschüttung von Dividenden nicht gefährdet ist!

Rückblickend betrachtet waren die Einstiegskurse von Ende 2008 und Anfang 2009 sehr niedrig. Die Dividendenrenditen der einzelnen Titel waren auf historischen Höchstständen.

Man konnte den Daimler zum Preis eines Fiats kaufen, um im Bild des 13. Kapitels *Der Wert eines Unternehmens* zu bleiben. Eine Frage, die sich mir nach dem Kauf der Aktien stellte, war, wie hätte die Rendite ausgesehen, wenn man anstatt im Dezember 2008, 6 Monate früher, also noch bevor die Finanzkrise ausbrach und die Aktienmärkte weltweit ein neues Hoch erlebten, eingestiegen wäre. Nun, die Dividendenrenditen der einzelnen Titel hätten keinen Kauf signalisiert, da alle unter ihren 5-jährigen Durchschnitten lagen. Auch die Kurs-Gewinn-Verhältnisse lagen über ihren historischen Werten. Also insgesamt eine Situation, die nach unserer Definition keine günstige Einstiegsgelegenheit darstellte. Hätte man dennoch im Frühjahr bzw. Sommer 2008 alle Titel des Depots gekauft, so hätte man immer noch eine durchschnittliche Gesamtrendite, inklusive Kursgewinn und Dividenden, von 5 Prozent pro Jahr erzielt. Zum Vergleich: die durchschnittliche Rendite des DAX vom Sommer 2008 bis Februar 2013 betrug nur 2,9 Prozent.

Dividendenstarke Unternehmen sind die beste Vorsorge gegen hohe Einstiegskurse! Denn die Dividenden sorgen dafür, dass ein hoher Kaufkurs durch stetig steigende Dividenden ausgeglichen wird. Um eine hohe Gesamtrendite auf das Portfolio zu erreichen, muss man aber seinen Einstiegspunkt richtig wählen, genau hier entscheidet sich, ob man 5 Prozent oder 14 Prozent pro Jahr erwirtschaftet! Vielleich erinnern Sie sich noch an die Magische Formel für eine langfristig hohe Gesamtrendite:

Qualitätsunternehmen
+ hohe aktuelle Dividendenrendite
+ stetiges Dividendenwachstum
= hohe Gesamtrendite

Wenn Sie diese Formel beherzigen und immer dann Aktien einkaufen, wenn der Markt sie zu günstigen Preisen loswerden will, dann werden Sie mit langfristig hohen Renditen belohnt.

## Coca-Cola – Mehr als nur Brause

Das Unternehmen Coca-Cola wurde von mir schon oft als Paradebeispiel für ein dividendenstarkes Qualitätsunternehmen angeführt. Dennoch lohnt sich ein kleiner Blick auf das Geschäftsmodell und ein paar Hintergrundinformationen. The Coca-Cola Company, so der offizielle Name, wurde 1892 in den USA von dem Apotheker Asa Griggs Candler gegründet. Ursprünglich verkaufte Coca-Cola nur die gleichnamige koffeinhaltige Brause, mittlerweile gehören zum Coca-Cola Imperium über 400 verschiedene Marken, darunter Fanta, Sprite und *NESTEA*, aber auch das Mineralwasser *Evian* und das Erfrischungsgetränk *Schweppes*. Das Geschäftsmodell von Coca-Cola folgt dabei einem Franchise-Modell. Coca-Cola stellt selbst nur den konzentrierten Sirup her und überlässt die Endabfüllung spezialisierten Vertragspartnern. Die Produkte von Coca-Cola sind überall auf der Welt, selbst in den entlegensten Gegenden, zu bekommen. Im Gaststättenbetrieb hält Coca-Cola das Quasimonopol für nichtalkoholische Getränke. Durch Neuakquisitionen, insbesondere im Bereich Mineralwasser, richtet sich Coca-Cola verstärkt an gesundheitsbewusste Konsumenten. Besonders in den Entwicklungsländern wie Brasilien, China und Indien ist sauberes Trinkwasser aus der Leitung keine Selbstverständlichkeit. Coca-Cola bedient hier die Nachfrage durch seine Mineralwassermarken. Coca-Cola zahlt seit 1920 ununterbrochen quartalsweise Dividenden aus und seit 1963 wurden diese jedes Jahr kontinuierlich gesteigert.

## Kimberly-Clark – Alles für die Hygiene

Das Unternehmen Kimberly-Clark wurde 1872 als Papierunternehmen gegründet. Mittlerweile ist es ein Hygieneartikelhersteller, der besonders für seine Kleenex-Taschentücher und Arzthandschuhe bekannt ist. Produkte von Kimberly-Clark werden pro Tag von ca. einer Milliarde Menschen genutzt. Trotz Gewinnfluktuationen weist Kimberly-Clark seit 1972 stetig steigende Dividendenausschüttungen auf.

## Colgate-Palmolive – Die Königin der Zahnpasta

Colgate-Palmolive geht auf die 1806 von William Colgate gegründete Seifenfabrik zurück. Mittlerweile gehören zu Colgate-Palmolive Marken wie die Ajax-Reinigungsmittel oder die Zahnpastamarken Elmex und Dentagard. Colgate-Palmolive hatte in der Vergangenheit mit einigen Problemen zu kämpfen und hat sich ein Umstrukturierungsprogramm verordnet, das die Effizienz steigern und die Gewinne wieder erhöhen soll. Als Konsumgüterhersteller konkurriert Colgate-Palmolive direkt mit anderen großen Herstellern wie z.B. Procter & Gamble. Durch starke Produktmarken ist das Unternehmen auch für die Zukunft gut gegen die Konkurrenz gewappnet. Mittlerweile erzielt Colgate-Palmolive die Hälfte seines Umsatzes in den Schwellenländern. Für Dividendeninvestoren ist Colgate-Palmolive ein lohnendes Investment, denn das Unternehmen zahlt seit 1895 unterbrochen Dividenden. In den letzten 10 Jahren steigerte das Unternehmen die Dividende um durchschnittlich 12 Prozent pro Jahr.

## Johnson & Johnson – Pharmazieprodukte und mehr

Johnson & Johnson wurde 1886 von den Gebrüdern Johnson als pharmazeutisches Unternehmen gegründet. Mittlerweile gehören zum Johnson & Johnson Konzern 98 verschieden Marken rund um das Thema Gesundheit. Deutschen Konsumenten dürften vor allem das Anti-Durchfallmittel *Imodium Akut*, der Kaugummi zur Raucherentwöhnung *Nicorette* und die Haut- und Wundschutzcreme *Penaten* bekannt sein. Johnson & Johnson beschäftigt weltweit über 117.000 Mitarbeiter und wies 2012 einen operativen Gewinn von gut 13 Mrd. US Dollar aus. Johnson & Johnson zählt zu den Dividendenchampions. Seit das Unternehmen 1970 an die Börse ging, konnten sich die Aktionäre jedes Jahr über steigende Dividenden freuen. Leider stagnieren Umsatz und Gewinn seit ein paar Jahren und das Unternehmen ist daher gezwungen, neue Wachstumsmärkte zu erschließen, um auch in Zukunft steigende Dividenden bieten zu können. Nichtsdestotrotz halte ich Johnson & Johnson für ein gut positioniertes Unternehmen, das in einem konservativen Portfolio nicht fehlen sollte.

## Procter & Gamble – Die Dinge des täglichen Bedarfs

Procter & Gamble (P&G) wurde 1837 gegründet und hatte seinen ersten großen Durchbruch während des amerikanischen Bürgerkriegs, als P&G die Armee der Nordstaaten mit Seife und Kerzen belieferte. Mittlerweile umfasst die Produktpalette von P&G unzählige Marken aus den Bereichen Hygiene, Haushaltsprodukte und Kosmetik, darunter die Damenbinde *Always*, das Waschmittel *Ariel*, den Haushaltsreiniger *Meister Proper* und den Nassrasierer *Gillette*. Etwa 4 Mrd. Menschen, das entspricht der Hälfte der Weltbevölkerung, nutzen Produkte von P&G. Mit einem Umsatz von rund 83 Mrd. US Dollar ist das Unternehmen weltweit der größte Produzent von Dingen des täglichen Bedarfs. Auch aus Dividendensicht ist das Unternehmen sehr interessant. P&G zahlt seit 56 Jahren kontinuierlich steigende Dividenden aus. Das Unternehmen wächst beständig und profitiert von der wachsenden Nachfrage aus den Schwellenländern. Mit steigenden Einkommen in diesen Ländern wächst auch die Nachfrage nach Markenprodukten des täglichen Bedarfs. P&G ist hier als globaler Leader sehr gut positioniert.

## McDonald's – Der Big Mac unter den Firmen

Das erste McDonald's Restaurant wurde 1940 in Kalifornien eröffnet. Damals war es ein Hamburger-Restaurant wie viele andere auch. Erst 8 Jahre später revolutionierte McDonald's das Restaurantgeschäft durch die Einführung von standardisierten, technischen Prozessen, die die Zubereitung der Produkte vereinfachten. Dadurch konnten die Kosten gesenkt und die Produktqualität erhöht werden. McDonald's gilt als Pionier der Systemgastronomie. Unternehmen wie Nordsee, Burger King, Pizzahut oder Subway bauen auf dem von McDonald's eingeführten Konzept auf und setzen die Standardisierung ihrer Zubereitungsprozesse konsequent um. Auch das „Drive-In" Konzept geht auf McDonald's zurück. In den USA ist dieses Konzept noch weiter verbreitet als in Europa, es ist in den USA z.B. nicht unüblich den Drive-In Schalter für die Bankgeschäfte zu nutzen. Auch Heiraten, ohne das Auto verlassen zu müssen, ist bei einigen Anbietern in Las Vegas durchaus möglich. Ungeachtet des stärker werdenden Widerstandes gegen die Fastfoodbranche, sei es durch die Kritik an der Art und Weise der Herstellung der Produkte oder auf Grund der gesundheitlichen Folgen eines übermäßigen Konsums, kann McDonald's ein stetiges Umsatz- und Gewinnwachstum verbuchen. Neue Produkte, die den gesundheitsbewussten Konsumenten ansprechen, und die stärkere Ausrichtung auf den

Kaffeegenuss machen McDonald's auch für Nicht-Hamburgerfans interessant. Nichtsdestotrotz sorgt das traditionelle Geschäft, bestehend aus Big Mac, Pommes und Coca-Cola, für den Löwenanteil des Umsatzes. Auch McDonald's arbeitet ähnlich wie Coca-Cola mit dem Franchise-Modell, dabei gewährt McDonald's dem Franchisenehmer die Nutzung der Marke und Geräte. Im Gegenzug kaufen die Franchisenehmer alle Waren direkt bei der McDonald's Zentrale ein. Egal, wie man zu diesem Modell steht, der Franchisegeber, also McDonald's, gewinnt immer. McDonald's sollte daher in keinem Dividendenportfolio fehlen.

## Emerson Electric – Das elektronische Mauerblümchen

Emerson Electric ist ein 1890 gegründetes Unternehmen, das sich mit der Herstellung von Lösungen rund um das Thema Energie und Elektronik beschäftigt. Zum Sortiment gehören u.a. Klimaanlagen für Datenzentren, Elektromotoren und Präzisionswerkzeuge. Auf den ersten Blick könnte man vermuten, dass Emerson Electric ein sehr zyklischer Wert ist, da gerade industrielle Ausrüstungen sehr stark vom konjunkturellen Umfeld abhängen, dem ist aber nicht so. Emerson Electric ist ein klassisches, moderat aber beständig wachsendes Unternehmen. Mit einem Umsatz von 24 Mrd. US Dollar und einem Gewinn von rund 2 Mrd. US Dollar im Jahr 2012 zählt Emerson Electric zwar nicht zu den ganz Großen wie Siemens oder General Electric. Dafür besticht Emerson Electric durch seine langfristige Dividendenpolitik. Das Unternehmen zahlt seit 1956 jährlich steigende Dividenden aus. Damit ist Emerson Electric ein echter Dividendenchampion und eines der wenigen interessanten Investments aus dem technischen Sektor.

## Intel – Chips, die man nicht essen kann

Wenn Sie einen Desktop PC oder einen Laptop besitzen, dann stehen die Chancen bei 80 Prozent, dass dieser mit einem Intel Prozessor betrieben wird, denn so hoch ist der weltweite Marktanteil von Intel für Prozessoren und Chips bei Computern. Die Firma Intel wurde 1968 von Robert Noyce und Gordon E. Moore gegründet. Gordon E. Moore ist auch bekannt für das nach ihm benannte Moore'sche Gesetz, nach dem sich die Anzahl der Transistoren pro Fläche auf einem Prozessor etwa alle 12 bis 24 Monate verdoppelt und damit auch die Leistung des Prozessors. Der Markt für Computerchips ist sehr wettbewerbsintensiv und ständigen Veränderungen unterworfen. Gerade im stark wachsenden Markt für Smartphones und Tablet-PCs hat Intel zur Zeit das Nachsehen. Dort werden hauptsächlich billige Chips im unteren Leistungsbereich verbaut, wohingegen Intel den High-End Bereich für Computer und Server dominiert. An der Börse wurde diese Strategie nicht gewürdigt und die Intel Aktie tritt sein 10 Jahren auf der Stelle, obwohl Intel eine hohe Gewinnmarge besitzt und gerade im stark wachsenden Servermarkt gut positioniert ist. Die zunehmende Auslagerung von IT-Prozessen und Anwendungen auf externe Datenzentren, auch Cloud-Computing genannt, lässt die Nachfrage nach leistungsfähigen Chips für Server weiter ansteigen. Bis jetzt spiegelt der Aktienkurs aber die Schwäche Intel's im Smartphone Markt wider und nicht das Potenzial im Servermarkt. Aus Dividendensicht ist Intel interessant, da die Dividendenrendite durch den moderaten Aktienkurs seit etwa 3 Jahren zwischen 2,5 und 4 Prozent pendelt und bei Kursrückschlägen die Aktie günstig eingekauft werden kann. Als High-Tech Unternehmen ist Intel für einen konservativen Dividendeninvestor sicherlich weniger geeignet als zum Beispiel Coca-Cola oder Procter & Gamble. Für einen etwas risikofreudigen Investor kann Intel aber durchaus ein lohnendes Investment sein.

## Microsoft – Langweilig und aufregend zugleich

Microsoft ist vergleichbar mit Intel. Beide Unternehmen sind in ihrem Markt die Platzhirsche und können sich über hohe Gewinnmargen freuen. Leider wachsen diese Märkte nicht mehr so stark wie in der Vergangenheit, eine gewisse Sättigung der Nachfrage nach klassischen PCs ist erreicht und an deren Stelle sind neue Märkte wie die Tablet-PCs und Smartphone-Apps getreten. Gerade bei dem Betriebssystem für mobile Computer wie Tablet oder Smartphone ist das Microsoft Betriebssystem Windows, trotz aller Anstrengungen seitens Microsoft, kaum relevant. Hier dominieren vor allem Android von Google und iOS von Apple. Ähnlich wie die Intel-Aktie tritt auch die Microsoft-Aktie seit 10 Jahren auf der Stelle. Obwohl Microsoft mit der Spielekonsole Xbox einen Fuß im lukrativen Spielemarkt hat und mit seinen Serverprodukten viel Potenzial für die Zukunft bietet, wird die Aktie von den Investoren weitgehend gemieden. Lieber kauft man die Apple-Aktie bei 700 US Dollar und wundert sich dann, dass der Kurs um fast 40 Prozent einbricht. Microsoft hingegen schüttet seit Jahren steigende Dividenden aus und ist bei einer Dividendenrendite zwischen 2 und 3 Prozent durchaus ein lohnenswertes Investment. Aber auch hier muss man zur Vorsicht raten. Der IT-Markt ist sehr schnelllebig, Firmen und neue Technologien kommen und gehen. Es bleibt abzuwarten, wie sich das Nutzerverhalten durch die mobilen Computer verändert, und welche Risiken sich dabei für das Geschäftsmodell von Microsoft ergeben. Nichtsdestotrotz halte ich ein Investment in Microsoft für sinnvoll, die Chancen überwiegen (noch) die Risiken.

## ConocoPhillips – Peak Oil lässt grüßen

Öl ist das Schmiermittel der Weltwirtschaft, ohne Öl kein Transport, keine Plastikprodukte, keine Energie, kein Dünger. Ein Großteil des Wirtschaftswachstums der vergangenen Jahrzehnte liegt im billigen Zugang zu Öl und anderen fossilen Energieträgern begründet. Da Öl aber eine natürliche Ressource ist, die nur in begrenzten Mengen vorhanden ist, führt eine wachsende Nachfrage konsequenterweise zu einem steigenden Preis.

Die Menschen in den Schwellenländern wie China, Indien und Brasilien kopieren den Lebensstil der Menschen in den Industriestaaten, damit geht auch ein steigender „Hunger" nach Öl einher. Folglich gibt es für den Ölpreis nur eine Richtung - nach oben. Ölfirmen wie ConocoPhillips profitieren von steigenden Ölpreisen. Je höher der Ölpreis, desto höher ihr Gewinn. Leider gibt es aber auch ein paar Risiken, denn die leicht zugänglichen und damit billig zu fördernden Ölfelder werden immer weniger und die Kosten steigen.

Unter den großen multinationalen Ölkonzernen ist ConocoPhillips eher ein Leichtgewicht. Seine Stärke liegt in der Fokussierung auf die Erschließung und Produktion von Öl, ein Thema, das bei immer schwieriger zu fördernden Quellen immer mehr an Bedeutung gewinnt. Auch aus Dividendensicht ist ConocoPhillips interessant, seit 2002 werden steigende Dividenden ausgezahlt, die Dividendenrendite bewegt sich schon seit Jahren zwischen 3 und 4 Prozent. Für ein Portfolio ist dieser Energiewert aufgrund seiner stabilen Dividendenzahlungen durchaus geeignet, jedoch unterliegt der Ölpreis kurzfristig extremen Schwankungen, weshalb ein Investment in diesen Sektor auch risikoreicher ist als ein Engagement bei Coca-Cola oder Procter & Gamble.

KAPITEL 16

# Die eigene Geldmaschine

*Lieber eine Stunde über Geld nachdenken, als eine Stunde für Geld arbeiten. - John D. Rockefeller*

Folgen wir dem Zitat von John D. Rockefeller, dem Gründer der Standard Oil Company und reichstem Mann der Neuzeit, und beschäftigen wir uns mit dem Aufbau einer Geldmaschine. Man könnte auch Strategie sagen, aber ich bevorzuge den Begriff Maschine. Bevor wir eine Maschine in Betrieb nehmen können, müssen wir ein paar Überlegungen anstellen. Welches Ziel hat unsere Maschine? Wie lange soll unsere Maschine arbeiten, um dieses Ziel zu erreichen? Muss die Maschine gewartet werden, und wenn ja, in welchen Intervallen?

Gehen wir der Reihe nach vor. Das Ziel einer Geldmaschine ist es, einen Kapitalstock aufzubauen, der einen ausreichend hohen Geldbetrag erwirtschaftet, damit man den eigenen Lebensunterhalt davon bestreiten kann. Letztendlich entscheiden Ihre Ansprüche und Lebensumstände darüber, wie viel Geld Sie benötigen. Es ist individuell sehr verschieden, manche sehen 1.000 Euro monatliches Einkommen als ausreichend an, andere eher 10.000 Euro.

Die Höhe des monatlichen Betrages entscheidet letztendlich auch, wie hoch Ihr Kapitalstock sein muss. Angenommen, 2.000 Euro monatliches Einkommen sind für Sie ausreichend, um all Ihre Unkosten tragen zu können. Folgende Tabelle zeigt Ihnen, wie hoch der Kapitalstock sein muss, um bei unterschiedlichen Renditen ein jährliches Einkommen von 24.000 Euro (12 Monate mal 2.000 Euro) zu generieren.

Grafik 16.1: Kapitalstock und Rendite

| Rendite | Kapitalstock |
|---|---|
| 2% | 1.200.000 € |
| 3% | 800.000 € |
| 4% | 600.000 € |
| 5% | 480.000 € |
| 6% | 400.000 € |
| 10% | 240.000 € |

Die Höhe des Kapitalstocks, um bei gegebenen Renditen ein jährliches Einkommen von 24.000 Euro zu erzielen.
Quelle: Eigene Darstellung

Sie sehen, je höher die jährliche Rendite, desto niedriger fällt die Höhe des Kapitalstocks aus. Wären Sie in der Lage, jährlich 10 Prozent Rendite auf Ihren Kapitalstock zu erwirtschaften, dann bräuchten Sie 240.000 Euro, um ein monatliches Einkommen von 2.000 Euro zu erzielen. Bei einer Rendite von nur 2 Prozent benötigen Sie schon 1,2 Mio. Euro. Beide Rechnungen unterstellen, dass der Kapitalstock nicht aufgebraucht wird, sondern konstant bleibt.

In *Kapitel 9: Anlageklassen im Überblick* haben wir das Thema *festverzinsliche Wertpapiere* behandelt. Zur Erinnerung, ein festverzinsliches Wertpapier ist eine Forderung auf einen gewissen Nennbetrag, welcher verzinst wird. Sie kaufen ein festverzinsliches Wertpapier und der Verkäufer sichert Ihnen in periodischen Abständen die Zahlung der Zinsen zu. Am Ende der Laufzeit des Papiers wird Ihnen der Nennbetrag zurückerstattet. Die Höhe des Zinses, den Sie erhalten, wird durch zwei wesentliche Faktoren bestimmt: das allgemeine Zinsniveau, also den Zinssatz, der hauptsächlich durch die Notenbank festgelegt wird, und das Risiko des Schuldners. Das allgemeine Zinsniveau können wir nicht beeinflussen, es ist quasi vorgegeben. Bleibt also noch das Risiko des Schuldners. Um heutzutage (bei einem Leitzins von unter 1 Prozent, Stand: Sommer 2015) eine Rendite von 10 Prozent bei einem festverzinsliches Wertpapier zu erhalten, müssen Sie ein sehr hohes Risiko eingehen. Das bedeutet, es besteht eine sehr hohe Wahrscheinlichkeit, dass der Schuldner nicht in der Lage sein wird, die Zinsen über die gesamte Laufzeit aufzubringen, und auch die Rückzahlung des Nennbetrages am Ende der Laufzeit ist sehr ungewiss. Aktuell erhalten Sie 10 Prozent Rendite nur bei sehr risikoreichen Anlagen wie zum Beispiel griechischen Staatsanleihen, japanischen Atomkonzernen und bei manch „windigen" Mittelstandsanleihen. Letztendlich sind festverzinsliche Wertpapiere bei einem so hohen Risiko ungeeignet, um darauf die monatlichen Einkünfte fußen zu lassen. Das bedeutet, das Renditeziel muss kleiner angesetzt werden. Deutsche Bundesanleihen, die zu den sichersten festverzinslichen Wertpapieren der Welt zählen, brachten im Januar 2014 bei einer Laufzeit von 10 Jahren gerade einmal 1,6 Prozent pro Jahr. Ein Kapitalstock in Höhe von 1.2 Mio. Euro würde nicht ausreichen, um die angepeilten 2.000 monatlich zu erwirtschaften.

Machen Sie mal ein Gedankenspiel und nehmen Sie die monatliche Pension eines Parlamentariers von durchschnittlich 3.000 Euro. Wie hoch muss der Kapitalstock bei 1,6 Prozent Rendite sein, um monatlich 3.000 Euro auszahlen zu können?

2,25 Mio. Euro! Als normaler Bürger würde man Sie bei diesem Vermögen als Superreicher titulieren und Sie wären das Ziel des Finanzamtes. Wie Sie in *Kapitel 5: Die Inflationspolitik* erfahren haben, hält der Staat für seine Pensionäre aber keinen ausreichend hohen Kapitalstock vor, um auch nur annähernd die zukünftigen Auszahlungen bestreiten zu können. Das niedrige Zinsniveau sorgt dafür, dass der Staat sich billig verschulden kann, auf der anderen Seite müsste er aber einen immer höheren Betrag für die Pensionsverpflichtungen zurücklegen.

Als privater Investor müssen wir notgedrungen solider wirtschaften als der Staat, denn wir können uns das Geld leider nicht selber drucken. Daher müssen wir nach Anlagemöglichkeiten suchen, die uns eine ausreichend hohe Rendite bei einem kalkulierbaren Risiko ermöglichen. Da aufgrund des niedrigen Zinsniveaus, welches auch auf absehbare Zeit niedrig bleiben wird, Geldvermögen wie festverzinsliche Wertpapiere und Festgeld unattraktiv bleiben (die Inflation ist höher als die Rendite), bleibt nur Real/Sachvermögen als Anlageklasse. Realvermögen sind, da sie produktiv im Wirtschaftsgeschehen eingesetzt werden, besser gegenüber Inflation geschützt als Geldvermögen.

Zur Erinnerung, zu den Realvermögen zählen Unternehmensbeteiligungen, sprich Aktien, Immobilien, Grund und Boden, Edelmetalle und andere Rohstoffe. Da der Titel des Buches *Dividenden Investor* lautet, sind Unternehmensbeteiligungen in Form von Aktien die favorisierte Anlage.

## Der Privatier

Einen Anleger, der schon über einen entsprechend hohen Kapitalstock verfügt, mit welchem er seine monatlichen Unkosten decken kann, bezeichnet man als Privatier.

Ein Privatier ist jemand, der aufgrund seines Vermögens nicht auf eine Erwerbstätigkeit angewiesen ist. Im Gegensatz zu einem Pensionär bezieht der Privatier keine Unterstützung vom Staat und er bezahlt sämtliche Steuern und Abgaben selbst. Der Privatier ist also unabhängig von staatlicher Versorgung und kümmert sich selbst um seine finanziellen Belange. Stellen Sie sich einen Selbstständigen vor, der sein Leben lang Überschüsse aus seiner Arbeit zurückgelegt hat und nun im Alter von seinen Rücklagen leben muss. Für ihn hängt das Renteneintrittsalter nicht von einer politischen Entscheidung ab, sondern von dem Umstand, zu welchem Zeitpunkt der Kapitalstock groß genug ist, um davon die Ausgaben bestreiten zu können. Wenige Selbstständige erreichen dieses Ziel schon in jungen Jahren, einige erst im fortgeschrittenen Alter und viele leider nie. Das Thema Sicherheit und Beständigkeit ist für einen Privatier höher zu gewichten, als für jemanden der noch in der Aufbauphase des Kapitalstocks ist. Konsequenterweise muss ein Privatier auch seine Renditevorstellungen konservativer ansetzen. In einem normalen Zinsumfeld kann man als Orientierungshilfe für die Rendite, die Rendite von erstklassigen Staatsanleihen ansetzen. Wobei es fraglich ist, wie erstklassig die Staatsanleihen der Bundesrepublik Deutschland und der USA wirklich sind. Viele Indizien deuten darauf hin, dass sich die tatsächlichen Risiken, die in diesen Anlagen stecken, nicht in den Renditen widerspiegeln. (Siehe *Kapitel 5: Die Inflationspolitik*) Daher sind sie als Orientierungshilfe weniger geeignet. Bleiben noch die Renditen von Realvermögen.

Bei vermietungssicheren Immobilien in guter Lage liegen die Renditen zwischen 2 und 4 Prozent. Ähnlich sind auch die Dividendenrenditen von soliden Unternehmen. Ein Privatier muss also über ein Vermögen von 600.000 Euro verfügen, um bei 4 Prozent Rendite ein monatliches Einkommen von 2.000 Euro zu erzielen. Bitte bedenken Sie, dass davon auch Steuern und Krankenversicherung bezahlt werden müssen.

Die Frage, die sich für den Privatier stellt, ist, wie verteilt er sein Vermögen, um auf die angepeilte Rendite zu kommen, und das bei einem vertretbaren Risiko.

## Das Portfolio des Privatiers

André Kostolany empfahl, 1/3 des Vermögens in Geld und Gold, 1/3 in Immobilien und 1/3 in Aktien zu halten. Und mit einem Augenzwinkern betonte Kostolany, 1/3 des Vermögens im Ausland zu bunkern. Für einen Privatier, der seinen Kapitalstock bereits geschaffen hat, ist diese Aufteilung durchaus sinnvoll. Sollte mal eine Vermögensklasse ausfallen, bleiben noch die anderen zwei (drei) als Einnahmequelle. Jedoch sollte man in einer Zeit niedriger Zinsen so wenig Bargeld und Festgeld wie möglich halten. Eine Liquiditätsreserve ist durchaus sinnvoll, aber bei 600.000 Euro Gesamtvermögen würde man nach Kostolanys Aufteilung 200.000 Euro in Geldwerten vorhalten müssen, was eindeutig zu viel ist. Als Liquiditätsreserve ist ein Betrag, der die Unkosten eines Jahres voll abdecken kann, in den meisten Fällen ausreichend. Leider sind Investitionsmöglichkeiten nicht immer gleich verfügbar, wenn auch die entsprechenden Mittel bereitstehen. Deshalb kommt es häufig vor, dass Geldmittel länger auf einem Festgeldkonto geparkt werden müssen als gewünscht. Auch hier gilt es, Geduld zu bewahren. Manchmal dauert es mehrere Jahre, bis die Einstiegsmöglichkeiten wieder günstig sind.

Auf keinen Fall sollte man der Versuchung erliegen, aus der Not heraus Geld in überteuerte Anlagen zu investieren. Auch wenn man kurzfristig durch das Reiten auf einer Welle enorme Gewinne erzielen kann, fällt langfristig immer der innere Wert einer Anlage ins Gewicht. (Siehe *Kapitel 13: Der Wert eines Unternehmens*) Angenommen, von den 600.000 Euro halten wir 60.000 Euro als Liquiditätsreserve auf einem Festgeldkonto bei einer vertrauenswürdigen Bank. Bleiben 540.000 Euro zum Investieren. Da wir Immobilien aufgrund der relativ hohen Transaktionsgebühren (beim Kauf einer Immobilie fallen viele Nebenkosten wie Maklergebühren, Steuern und Notargebühren an, die schnell 10 Prozent des Kaufpreises ausmachen) und dem hohen Arbeitsauswand, den eine Immobilie vom Eigentümer fordert, meiden wollen, konzentrieren wir uns auf Aktien.

Welche Aktien würden grundsätzlich zu einem Privatier, der auf ein regelmäßiges Einkommen angewiesen ist, passen? Aktien, die regelmäßig Geld an ihre Eigentümer auszahlen – sprich Unternehmen mit einer starken Dividendenausschüttung. Eine starke Dividendenausschüttung ist nicht zu verwechseln mit einer hohen Dividendenausschüttung. Mit einer starken Dividendenausschüttung ist eine historisch regelmäßige Ausschüttung eines Teils der Unternehmensgewinne gemeint. Dividenden-Champions wie Coca-Cola (zahlt vierteljährlich Dividenden seit 1920), Procter & Gamble (zahlt vierteljährlich Dividenden seit 1890) und Johnson & Johnson (zahlt vierteljährlich Dividenden seit 1944) sollten die Grundlage eines Portfolios eines Privatiers bilden. Diese Firmen steigerten über die letzten 40 Jahre kontinuierlich ihre Dividenden und die durchschnittlichen Dividendensteigerungen lagen über der Inflationsrate. Das bedeutet, ein Investor, der diese Papiere in seinem Portfolio hielt, konnte nicht nur seine Kaufkraft erhalten, sondern verzeichnete allein durch die Dividendensteigerungen einen Vermögenszuwachs, unabhängig von den enormen Kurssteigerungen, die diese

Aktien über die letzten 40 Jahre gesehen haben. Ich weiß nicht, wie es Ihnen geht, aber ich vertraue lieber darauf, dass die Menschen auch in Zukunft noch Coca-Cola trinken, Hygiene-Artikel kaufen und Medikamente zu sich nehmen, als auf die Rentenversprechen irgendeiner Regierung, egal welcher politischen Richtung sie angehören mag.

Die Dividendenrenditen (die jährliche Dividendenauszahlung geteilt durch den Aktienkurs) dieser drei Unternehmen bewegten sich innerhalb der letzten 5 Jahre zwischen 2,5 und 3,75 Prozent pro Jahr. Angenommen, wir haben von 540.000 Euro, 300.000 Euro in diese drei Unternehmen bei einer durchschnittlichen Dividendenrendite von 3 Prozent investiert, so erhalten wir 9.000 Euro pro Jahr als Bruttoeinnahmen. Die restlichen 240.000 Euro müssen dann bei einer Dividendenrendite von durchschnittlich 6,25 Prozent angelegt werden, um die fehlenden 15.000 Euro zu generieren damit das Ziel von 24.000 Euro im Jahr erreicht wird. 6,25 Prozent Dividendenrendite ist eine sportliche Vorgabe, aber mit den richtigen Aktien durchaus realisierbar. Die Datenbank von www.derinvestor.net listet insgesamt 166 Unternehmen, bei denen innerhalb der letzten 5 Jahre die Dividendenrendite höher als 6 Prozent war, darunter auch große Unternehmen wie den amerikanischen Telekommunikationsriesen AT&T, den Ölkonzern ConocoPhillips, den Baumaschinenhersteller Caterpillar und den Ketchup-Hersteller H.J. Heinz. Verteilen wir die 240.00 Euro in die genannten Schwergewichte, können wir eine durchschnittliche Rendite von 6,25 Prozent erreichen.

Fassen wir zusammen, wir können mit 540.000 Euro ein Portfolio aufbauen, das 24.000 Euro an Dividenden pro Jahr generiert und damit eine Rendite von 4,45 Prozent erzielt. (Bitte beachten Sie, dass es sich um Bruttowerte handelt, davon müssen noch Steuern und andere Kosten abgezogen werden.)

Dabei haben wir sieben Unternehmensschwergewichte im Portfolio, die auch bei stürmischer See gute Überlebenschancen haben. Diese Unternehmen stellen weitgehend Produkte des täglichen Bedarfs her und viele erfüllen die Kriterien eines Qualitätsunternehmens (siehe *Kapitel 11: Qualitätsunternehmen*). Alle sieben Unternehmen haben in der Vergangenheit ihre Dividendenauszahlungen kontinuierlich gesteigert und damit die Kaufkraftverluste, die durch Inflation entstanden sind, ausgleichen können.

Neben den Dividendensteigerungen haben diese Unternehmen auch Kursgewinne erzielt. Aber Aktienkursbewegungen nach oben oder unten sollten einen Privatier nicht tangieren, denn für Sie sind die Dividendenzahlungen entscheidend. Dennoch bieten die Kursgewinne im Falle eines Verkaufs eine nicht zu vernachlässigende Vermögensmehrung!

## Der Aufbau des Kapitalstocks

Im Gegensatz zu einem Privatier, der schon über ein ausreichend großes Vermögen verfügt, um davon leben zu können, muss ein angehender Privatier eine etwas andere Strategie fahren. Welche Voraussetzungen müssen erfüllt sein, damit der Aufbau eines Kapitalstocks erfolgversprechend wird? Zum einen sind es Faktoren, die Sie persönlich beeinflussen können. Zu diesen Faktoren gehört die Höhe des monatlichen bzw. jährlichen Sparbetrages, den Sie für den Kauf von Dividenden-Aktien zurücklegen können, und der Zeithorizont, den Sie Ihrer Geldmaschine geben wollen. Zeit ist Ihr Vorteil, je mehr Zeit Sie haben, desto höher sind Ihre Erfolgsaussichten und desto stärker kann der Kapitalstock wachsen. Ein junger Investor mit 20 oder 30 Jahren kann locker einen Zeithorizont von 20 Jahren für seine Geldmaschine ansetzen.

Sollte es während dieser Zeit auch zu Verlusten kommen, weil eine Strategie nicht aufging, so bleibt einem jungen Anleger noch genügend Zeit, um diese Verluste wieder aufzuholen. Im Gegensatz dazu reicht die Lebenserwartung eines Anlegers mit 60 Lebensjahren nicht mehr aus, um noch einmal komplett von vorne zu beginnen, selbst ein Verlust von 1/3 des Vermögens ist in diesem Alter kaum noch aufzuholen. Ein 20 Jähriger kann diesen Verlust verkraften und aufholen, daher kann er auch ein höheres Risiko bei der Zusammenstellung eines Portfolios eingehen.

Welche Unternehmen passen zu einem Investor, der im Begriff ist, seinen Kapitalstock aufzubauen? Unternehmen mit einer soliden Wachstumsperspektive der Umsätze und Gewinne. Idealerweise schafft es das Unternehmen, die Gewinnrendite, also den Anteil der Gewinne am Umsatz, zu steigern. Stellen Sie sich ein Unternehmen vor, das im ersten Jahr 100 Euro Umsatz macht und 50 Euro Gesamtkosten verbucht, bleiben als Gewinn 50 Euro. Weiterhin nehmen wir eine Dividendenausschüttung von 50 Prozent an, macht 25 Euro als Dividende. Im zweiten Jahr steigen Umsatz und Kosten auf 120 Euro und 60 Euro. Folglich steigen Gewinn und Dividende um 20 Prozent. Könnte man solch ein Unternehmen zu einem Kurs-Gewinn-Verhältnis (KGV) von 10 kaufen, so hätte man das Geschäft des Lebens gemacht. Höchstwahrscheinlich würde solch ein Unternehmen eher mit einem KGV von 25 und mehr gehandelt werden, aber nichtsdestotrotz würde ein Dividendenwachstum von 20 Prozent pro Jahr bedeuten, dass die Dividenden von 25 Euro im ersten Jahr nach 10 Jahren auf 154 Euro steigen würden. Die Kurssteigerungen wären ähnlich beeindruckend. Für einen Investor, der hohe Rendite will, gilt es, solche Unternehmen zu finden und sie früh in ihrer Entwicklungsphase zu kaufen. Je größer und etablierter ein Unternehmen wird, desto schwieriger wird es, hohe Wachstumsraten zu generieren.

Irgendwann ist die Nachfrage gesättigt bzw. die Konkurrenz verdirbt die Preise und die Gewinne / Dividenden können nicht mehr so stark steigen. Daher empfiehlt es sich für einen Investor, der im Begriff ist, seinen Kapitalstock über die nächsten 20 Jahre aufzubauen, eine Handvoll Unternehmen zu kaufen, denen man eine starke Wachstumsperspektive zutraut. Diese Unternehmen sind eher kleiner, stehen nicht im medialen Fokus und bewegen sich in Nischenmärkten. Müssen es immer High-Tech Unternehmen oder kleine Start-Ups sein? Mitnichten! Vielleicht sagt Ihnen die Altria Group etwas. Das ist das Unternehmen, welches früher Philip Morris hieß, und Zigarettenmarken wie Marlboro, L&M, Chesterfield und Benson & Hedges herstellt und vertreibt. Sie denken sicher, dass Zigaretten tödliche Glimmstängel sind und es in Deutschland immer weniger bekennende Raucher gibt. Stimmt, aber außerhalb Deutschlands sieht die Welt ganz anders aus. In Osteuropa und Asien hat das Zigarettenrauchen in etwa den Stellenwert, den es in Deutschland vor 20 Jahren hatte. Damals gehörte das Rauchen zum allgegenwärtigen Straßenbild. Heute ist es sehr selten geworden. Anders sieht es jedoch in den aufstrebenden Volkswirtschaften aus dem Osten aus. Hier wächst der Zigarettenkonsum zweistellig. Hätte man vor 15 Jahren für 1.000 Euro Aktien der Altria Group gekauft, was schätzen Sie, welche Gesamtrendite (Kursgewinn und Dividendengewinn) hätte man erzielt?

24.430 Prozent! Aus den 1.000 Euro wären durch Dividenden und Kurssteigerungen 244.300 Euro geworden. Selbst Apple kann nicht mit dieser Steigerung mithalten. Wird es in Zukunft weiter diese hohe Rendite mit Zigaretten geben? Vermutlich nicht. Denn je weiter sich die aufstrebenden Volkswirtschaften und ihre Gesellschaften entwickeln, desto mehr rücken auch Gesundheitsaspekte in den Vordergrund und man kann davon ausgehen, dass der Zigarettenkonsum nicht mehr so stark steigen wird wie in den vergangenen 15 Jahren.

Aber gesellschaftliche Trends brauchen ein paar Jahre ehe sie sich umkehren, daher sieht die Zukunft für Altria zumindest für die nächsten paar Jahre noch rosig aus.

Neben den Wachstumsunternehmen, für die die Kriterien von Qualitätsunternehmen genauso gelten sollten wie für alle anderen, empfiehlt es sich auch ein paar große Schwergewichte wie Coca-Cola oder Procter & Gamble ins Portfolio zu nehmen. Diese Unternehmen sollten die Felsen in der Brandung sein, die zwar nicht mehr so atemberaubend wachsen, aber dennoch ordentliche Steigerungen der Gewinne bieten. Und sei es nur durch ihre besondere Marktstellung und die Fähigkeit, höhere Gewinne durch höhere Preise durchzusetzen. Diese Unternehmen müssen nicht unbedingt mehr Produkte verkaufen, sie müssen nur die Preise schneller erhöhen können als ihre Kosten.

Es empfiehlt sich für einen angehenden Investor, einen Mix aus etablierten großen Unternehmen und wachstumsorientierten Unternehmen auszuwählen. Wobei die Gewichtung, also wie viele von jeder Sorte, von der persönlichen Risikoneigung und der Renditevorstellung abhängt.

## Setzen Sie sich ein Ziel

Was möchten Sie mit Ihrer Geldmaschine erreichen? Möchten Sie sich einen Kapitalstock aufbauen, der Einkommen generiert, um Ihre staatliche Rente oder Pension aufzubessern? Oder müssen / möchten Sie Ihre Rente komplett aus Ihrem Kapitalstock bestreiten? Es ist natürlich wichtig, zu verstehen, dass der Renteneintritt nicht von Ihrem Alter abhängt. Dies ist nur im staatlichen Rentensystem der Fall, welches Ihnen vorschreibt, wieviele Jahre Sie einzahlen müssen, um die Rente in Anspruch nehmen zu können.

Bei Ihrer eigenen Geldmaschine hängt der Zeitpunkt der finanziellen Unabhängigkeit letztendlich nur davon ab, wieviel Einkommen Ihr Kapitalstock monatlich generiert, und wieviel Geld Sie für Ihren monatlichen Lebensunterhalt benötigen. Sind die Einnahmen gleich den Ausgaben, dann haben Sie das Ziel erreicht und können selbst entscheiden, ob Sie weiter arbeiten gehen möchten oder nicht. Führen Sie ein sehr spartanisches Leben und benötigen nicht viel Geld, dann können Sie schon mit einem geringen Kapitalstock finanziell unabhängig sein. Sind Ihre Ansprüche an Ihren Lebensstil höher, dann benötigen Sie wahrscheinlich auch mehr Einnahmen, was wiederum einen größeren Kapitalstock voraussetzt. Von daher spielt es keine Rolle, wie alt Sie sind, Sie können finanzielle Unabhängigkeit erreichen, wenn Sie 40 sind oder 50, oder vielleicht auch nie, weil Ihre Einnahmen immer niedriger als Ihre Ausgaben sind. Generell benötigt der Zinseszinseffekt aber ein paar Jahre, um richtig in Fahrt zu kommen. Je mehr Zeit Sie sich und Ihrer Geldmaschine geben (können), desto besser.

Überlegen Sie, wieviel Geld Sie monatlich zurücklegen und langfristig investieren können. Das ist natürlich individuell verschieden und hängt stark von Ihrer persönlichen Lebenssituation ab. Planen Sie, sich ein Haus zu kaufen, dann werden Ihre Ersparnisse für dieses Projekt gebraucht und können somit nicht woanders investiert werden. Stehen Sie am Anfang Ihrer beruflichen Karriere und haben noch keine großen finanziellen Verpflichtungen, dann können Sie mehr zurücklegen. Sind Sie am Ende Ihrer beruflichen Laufbahn und haben sich über die Jahre ein kleines Vermögen angespart, dann werden Sie den Fokus nicht zu stark auf Sparen und Rendite, sondern eher auf den Kapitalerhalt und das Begleichen Ihrer Kosten für den Lebensunterhalt legen.

## Schaffen Sie die richtige Infrastruktur

Um eine Geldmaschine aufzubauen, benötigen Sie die richtige Infrastruktur. Sie benötigen eine Plattform, von der aus Sie Aktien kaufen können, und welche auch die Verwahrung für Sie übernimmt. Banken und Broker sind hier die richtigen Ansprechpartner. Wenn Sie ein wenig internetaffin sind, dann empfehle ich Ihnen eine in Deutschland ansässige Direktbank wie die ING DiBa AG oder die Comdirect Bank AG. Direktbanken verzichten auf eine persönliche Beratung oder ein teures Filialnetz und können Ihnen daher Konditionen anbieten, die eine Filialbank nicht anbieten kann. Niedrige Handelsgebühren und eine kostenlose Depotverwaltung sind meistens Standard. Dazu kommt oft noch ein Tagesgeldkonto, das direkt an das Depot gekoppelt ist. So wird selbst Geld, das zurzeit nicht investiert ist, immer noch ein wenig verzinst. Sollten Sie eine klassische Direktbank scheuen, dann können Sie auch bei einer Filialbank ein Depot eröffnen. Seien Sie sich aber der deutlich höheren Kosten bewusst. Eine Filiale in der Nähe mit persönlichem Bankberater, der Ihnen dann hauseigene Riestersparpläne und Investmentfonds andreht, kostet eben sein Geld!

## Abgeltungs- und Quellensteuer

Das leidige Thema Steuern! Wenn Sie Aktien halten, dann müssen Sie sich auch ein wenig mit den steuerlichen Aspekten auseinandersetzen. Dabei hat der Gesetzgeber mit Einführung der Abgeltungssteuer im Jahr 2009 die Sache etwas vereinfacht. Grundsätzlich bleiben Kapitaleinnahmen aus Zinsen, Wertpapierverkäufen und Dividenden steuerfrei bis zur Höhe des Sparer-Pauschbetrages von 801 Euro für Ledige und 1.602 Euro für Verheiratete (Stand: Sommer 2015). Bei Ihrer Bank können Sie hierfür einen Freistellungsauftrag stellen.

Angenommen, Sie haben sowohl Ihr Girokonto, als auch ihr Tagesgeldkonto und ihr Depot bei einer Bank, dann reichen Sie dort den Freistellungsauftrag in voller Hohe ein. Verteilen sich Ihre Einnahmen über mehrere Banken, dann sollten Sie den Sparer-Pauschbetrag entsprechend der jeweils zu erwartenden Einkünfte aufteilen. Ihre Bank verrechnet dann automatisch Ihre Kapitaleinkünfte bis zur Höhe des erteilten Freistellungsauftrags. Von den Einnahmen, welche über den Freibetrag hinaus gehen, zieht Ihnen die Bank pauschal 25 Prozent Abgeltungssteuer plus Solidaritätszuschlag und gegebenenfalls Kirchensteuer ab. Diese Steuer wird direkt von der Bank an das Finanzamt überwiesen. Ihre Bank sendet Ihnen am Ende eines Steuerjahres eine sogenannte Erträgnisaufstellung zu. Darin sind alle Erträge, die Sie erzielt haben, und Steuern, die abgeführt wurden, aufgelistet. Diese geben Sie dann in Ihrer Steuererklärung an. Liegt Ihr persönlicher Einkommensteuersatz unter 25 Prozent, dann erhalten Sie die zu viel gezahlte Abgeltungssteuer wieder erstattet. Ein Problem, das beim Halten von ausländischen Aktien auftritt, ist die sogenannte Quellensteuer. So behalten die USA für die Auszahlung von Dividenden eine Quellensteuer ein, die direkt von der Dividende abgezogen wird. Aufgrund eines Doppelbesteuerungsabkommens können die in den USA abgeführten Steuern mit der in Deutschland zu zahlenden Abgeltungssteuer verrechnet werden. Hält man auch Dividendenaktien aus anderen Ländern, so kann die Rückforderung zuviel gezahlter Quellensteuern recht kompliziert werden, da man sich mit den ausländischen Steuerbehörden auseinandersetzen muss. Bei geringen Dividendeneinkünften lohnt sich der Aufwand meist nicht. Bei höheren Einkünften (über 2000 Euro pro Jahr) kann eine Rückforderung, sowie eine steuerliche Beratung durchaus sinnvoll sein.

## Seien Sie ein Individualist

Seien Sie ein Individualist und versuchen Sie, den Einflüssen von Börsenbriefen, Finanzzeitschriften und sonstigen Börsengurus zu widerstehen. Machen Sie sich immer klar, dass diese Eigeninteressen verfolgen, wie z.b. hohe Einschaltquoten und viel Aufmerksamkeit. Nichts lässt sich so gut verkaufen wie das abwechselnde Schüren von Angst und Euphorie. Ausgewogene Analysen und Finanzberatung kann man da nicht erwarten. Stellen Sie einen Plan auf und folgen Sie diesem, egal, ob gerade Internetaktien, Gold oder Immobilien „in" sind. Seien Sie sich immer des Herdenverhaltens bewusst, das, in Kombination mit der Luftschloss-Theorie, Preise in wahnwitzige Höhen treiben kann. Und genauso schnell wie die Preise steigen, können sie auch in einem Wimpernschlag wieder den Boden der Tatsachen erreichen. Versuchen Sie, sich gegen diese Verhaltensmuster zu immunisieren, indem Sie Investitionen kühl und nüchtern betrachten und Ihre Emotionen in anderen Lebensbereichen ausleben, aber nicht bei der Altersvorsorge!

## Ihre Strategie

Nachdem Sie Ihr Ziel definiert haben, geht es an die Strategie, mit der Sie Ihr Ziel erreichen können. Der von mir in diesem Buch vorgeschlagene Weg setzt auf eine Dividendenstrategie, um in den Genuss des Zinseszinseffektes zu kommen. Er ist einer der erfolgversprechendsten Wege, um langfristig ein Vermögen aufzubauen. Im Universum der Dividendenunternehmen gibt es für jedes Ziel entsprechende Unternehmen. Darunter kleinere und mittlere Unternehmen, die von den meisten Anlegern übersehen werden. Die Gründe dafür sind vielfältig, oftmals tummeln sich diese Unternehmen in Nischenmärkten, die nicht so im Vordergrund stehen.

Außerdem sind diese Unternehmen oftmals zu klein, um für große Fondsgesellschaften interessant zu sein, folglich werden diese Unternehmen auch nicht von Analysten oder anderen Finanzprofis verfolgt. Hier bieten sich für einen privaten Investor die größten Chancen auf Renditen, die weit über dem Durchschnitt liegen.

Verabschieden Sie sich von dem Gedanken, ein Unternehmen zum absoluten Tiefstkurs zu kaufen. Markt-Timing ist ein Glücksspiel, dessen Erfolgsaussichten gering sind. Investoren, die zu lange warten, können nicht am langfristigen Aufwärtstrend an den Börsen teilhaben und auch keine Dividendenzahlungen einstreichen. Eine Studie der Universität Michigan kam zu dem Ergebnis, dass 95 Prozent aller signifikanten Kursgewinne über einen Zeitraum von 30 Jahren an nur 90 Tagen stattfanden. Sind Sie an diesen Tagen nicht in Aktien investiert, weil Sie auf günstige Gelegenheiten warten, dann verpassen Sie die Kursgewinne!

Aktien, insbesondere Qualitätsaktien, bieten, über einen langfristigen Anlagehorizont betrachtet, immer die höchsten Renditen. Andere Anlageklassen konnten historisch nicht mithalten, weder Immobilien noch festverzinsliche Wertpapiere oder Gold. Daher haben Aktien langfristig auch das geringste Risiko. Es gibt aber immer wieder kurze Phasen, in denen die Aktien schlechter laufen als jene angesprochenen Anlageklassen. In einer Hochzinsphase wird dem Aktienmarkt naturgemäß Geld entzogen und in festverzinsliche Wertpapiere investiert. Senkt die Notenbank die Zinsen wieder, dann fließt das Geld wieder zurück in den Aktienmarkt und treibt die Kurse nach oben. Versuchen Sie, der Versuchung zu widerstehen, Ihr Portfolio immer nach den aktuellen Trends auszurichten. Langfristig orientierte Investoren kümmern sich nicht um Modeerscheinungen, sondern folgen ihrem System mit stoischer Ruhe.

# Risiko und Diversifikation

Ein wichtiger Punkt bei Investitionen ist das Risiko. Risiko wird allgemein definiert als die Möglichkeit, dass eine Handlung zu einem Verlust oder einem anderen negativen Ergebnis führt. Welches Risiko besteht beim Kauf von Aktien?

1) Als Käufer einer Aktie sind Sie Miteigentümer des Unternehmens. Sollte das Unternehmen in wirtschaftliche Schwierigkeiten geraten und Insolvenz anmelden, kann es zum Totalverlust kommen. In einem Insolvenzfall werden zuerst alle Ansprüche der Gläubiger bedient, danach wird aus dem restlichen Liquidationserlös der Aktionär bedient.

2) Ein Unternehmen muss Gewinne erwirtschaften, um Dividenden auszahlen zu können. Tut es das nicht, können Dividendenzahlungen an die Aktionäre gestoppt werden.

3) Der Kurs einer Aktie, und damit der Wert eines Unternehmens, wird von vielen verschiedenen Faktoren bestimmt. Verändert sich das wirtschaftliche Umfeld, sei es durch veränderte Wachstumserwartungen, Inflation, Zinsen oder Devisenkursänderungen, dann verändern sich die Rahmenbedingungen, in denen das Unternehmen agiert. Aber auch das Management beeinflusst die Geschicke des Unternehmens. Verschätzt sich das Management und das Geschäftsmodell leidet, wird auch der Aktienkurs leiden.

Diese drei Risiken sollten Sie immer im Auge haben, wenn Sie in Aktien investieren. Selbst eine noch so gute Analyse des Unternehmens ist kein Garant für erfolgreiches Investieren.

Eine eingehende Analyse des potenziellen Zielunternehmens begrenzt jedoch das Risiko beträchtlich. Haben Sie Ihre Hausaufgaben gemacht und sich einige Geschäftsberichte angeschaut, die Kennzahlen verglichen und das Geschäftsmodell verstanden, dann wissen Sie, worauf Sie sich einlassen. In jedem Fall ist es empfehlenswert, in Ihrem Portfolio eine gesunde Mischung zwischen unterschiedlichen Branchen herzustellen. Wenn Sie in große multinationale Unternehmen investieren, dann sind diese meist auch weltweit mit ihren Produkten tätig. Daher ist die Streuung Ihres Portfolios über unterschiedliche Regionen nachrangig. Ein Unternehmen wie Coca-Cola erzielt seine Umsätze auf allen Kontinenten dieser Erde, sollte mal ein Land schwächeln, dann stellt das kein Problem dar, da andere Länder den Umsatzrückgang kompensieren können. Die unterschiedliche Branchenmischung ist jedoch sehr wichtig! Kernbranchen, in die Sie investieren sollten, sind folgende:

- Nahrungsmittel
- Konsumgüter des täglichen Bedarfs
- Energie
- Pharmazie und Gesundheit

Produkte aus diesen Branchen werden immer gebraucht, es ist sehr unwahrscheinlich, dass alle vier Branchen gleichzeitig in Umsatzschwierigkeiten gelangen. Bedenken Sie die großen Faktoren, die unsere Welt beeinflussen, wir werden immer mehr Menschen auf der Erde, die Nachfrage nach Nahrungsmitteln und Energie steigt beständig. Je mehr Menschen, desto mehr Dinge des täglichen Bedarfs werden benötigt. In den Industrieländern wird die Bevölkerung immer älter und im Alter kommen dann leider auch die ersten Gebrechen.

Unternehmen, die diese Bedürfnisse befriedigen, haben sehr gute Aussichten, auch in 20 Jahren noch Geld zu verdienen. Daher ist das Risiko einer Pleite auch gering. Sollte doch mal ein Unternehmen in Schwierigkeiten geraten und das langfristige Geschäftsmodell in Gefahr sein, dann trennen Sie sich von diesem Unternehmen!

## Verlustrisiko und schwarze Schwäne

Leider ist das potenzielle Verlustrisiko in der Vorausschau nie bekannt, erst im Nachhinein, wenn die Verluste eingetreten sind, wird das tatsächliche Risiko offensichtlich. Dabei tritt oft ein Ereignis ein, das bis dato gültige Konventionen über Bord wirft. So glaubte man bis ins 17. Jahrhundert, das Schwäne immer weiß seien. Als man dann in Australien auch schwarze Schwäne entdeckte, musste die gültige Konvention verändert werden. In diesem Zusammenhang spricht Nassim Taleb von einem *schwarzen* Schwan, als einem Ereignis, das sehr unwahrscheinlich ist, völlig überraschend eintritt, massive Auswirkungen aufweist und sich im Nachhinein einfach erklären lässt.

So schätzten die meisten Anleger das Risiko einer Staatspleite einiger Euro-Länder wie Griechenland, Portugal und Irland vor 2008 als sehr gering bzw. komplett unmöglich ein. Diese Einschätzung änderte sich dann schlagartig mit dem Ausbruch der Finanzkrise 2008. Das tatsächliche Risiko, das von diesen Anlagen ausging, wurde offensichtlich und die Anleger verlangten eine entsprechend höhere Verzinsung. Im Nachgang können viele Erklärungen für die Veränderung der Risikoeinschätzung herangezogen werden, aber, und das ist das Entscheidende, die Mehrheit der Anleger traf die Finanzkrise völlig unvorbereitet.

Ein weiteres Beispiel eines schwarzen Schwanes und wie sich die Zukunftsaussichten und damit die Risikoeinschätzung schlagartig ändern kann, ist die völlig planlose deutsche Energiewende und deren Reaktion auf die Atomkatastrophe von Fukushima. Egal wie Sie zum Thema Atomkraft stehen, die Auswirkungen der Stilllegung der Atomkraftwerke auf die Geschäftsmodelle der deutschen Energieversorger sind immens. Insbesondere die Aktie des deutschen Energieunternehmens RWE leidet unter der Energiewende. In den 1990er Jahren noch wegen seiner verlässlichen Dividendenauszahlungen als Witwen-Papier gehandelt, musste RWE zur Restrukturierung des Geschäftsmodells die Dividende kürzen. Seit 2008 befindet sich der Aktienkurs im Sinkflug. Selbst Anleger, die RWE 2006 zu einigermaßen günstigen Konditionen in ihr Portfolio nahmen, haben nun einen Buchverlust von fast 50 Prozent. Das Gesetz der Prozentrechnung schreibt vor, dass sich der Kurs einer Aktie verdoppeln muss, um einen vorangegangenen Verlust von 50 Prozent wieder auszugleichen. Es kann sehr lange dauern, bis sich die Dinge zum Positiven wenden und die Aktie wieder um 100 Prozent zulegt. Die Frage ist, ob die Aktie auch noch dieses Potenzial hat? Wenn Sie der Aktie dieses Potenzial nicht zutrauen, dann realisieren Sie den Verlust und verkaufen die Aktie, auch wenn es schwer fällt.

Kann man sich gegen schwarze Schwäne absichern? Nein, sie sind Teil des Lebens und seiner Unvorhersehbarkeit. Was Sie jedoch tun können, ist, ihre Wirkung auf Ihr Portfolio zu begrenzen. Ein Anleger, der 10 Prozent seines Gesamtvermögens in RWE investiert hat und einen 50-prozentigen Verlust erlitten hat, der hat insgesamt „nur" 5 Prozent seines Gesamtvermögens verloren. Hier ist Diversifikation das Zauberwort, um sich gegen schwarze Schwäne, die einzelne Unternehmen betreffen, abzusichern. Anders sieht es bei schwarzen Schwänen aus, die den gesamten Markt betreffen.

Die Finanzkrise von 2008, in deren Folge alle Aktienmärkte weltweit auf Tauchstation gingen, ist solch ein großer schwarzer Schwan. Gegen sie kann man sich kaum schützen. Man müsste über hellseherische Fähigkeiten verfügen, um zur richtigen Zeit auszusteigen, oder über Options-Geschäfte eine Absicherung betreiben, die sehr kostspielig ist und im Endeffekt die Rendite aufzehrt. Hier gilt es, die eigenen Positionen zu begutachten, eventuell anzupassen, Buchverluste auszusitzen und Qualitätsunternehmen zu billigen Konditionen einzukaufen. Jede Schwächephase hat auch ein Ende, es ist nur eine Frage der Zeit!

## Wieviele Einzelwerte sollte ich halten?

Als Faustformel mindestens 8 und höchstens 20. Aber das sind nur Richtgrößen, ein Portfolio kann auch aus wenigen ausgesuchten Unternehmen bestehen. Bei mehr als 20 Unternehmen verlieren Sie leicht den Überblick, denn mit dem Kauf eines Unternehmens ist es nicht getan. In regelmäßigen Abständen sollten Sie auch die Entwicklung des Unternehmens kontrollieren, und bei mehr als 20 Einzelwerten wird der Aufwand dann unverhältnismäßig groß. Außerdem verhalten sich Portfolios mit vielen Einzelwerten sehr durchschnittlich.

## Sollte ich mein Vermögen über viele Anlageklassen streuen?

Ich halte Aktien für die besten Vermögenswerte, gerade auch in Krisenzeiten. Denn eine Aktie bedeutet, dass Sie Anteile an einem Unternehmen haben. Ein Unternehmen, welches produktiv tätig ist. Ein Unternehmen, welches Produkte herstellt, die von Menschen benötigt werden. Ein Unternehmen, welches über Anlagen, Maschinen und Barmittel verfügt.

Ein Unternehmen ist folglich ein Sachwert. In einer Zeit, in der Notenbanken ihre Schleusen öffnen und die Wirtschaft mit billigem Geld überfluten, sind Sachwerte Trumpf. Geldwerte wie Banknoten, Spareinlagen, Anleihen oder Lebensversicherungen werden schleichend entwertet, wohingegen Sachwerte einen inneren Wert besitzen, der, egal in welcher Währung oder Einheit ausgedrückt, bestehen bleibt. Ein weiterer Vorteil der Aktie ist, dass eine Enteignung schwieriger ist als bei anderen Vermögenswerten wie Immobilien oder Gold. In der Vergangenheit wurden Immobilien und Gold regelmäßig Ziel von Enteignungen und höherer Besteuerung des Staates. Der Besitz von Gold war in Deutschland zuletzt im Jahr 1923 verboten. Immobilien wurden nach dem Krieg mit Zwangshypotheken belastet.

Aktienbesitzer hingegen kamen immer glimpflich davon. Ein vorsichtiger Anleger sollte sich vor einer Inflation schützen und neben einem ausgewogenen Aktienportfolio auch einen Betrag X in Edelmetallen wie Gold oder Silber parken. Gold und Silber haben ihren Wert nie verloren, die Wertuntergrenze dieser Edelmetalle liegt bei den Förderkosten. Aber Vorsicht: Gold ist auch ein beliebtes Ziel für Zocker. Kurssprünge von 30 und mehr Prozent nach oben und unten sind jederzeit möglich! Gerade bei Gold besteht seitens der Notenbanken und Politik kein Interesse an einem stark steigenden Goldpreis! Würde die Masse der Menschen erkennen, wie fragil das weltweite Geldsystem ist, und sich mit physischem Gold eindecken, würde der Goldpreis in die Stratosphäre steigen. Keine Regierung hätte daran ein Interesse, daher ist auch Gold immer mit einem Risiko behaftet.

Sollte im schlimmsten Fall das Geldsystem zusammenbrechen bzw. ganze Staaten Pleite gehen, dann wird Gold das wahrscheinlich letzte anerkannte Zahlungsmittel bleiben. Gold sollte allein dem Schutz vor Inflation dienen und nicht als Spekulationsobjekt.

Für einen sehr pessimistischen Anleger kann auch ein Acker zur Anpflanzung von ein paar Kartoffeln nicht schaden. Aber dieses düstere Szenario sollten wir uns nicht weiter ausmalen, denn es nützt nichts, wenn Sie sich alleine versorgen können, während Ihre Nachbarn hungern!

### Wie beginne ich meine Investorenkarriere?

Nachdem Sie sich ein Ziel gesetzt und Ihre Strategie definiert haben, erstellen Sie sich eine Liste mit geeigneten Unternehmen. Das Musterportfolio aus Kapitel 15 gibt Ihnen eine mögliche Portfoliostruktur an die Hand, weitere potenzielle Unternehmen finden Sie unter www.derinvestor.net. Lesen Sie so viel wie möglich über die Unternehmenskandidaten. Es ist wie in einem Bewerbungsgespräch, Sie sind der Boss und entscheiden, warum gerade das Unternehmen in Ihr Portfolio gehören soll. Betrachten Sie die historischen Bewertungen der Unternehmen, wie haben sich der Gewinn, die Dividenden und die Dividendenrendite entwickelt? Wann war die Dividendenrendite hoch bzw. niedrig. Ist die derzeitige Dividendenrendite wieder auf einem Hoch, dann kaufen Sie das Unternehmen. Fangen Sie klein an und kaufen zuerst nur 2 bis 4 Unternehmen. Ist die Dividendenrendite auf einem historisch niedrigen Niveau, dann sollten Sie sich mit einem Kauf zurückhalten. Wahrscheinlich ist der Aktienkurs zu weit vorgeprescht und die Aktie zu teuer. Denken Sie immer an die magische Formel für hohe Gesamtrenditen.

Qualitätsunternehmen
+ hohe aktuelle Dividendenrendite
+ stetiges Dividendenwachstum
= hohe Gesamtrendite

Aber auch hier ist es in der Praxis meist nicht so einfach. Generell ist es besser, in Aktien investiert zu sein, als an der Seitenlinie zu stehen und auf günstige Gelegenheiten zu warten. Es kann passieren, dass, wenn Sie auf die optimalen Bedingungen warten, Sie dort ewig stehen und nie das Spielfeld betreten. Daher sollten Sie, wenn Sie das erste Mal kaufen, nur wenige Titel erwerben. Beobachten Sie Ihre Titel und den Gesamtmarkt, und kaufen Sie sukzessive Ihre anderen Unternehmen nach. Manchmal sind die Gelegenheiten günstig und Sie können in einer schwachen Marktlage niedrig einkaufen. Manchmal ist das genaue Gegenteil der Fall. Die Dividendenrendite, das KGV des Gesamtmarktes und die Schlagzeilen der Bildzeitung sind gute Indikatoren, an welchem Punkt im Zyklus wir gerade stehen.

## Aller Anfang ist schwer

Vielleicht erinnern Sie sich noch an den Tag, als Sie das Fahrradfahren lernten oder an den ersten Tag Klavierunterricht? Bei mir türmte sich gerade in meiner ersten Klavierstunde eine schier unüberwindliche Hürde auf, alles war neu und ungewohnt. Es bedarf viel Übung, bis man ein Fach beherrscht und alles in Fleisch und Blut übergeht.

Auch das Investieren ist ein Fach, für das man üben muss. Anfangs stellt die Methodik eine hohe Hürde dar, aber nach ein paar Versuchen wird es leichter und man beginnt, die Verfahrensweise zu verstehen. Einige Wenige finden dann darin ihre Passion und perfektionieren ihr Können, bis sie Meister ihres Faches sind. Warren Buffett gehört sicherlich in diese Kategorie. Aber auch die Amateure können sehr erfolgreich sein.

Die Börse zählt zu den demokratischsten Orten überhaupt, denn keiner weiß, wie die Zukunft aussieht. Folglich hat auch keiner einen Vorteil. Mit ein paar Tricks können Sie die Chancen zu Ihren Gunsten manipulieren.

Oft kann man durch Zufall die glücklichsten Dummheiten begehen. - André Kostolany

Und darum geht es letztendlich, aus den gegebenen Umständen das Beste herauszuholen und mit etwas Glück das gesetzte Ziel zu erreichen.

# Literaturverzeichnis

Ariely, D. (2010). *Predictably Irrational.* Harper Perennial.
Aristotle. (340 BC). *Teachings.* Stagira: Self Published.
Bartzsch, N., Rösl, G., & Seitz, F. (Mai 2012). Schätzungen des In- und Auslandsumlaufs von Euro-Banknoten. *Wirtschaftsdienst,* S. 1-7.
Bernstein, P. L. (2001). *The Power of Gold: The History of an Obsession.* Wiley.
Bernstein, P. L. (2008). *A Primer on Money, Banking and Gold.* Wiley.
*Bloomberg.* (2013). Abgerufen am 18. Februar 2014 von http://www.bloomberg.com/news/2013-05-31/opec-keeps-output-target-unchanged-content-with-100-oil.html
Bogle, J. (4. Dezember 2000). Bullseye Konferenz. Toronto.
Buffett, W. (2013). Letters to Berkshire Hathaway Shareholders 1977-2013.
Cassidy, J. (2009). *How Markets Fail.* Penguin Books Ltd.
Cialdini, R. B. (2007). *Influence: The Psychology of Persuasion.* HarberBusiness.
*Commodity Online.* (2011). Abgerufen am 18. Februar 2014 von http://www.commodityonline.com/news/gold-paper-to-physical-ratio-is-a-stunning-1001-2012-will-be-the-year-of-delivery-44631-3-44632.html
Creutz, H. (2004). *Das Geld-Syndrom.* Verlag Mainz.
Creutz, H. (2005). *Humane Wirtschaft.* Abgerufen am 17. Februar 2014 von http://www.humane-wirtschaft.de/pdf_z/creutz-grafik-59b_zinsbelastungen.pdf
Deffeyes, K. S. (2005). *Beyond Oil: The View from Hubbert's Peak.* Hill and Wang.

Der Spiegel. (2009). Abgerufen am 18. Februar 2014 von http://www.spiegel.de/politik/deutschland/guttenbergs-gesetz-outsourcing-wahlkampf-mit-dem-shootingstar-a-642103.html

Deutsche Bundesbank. (2012). *Geld und Geldpolitik: Schülerbuch für die Sekundarstufe II*.

Deutsche Mittelstands Nachrichten. (2011). Abgerufen am 18. Februar 2014 von http://www.deutsche-mittelstands-nachrichten.de/2011/11/31904/

Deutsche Wirtschafts Nachrichten. (2013). Abgerufen am 18. Februar 2014 von http://deutsche-wirtschafts-nachrichten.de/2013/04/04/niederlaendische-abn-amro-enteignet-gold-kunden/

Diamond, J. (2005). *Kollaps: Warum Gesellschaften überleben oder untergehen*. S. Fischer.

Die Zeit. (2012). Abgerufen am 18. Februar 2014 von http://www.zeit.de/wirtschaft/2012-09/rente-altersarmut-leyen

Federal Reserve. (1998). Abgerufen am 18. Februar 2014 von http://www.federalreserve.gov/boarddocs/testimony/1998/19980724.htm

Frankfurter Rundschau. (2013). Abgerufen am 18. Februar 2014 von http://www.fr-online.de/schuldenkrise/zypern-krise-riskante-zyprische-staatsanleihe,1471908,22219920.html

Freie Presse. (2013). Abgerufen am 17. Februar 2014 von http://www.freiepresse.de/NACHRICHTEN/SACHSEN/Neue-Zahlungen-fuer-Sachsen-LB-Finanzministerium-in-der-Kritik-artikel8224747.php

Friedman, M. (2000). *The Great Depression*. (P. B. (PBS), Interviewer)

Friedman, M., & Schwartz, A. (1971). *A monetary history of the United States*. Princton University Press.

Graham, B. (2006). *The Intelligent Investor*. HarperBusiness.

Greenblatt, J. (2011). *The Big Secret for the Small Investor: A new route for long-term investment success*. Crown Business.

Greenspan, A. (1967). Gold and Economic Freedom. In A. Rand, *Capitalism: The Unkown Ideal*. Penguin Group.

Grennwald, B., Kahn, J., Sonkin, P., & van Biema, M. (2004). *Value Investing: From Graham to Buffett and Beyond*. John Wiley & Sons.

Hall, C. (2008). *The Oil Drum*. Abgerufen am 18. Februar 2014 von http://www.theoildrum/node/3810

Hamilton, J. D. (2005). *Oil and the Macroeconomy*. University of California.

Hans Böckler Stiftung. (2012). Abgerufen am 18. Februar 2014 von http://www.boeckler.de/MB_2012_05_Lohnentwicklung_in_Zahlen.pdf

Heinberg, R. (2010). *Peak Everything: Waking up to the century declines*. New Society Publisher.

Heinberg, R. (2011). *The End of Growth: Adapting to our new economic realities*. New Society Publisher.

*Justia US Law*. (1982). Abgerufen am 18. Februar 2014 von http://law.justia.com/cases/federal/appellate-courts/F2/680/1239/200393/

Kahneman, D. (2011). *Think, Fast and Slow*. Farrar, Straus and Giroux.

Kelly, T., & Matos, G. (2010). *Historical Statistics for Mineral and Material Commodities in the United States*. United States Geological Survey.

*King World News*. (2010). Abgerufen am 18. Februar 2014 von http://www.kingworldnews.com/kingworldnews/Broadca

st/Entries/2010/3/30_Andrew_Maguire_%26_Adrian_Do uglass.html

Koch, R. (2008). *Das 80/20 Prinzip: Mehr Erfolg mit weniger Aufwand.* Campus Verlag.

Kostolany, A. (2001). *Die Kunst über Geld nachzudenken.* Ullstein Verlag.

Lewis, M. (2011). *The Big Short: Wie eine Handvoll Trader die Welt verzockte.* Goldman Verlag.

Malkiel, B. G. (2011). *A Random Walk Down Wallstreet: The time-tested strategy for successful investing.* W.W. Norton & Company.

*Max Keiser.* (2013). Abgerufen am 18. Februar 2014 von http://www.maxkeiser.com/2013/08/physical-gold-demand-surges-53-in-q2-total-supply-down-6-price-falls-35/

Meadows, D. H., Meadows, D., & Randers, J. (2004). *The Limits to Growth: The 30-Year Update.* Chelsea Green Pub.

Miller, L. (2006). *The Single Best Investment: Creating Wealth with Dividend Growth.* The Print Project.

Mullins, E. (2009). *The Secrets of the Federal Reserve.* Bridger House Global Insights.

Mullins, E. (2011). *The Federal Reserve Conspiracy.* Literary Licensing.

Naas, S. (2008). Passives Portfoliomanagement durch die Deutsche Bundesbank : zur zukünftigen Anlagestrategie des Sondervermögens "Versorgungsrücklage des Landes Hessen". *Zeitschrift für moderne Verwaltung Vol. 14*, S. 84-88.

Otte, M. (2011). *Investieren statt sparen: Wie man mit Aktien ein Vermögen aufbaut.* Ullstein.

Otte, M. (2012). *Endlich mit Aktien Geld verdienen: Die Strategien und Techniken, die Erfolg versprechen.* Finanzbuchverlag.

Pento, M. G. (2013). *The Coming Bond Market Collapse: How to Survive the Demise of the U.S Debt Market.* John Wiley & Sons.

Reinhart, C. M., & Rogoff, K. S. (2010). *Diese Mal ist alles anders: Acht Jahrhunderte Finanzkrisen.* FinanzBuch Verlag.

Schroeder, A. (2010). *Warren Buffett: Das Leben ist wie ein Schneeball.* Finanzbuchverlag.

Seehofer, H. (2010). *Pelzig hält sich,* Bayrischer Rundfunk. (F. M. Barwasser, Interviewer)

Senf, B. (2009). *Der Nebel um das Geld: Zinsproblematik-Währungssysteme-Wirtschaftskrisen. Ein Aufklärungsbuch.* Projekte-Verlag Cornelius.

Sinn, H. W. (2012). *Die Target Falle: Gefahren für unser Geld und unsere Kinder.* Hanser Verlag.

Süddeutsche.de. (2010). Abgerufen am 18. Februar 2014 von http://www.sueddeutsche.de/geld/eu-abgeordnete-gegen-bankenlobby-hilferuf-der-parlamentarier-1.962665

Taleb, N. N. (2008). *Der Schwarze Schwan: Die Macht höchst unwahrscheinlicher Ereignisse.* Carl Hanser Verlag.

Taleb, N. N. (2008). *Narren des Zufalls: Die verborgene Rolle des Glücks an den Finanzmärkten und im Rest des Lebens.* Wiley-VCH Verlag.

The Guardian. (2011). Abgerufen am 18. Februar 2014 von http://www.theguardian.com/commentisfree/cifamerica/2011/oct/05/policing-occupy-wall-street-amy-goodman

Wirtschaftswoche. (2011). Abgerufen am 18. Februar 2014 von http://www.wiwo.de/finanzen/vorsorge/private-vorsorge-schlecht-versorgt-mit-riester-rente-seite-4/5758918-4.html

Zarlenga, S. A. (2002). *The Lost Science of Money: The Mythology of Money, The Story of Power.* American Monetary Institute.

# Index

Abgeltungssteuern ................ 155
Aktie ..................................... 180
Aktien ...........................139, 203
Aktien- und Rentenfonds ..... 200
Aktienmarkt .......................... 288
Alan Greenspan ..........54, 94, 211
Altria Group ......................... 313
André Kostolany .. 154, 273, 277, 308
Asset Backet Securities .......... 191
Bank Run ........... 66, 68, 108, 139
Bankschuldverschreibungen. 185
Bargeld .... 20, 22, 28, 55, 67, 103, 142, 177, 178, 308
Barwert ........... 251, 252, 253, 254
Berkshire Hathaway ............... 169
Bilanz.58, 75, 113, 151, 152, 153, 268, 281, 292
Börse ...... 108, 195, 196, 201, 231, 234, 239, 240, 245, 253, 254, 255, 256, 257, 258, 260, 261, 267, 268, 271, 273, 274, 277, 279, 281, 287, 290, 297, 300, 328
Bretton-Woods ........33, 104, 105, 117, 208, 215
Buchgeld ................19, 20, 21, 22
Buchwert ........................267, 268
Bullionbanken ................207, 209
Bundesbank .... 20, 29, 32, 67, 73, 74, 75, 98, 112, 114, 124, 211
Cash Flow ...... 184, 228, 262, 290
Charttechnik ...................284, 286
Coca-Cola ..... 183, 225, 253, 295, 309
Coca-Cola Aktien .. 183, 240, 242

Colgate-Palmolive 237, 239, 292, 296
ConocoPhillips ........ 292, 302, 310
DAX169, 181, 182, 202, 289, 294
Deflation..25, 27, 29, 37, 92, 106, 110, 111, 143
Direktbanken ......... 192, 239, 316
Diversifikation ....... 153, 320, 323
Dividende .............................. 184
Dividenden ............................ 231
Dividenden-Champions 237, 309
Dividendenrendite 262, 263, 264, 265, 266, 269, 270, 293, 294, 300, 301, 302, 310, 326, 327
Dividendenwachstum .. 232, 235, 270, 312
Effiziente Markthypothese .... 276
Emerson Electric .................... 299
Erdölvorkommen .. 125, 126, 129
Erfolgsformel ......................... 269
Erfolgsrechnung ............ 152, 153
ESM ...................... 76, 81, 83
Europäische Zentralbank 20, 112
Exchange Traded Funds ........ 204
Exponentielles Wachstum 23, 25
Federal Reserve ..................... 108
Festverzinsliche Wertpapiere 28, 186, 305, 306, 319
Fiat-Geld ................................ 18
Finanzkrise 11, 38, 50, 51, 52, 54, 77, 89, 107, 113, 137, 138, 191, 213, 271, 294, 322, 324
Geldmarkt ............................. 191
Geldmaschine ......... 164, 171, 303
Geldsystem ..9, 16, 27, 34, 36, 38, 40, 49, 53, 92, 100, 103, 106,

111, 118, 134, 138, 145, 170,
206, 325
Geldvermögen ...... 28, 29, 49, 50,
103, 115, 177, 178, 306
Gold..... 16, 17, 33, 35, 74, 80, 81,
94, 104, 105, 108, 117, 127,
178, 192, 205, 207, 209, 211,
214, 216, 217, 308
Golddeckung . 10, 33, 34, 94, 104,
208, 215
Goldhandel ............................. 207
Goldman Sachs ................. 77, 85
Goldreserven ................. 105, 210
Gold-Zertifikate ...................... 208
Griechenland ... 51, 69, 71, 75, 77,
79, 80, 85, 86, 88, 90, 99, 114,
144, 322
Hedgefonds ....... 65, 194, 196, 282
Herdentrieb .................. 201, 287
Hypo Real Estate ............... 58, 67
Hypothekenanleihen .. 54, 55, 56,
58, 65
Immobilien 10, 27, 41, 48, 56, 59,
65, 67, 83, 91, 94, 103, 143,
151, 152, 156, 176, 179, 186,
187, 188, 189, 245, 276, 277,
288, 293, 306, 308, 309, 318,
319, 325
Immobilienblase ... 27, 29, 59, 64,
66, 71, 89, 91, 113, 124, 140,
210
Inflation ................... 25, 102, 142
Innerer Wert ........................ 253
Intel ......................................... 300
Johnson & Johnson ........ 297, 309
Kapitalmarkt . 23, 75, 84, 99, 148,
149, 199, 201, 238
Kimberly-Clark ...................... 296
Konsumenten-Preis-Index .... 212
Kurs-Buchwert Verhältnis .... 268

Kurs-Gewinn-Verhältnis ...... 259
Lateinische Münzunion ......... 80
Lehman Brothers ........ 51, 61, 65
Liquidität ............................... 178
Liquiditätsreserve ......... 308, 309
Luftschloss-Theorie ....... 279, 318
Managementgebühr ............. 203
Margin Call .............................. 62
McDonald's ............................ 298
Microsoft ............................... 301
Mindestreserve ....................... 22
Mindestreserve-System .. 17, 106,
146
Musterportfolio ..................... 291
Nassim Taleb ................. 285, 322
Nettoenergiegewinn .............. 131
New Economy ........ 180, 213, 279
Notenpresse . 73, 77, 81, 104, 213
Ölförderung ........................... 128
Ölkrise ............................ 134, 215
Ölpreis ................. 123, 125, 193
Papiergeldsystem ... 18, 25, 26, 81,
137, 139, 145, 211
Papiergold ............................. 208
Papiervermögen .................... 139
Paretoprinzip ........ 44, 45, 46, 247
Peak Oil .. 126, 127, 129, 132, 302
Portfolio ................................ 324
Portfolio des Privatiers .......... 308
Privatier ................................ 307
Procter & Gamble ......... 297, 309
Put-Option ........................... 195
Qualitätsunternehmen ... 11, 204,
219, 220, 221, 222, 225, 226,
227, 228, 230, 233, 243, 245,
246, 247, 261, 263, 266, 269,
272, 290, 291, 294, 295, 311,
314, 324, 326
Realvermögen ....... 175, 176, 178,
306, 307

Referenzzinssatz................... 191
Rettungsschirm.... 51, 75, 77, 82,
  140
Rezession ...... 123, 124, 134, 220,
  222, 229, 240, 244
Riesterrenten ........................ 199
Risiko ........................ 171, 320
RWE ..................................... 323
Sachwerte...... 101, 139, 156, 175,
  280, 325
Schulden................................ 140
Schuldenschnitt...................... 141
Schwarzer Freitag.................. 215
Schwarzer Schwan .........322, 323
Short Positionen .................... 194
Spekulationsblasen 10, 59, 60, 61,
  63, 109, 111, 276, 277, 281
Staatsanleihen. 20, 41, 64, 70, 82,
  87, 93, 99, 107, 114, 115, 141,
  185, 200, 253, 305, 307
Steuern ........................ 154, 316
Tages- und Termingelder ..... 191
T-Aktie................................. 180

Target-Forderungen ................ 73
Tipping- Point ........................ 61
Unternehmensanleihen ......... 185
Unze .................................... 207
Value-Investing .................... 254
Verlustrisiko ...... 82, 87, 153, 322
Vermögenswerte 42, 44, 94, 101,
  150, 151, 153, 175, 232, 240,
  267, 268, 324
Warren Buffett ..... 169, 221, 249,
  253, 274
Zentralbank..... 20, 21, 22, 23, 66,
  74, 101, 102, 107, 108, 109,
  111, 112, 113, 114, 117, 146,
  209, 258
Zentralbankgeld...................... 21
Zinsen .................................. 161
Zinseszinseffekt .................... 165
Zinslasten ...... 30, 33, 37, 40, 101,
  135, 145
Zinsverlaufskurven ................ 70
Zwangshypothek .................. 176

www.ingramcontent.com/pod-product-compliance
Lightning Source LLC
Chambersburg PA
CBHW071357170526
45165CB00001B/75